MEMOIRES CONTEMPORAINS.

TROISIÈME LIVRAISON.

MÉMOIRES D'UN APOTHICAIRE SUR L'ESPAGNE,

PENDANT LES GUERRES DE 1808 A 1814.

TOME SECOND.

MÉMOIRES

D'UN

APOTHICAIRE

SUR

LA GUERRE D'ESPAGNE,

PENDANT LES ANNÉES 1808 A 1814.

> En tous lieux j'étais poursuivi par les boulets et les
> balles comme Pourceaugnac par les lavemens. Ne
> sens-je pas la mitraille ? disais-je à mes voisins.....
> *Tome I, page 513.*

TOME SECOND.

PARIS.
LADVOCAT, LIBRAIRE
DE S. A. R. M. LE DUC DE CHARTRES,
QUAI VOLTAIRE ET PALAIS-ROYAL.

1828.

MÉMOIRES
D'UN APOTHICAIRE.

CHAPITRE XXIV.

Salut espagnol. — *Los años; los estrechos.* — Fêtes de Noël. — *Veladas.* — Carnaval. — L'escarpolette.

Un étranger doit connaître d'abord la manière adoptée pour se présenter chez les Espagnols. *Ave Maria purísima* : tels sont les mots que l'on prononce en entrant dans le salon, avant de souhaiter le bonjour, avant d'offrir ses respects, avant de demander des nouvelles de la santé des personnes que l'on y rencontre. *Ave Maria purísima*, les maîtres de la maison répondent aussitôt : *Sin pecado concebida santísima*. Les gens du monde s'en tiennent là, et la conversation prend ensuite son cours ordinaire. Mais les dévots, et les dévotes surtout, ont une litanie qui ne finit pas;

ils mêlent dans leur discours tant d'*Ave Maria*, tant de *Jésus!* qu'on prendrait aisément leur entretien pour une prière.

Veut-on exprimer la surprise? *Ave Maria!* Une femme s'emporte-t-elle contre son mari, son amant, ou ses domestiques? un *Ave Maria purisima*, prononcé avec une grande énergie, sert à manifester sa colère. S'ennuie-t-elle? *Ave Maria qué fastidio!* se livre-t-elle à quelque exercice divertissant? *Ave Maria qué gusto!* toujours *Ave Maria;* on n'entend que ces mots que la diversité du ton, de la mesure et des gestes qui les accompagnent, rendent propres à l'expression de tous les sentimens. L'habitude que les Espagnols ont prise de prononcer ces mots à tout propos et à tout moment, fait que bien souvent ils les profanent.

Presque toutes les femmes portent le nom de Marie. Mais comme la Sainte-Vierge est honorée sous autant de dénominations qu'il y a de différentes chapelles en Espagne; on donne en même temps aux femmes le nom particulier sous lequel la Sainte-Vierge est en vénération dans le pays, ou dans les familles, et c'est ce nom que les femmes portent habituellement. On ne les appelle point Marie, mais Rosaire, Miracles, Douleurs,

Conception, Annonciation, Consolation, Incarnation, Protection, etc.

Dans les sociétés de la Castille, on fait, le jour de l'an, une loterie fort amusante. De petits bulletins pliés, portant chacun le nom d'une demoiselle de la société, sont mis dans un sac. Un autre sac reçoit un nombre égal de bulletins sur lesquels sont écrits les noms des jeunes gens; s'il n'y a pas une égalité parfaite dans ces deux nombres, on les balance en ajoutant des noms de personnes absentes. Cette première opération faite, des scrutateurs examinent les bulletins, les comptent et les remettent dans les sacs; on procède alors au tirage, et deux bulletins sortent en même temps, un de chaque sac, jusqu'à ce qu'il n'en reste plus. Les deux noms sortis ensemble sont réunis, un troisième bulletin portant une devise leur est ajouté, et l'on donne ce petit paquet à la demoiselle dont le nom figure sur l'un des billets qu'il contient. Celle-ci le remet le lendemain au jeune homme que le sort a désigné en même temps qu'elle, après avoir orné le paquet d'un nœud de rubans verts ou rose. Le jeune homme alors, s'il est galant, fait un cadeau à la demoiselle et lui offre ordinairement des *dulces*, confitures sèches ou des bonbons.

Cette loterie se renouvelle le jour des Rois, elle prend alors le nom de *los estrechos*, les étroits; *sacar los estrechos*, tirer les étroits. Les mêmes noms sont soumis à un second tirage, et lorsque deux personnes dont les noms sortis ensemble pour *los años* se trouvent encore réunies par l'épreuve nouvelle des *estrechos*, on en tire de grandes conséquences. Pendant toute l'année, la demoiselle et le jeune homme que le sort a fiancés en quelque sorte se donnent le nom de *mi año*, *mi aña*, ou bien *mi estrecho*, *mi estrecha*. Cette loterie donne lieu à beaucoup de liaisons qui finissent quelquefois par le mariage. Si les Espagnols posent des grilles aux fenêtres pour mettre leurs filles à l'abri des entreprises amoureuses, ils ont aussi des usages qui favorisent singulièrement les intrigues galantes.

Les fêtes de Noël se célèbrent d'une manière très bruyante. Dès le commencement du mois de décembre on vend dans les rues une espèce d'instrument nommé *zambomba*. Tout le monde s'empresse d'en acheter pour faire du bruit, et prendre part aux divertissemens qui accompagnent ces fêtes. La *zambomba* est faite avec un pot de terre, sur l'ouverture duquel on a tendu un parchemin d'une grande finesse. Au milieu de cette peau l'on fixe un roseau d'un pied de long, à l'extrémité duquel sont attachés des grelots. On frotte rapidement ce roseau en le serrant avec la main mouillée et de haut en bas, ce qui fait rendre à ce singulier instrument le son d'un mauvais tambour de basque.

Les *zambombas* sont tellement multipliées, que pendant la soirée de la veille et du jour de Noël on ne saurait se faire entendre dans les rues, au milieu de l'épouvantable charivari. La guitare est abandonnée, et l'on accompagne les Noëls avec le bourdonnement de la *zambomba*. La fête passée, les *zambombas* sont mises en pièces, le lendemain on n'en voit plus, et ce qui est plus heureux encore, on a cessé de les entendre.

J'étais logé chez D. Tomaso Nuñez à l'époque des fêtes de Noël; ces fêtes qu'un Provençal voit arriver avec un plaisir toujours nouveau, ces fêtes qui font naître de si douces émotions, et rappellent les souvenirs de la patrie au malheureux captif sur une terre étrangère, n'ont aucun attrait pour les Espagnols. Bruyante et monotone, la *zambomba* fait un vacarme assourdissant, et voilà tout. La veille de Noël, je réunis les Provençaux avec lesquels j'avais des relations d'amitié, et nous fîmes la collation suivant les us et coutumes de notre patrie. En rentrant chez D. Tomaso je trouvai toute sa famille autour du *brasero* ; armées de *zambombas*, les demoiselles de la maison chantaient des Noëls en s'accompagnant. Je fis ma partie dans cette musique enragée, et l'on proposa ensuite d'aller à la messe de minuit.

Au retour, D. Tomaso me demanda ce que je pensais de cette cérémonie. Je lui témoignai toute mon indignation au sujet d'un scandale aussi révoltant. On entre dans l'église comme dans une salle de spectacle, à travers une haie de gens armés ; cette précaution est indispensable pour empêcher que le désordre ne soit trop grand dans une réunion nocturne. Que voit-on dans le temple? Une foule tumultueuse qui s'agite en tous sens, et parle comme dans la rue. Partout la messe de minuit est un prétexte pour les rendez-vous galans, partout j'y ai vu les jeunes gens courir après les femmes. En Espagne, mes observations se sont étendues plus loin : j'ai vu un moine donner un rendez-vous à une grisette, un chanoine serrer la main d'une dame, en lui disant « à demain. » J'y ai vu des jeunes gens et des demoiselles se donner des poignées de sucreries comme au bal, les manger, mettre ensuite de petites pierres dans les enveloppes des bonbons pour jeter ces papillotes au milieu de l'église, afin d'attraper ceux qui voudraient les manger. J'y ai vu des jeunes filles faire les niches les plus indécentes aux vieilles femmes, enfin tout ce que j'y ai vu m'a fait penser que l'autorité ecclésiastique devrait mettre une fin à tant de profanations, en supprimant partout la messe de minuit.

Les *veladas*, veillées, ne sont en usage qu'en Andalousie, et peut-être même à Séville seulement. Une *velada* a lieu le soir de la veille d'une fête ; on célèbre cette soirée par des foires, des promenades, des parties de plaisir, des mascarades et d'autres divertissemens. On ne se rassemble à la *velada* que pendant la belle saison.

Le jour fixé pour la *velada*, tous les marchands de sucreries, de fruits, de beignets, de limonade, de sifflets, de cresselles, de pantins et d'autres joujoux d'enfans se réunissent au lieu marqué. C'est ordinairement devant l'église dédiée au saint dont la fête doit être célébrée le lendemain. Dès que la nuit arrive, toutes les jolies Sévillanes vont se promener à la *velada*, leur présence y attire les amateurs et les galans. La *velada* s'étend jusqu'au bout de la rue où se trouve l'image du saint, et quelquefois sur toute la paroisse. On fait un tour, dix tours de *velada* ; on boit gravement un verre d'eau en y trempant un *panale*, espèce de pâte soufflée. Les dames acceptent les petits cadeaux qui leur sont offerts. L'un achète une cresselle, l'autre un tambour, l'autre un sifflet, et tout le monde se met à jouer de ces divers instrumens dont l'harmonie est peu satisfaisante. Chacun rentre chez soi vers trois heures du matin en disant qu'il s'est amusé comme un roi.

Les *veladas* les plus remarquables et les plus fréquentées sont celles des fêtes de saint Jean et de saint Pierre, celle de saint Jean surtout. Ce jour-là tout le monde se tutoie, on se dit des choses agréables, galantes, piquantes, injurieuses même, que l'on est obligé d'entendre sans se fâcher ; c'est une convention généralement reçue. Un amant trop timide profite de cette licence pour adresser une déclaration en forme à la dame de ses pensées. On s'amuse de tout, on rit de tout, et l'on est bien reçu de tout le monde quand on se présente un cornet de bonbons à la main.

La promenade est éclairée par les lampes des boutiques placées sur plusieurs rangs de chaque côté. La plus grande liberté, la familiarité du bal masqué, règnent parmi les nombreux promeneurs. Une demoiselle bien née demandera des bonbons à un jeune homme qu'elle voit pour la première fois ; elle le tutoie, celui-ci répond sur le même ton, et s'empresse d'offrir confitures et dragées. Beaucoup d'intrigues amoureuses commencent de cette manière à la veillée de saint Jean, et se nouent ensuite ou se terminent à la satisfaction des uns et des autres à la veillée de saint Pierre. Ces *veladas* sont très divertissantes: on y paraît déguisé de diverses manières, les gens du haut parage s'habillent *de majo* ou *de maja*, mais on ne met pas de masque.

Quelques usages de ce pays, tels que *los años, las veladas*, semblent n'exister encore que pour nous donner une idée de l'ancienne galanterie des Espagnols. Comme le palais de l'Alhambra à Grenade et quelques monumens que l'on rencontre dans certaines villes, nous rappellent leur ancienne valeur.

Dans le midi de la France on fait des feux de joie, on tire des fusées et des serpenteaux la veille de la Saint-Jean. A Marseille, tout le monde se rassemble sur le Cours dans la matinée du jour de cette fête; les paysans des environs apportent une grande quantité de fleurs, de verdure, d'herbes de toute espèce, que chacun achète pour l'ornement de l'intérieur de la maison ou pour les semer dans les cours et même dans les rues.

De là vient le proverbe : *on a employé toutes les herbes de la Saint-Jean*. Le jour de la Fête-Dieu, les rues par lesquelles la procession doit passer sont couvertes dans toute leur étendue par des tentes, on sème le pavé de fleurs, de fenouil, de thym et d'autres herbes odoriférantes, les murs sont tapissés, et l'on élève des arcs de triomphe en buis et en laurier. Ces tentes sont posées quelques jours avant la Fête-Dieu; on ne les enlève qu'après l'Octave de cette fête, ce chemin couvert est très mystérieux et le soir sert de promenade aux amoureux; cette Octave est pour eux une espèce de *velada* espagnole.

L'archéologue Millin a fait un voyage dans le Midi pour en explorer les antiquités; ce docteur traversa la Provence pendant l'Octave de la Fête-Dieu, il arriva à Beaucaire à l'époque de la foire, partout il trouva des toiles ou des voiles de vaisseau tendues sur les rues et les places publiques. Il en conclut, et ne manqua pas d'écrire, que les rues d'Avignon, d'Aix, de Marseille, étaient ombragées par des tentes pendant toute la belle saison. Comme il ne prenait pas toujours la peine de se rendre sur les lieux pour examiner les monumens et les curiosités, les malins du pays lui donnèrent les dessins et les inscriptions de beaucoup d'antiquités qu'il a décrites de bonne foi, et qui n'ont jamais existé. Les Arlésiens ont le plus contribué à augmenter la somme des prétendues découvertes de Millin. Son voyage a été entrepris aux dépens du gouvernement qui s'est aussi chargé des frais d'impression. Les observations que cet antiquaire a faites sur les mœurs et les usages de la Provence sont aussi inexactes, aussi absurdes que la plupart de ses descriptions archéologiques. Il paraît qu'il n'a eu des relations qu'avec les palefreniers, les servantes d'auberge ou les bateliers, car il attribue aux Provençaux en général une infinité de fautes de français inconnues dans la société des gens qui ont reçu de l'éducation. C'est comme si l'on voulait juger le langage parisien sur les propos des portiers, des cochers de fiacre ou des fruitières. *Le caneçon de lanquin, la casterolle pleine de nantilles, la terre sec par un temps sèche, de bons noix, de la mauvaise ouvrage, un bel oie qui fait plaisire à voire, le cathéchisse, la castonnade, le rhumatiste, pincer de la guitare, partir à la campagne,* et mille autres expressions, que le menu peuple parisien a adoptées, seraient l'objet des critiques d'un observateur aussi clairvoyant, aussi judicieux que le bon-homme Millin. Il en grossirait le fatras indigeste de son journal.

Un peuple qui s'occupe de fêtes et de déguisemens pendant l'été doit se livrer sans réserve aux folies du carnaval; les mascarades les plus originales se font sans doute remarquer à Séville comme à Venise. Point du tout, les plaisirs du carnaval, à Séville du moins, se bornent à l'escarpolette. C'est un singulier divertissement, l'hiver surtout; n'importe, *el columpio*, la balançoire, est le plaisir favori, l'unique amusement de la jeunesse qui le réserve expressément pour ce temps de jubilation qui précède le carême.

Dans toutes les maisons, on attache une grosse corde aux poutres d'une salle basse, et là, pendant toute la journée, et même le soir jusqu'à onze heures, on se balance. Chacun à son tour se place sur l'escarpolette ou bien sur la corde, et les autres personnes de la société le poussent devant et derrière de chaque bout de la salle. La corde, mal assujétie, vient à se détacher, le frottement d'un clou la fait casser; alors celui ou celle que l'on balance va tomber au loin sur le plancher, au risque de se casser la tête. Ces petits inconvéniens joints aux accidens qui arrivent aux balanceurs maladroits, n'empêchent pas que *el columpio* ne soit très divertissant pour les aimables Sévillanes. Les danses sont réservées pour une autre saison, et les déguisemens et les mascarades pour la *velada* de la Saint-Jean. On n'en voit point en carnaval, du moins n'en ai-je point vu.

Un sergent du 12ᵉ léger, si j'ai bonne mémoire, malin de sa nature, *luztig* de profession, se plaisait à jouer des tours à ses hôtes ou bien à leurs voisins, toutes les fois qu'il pouvait rencontrer des humains d'une bonne pâte. Nous étions les maîtres, il est vrai, mais il fallait être circonspect et savoir choisir les gens que l'on voulait berner, afin que le poignard ne servît pas de riposte à une plaisanterie un peu trop cavalière. Nous avions pourtant des compagnons qui ne se laissaient point arrêter par ces considérations ; le sergent La Vaumonière était de ce nombre. Son hôte, D. Ambrosio l'invitait chaque soir à faire une partie d'escarpolette avec les dames qui se réunissaient dans sa maison pour jouir des divertissemens du carnaval. La Vaumonière avait d'abord dédaigné le *columpio*, cependant il finit par s'accoutumer à ce jeu qui lui semblait encore plus plaisant lorsque D. Ambrosio se chargeait de faire voltiger l'escarpolette. Le lendemain, après avoir bien déjeûné, le sergent allume un cigarito, se met sur le siége suspendu, et propose une partie à son patron, qui l'accepte de grand cœur.«—Chacun son tour, au moins; je commence parce qu'il faut bien que quelqu'un passe le premier, d'ailleurs j'aime assez l'exercice après les repas, c'est un bon précepte d'hygiène; courage, D. Ambrosio! allez toujours, ne ralentissez pas, c'est à merveille.» Depuis une heure le sergent était promené dans le vide, lorsque l'Espagnol veut, à son tour, faire un petit voyage aérien. «Rien n'est plus juste, dit La Vaumonière, mais ce sera pour une autre fois, je dois aller sur-le-champ passer la revue de l'inspecteur, et vous ne voudriez pas me faire manquer à mon devoir.» Le lendemain la même scène se renouvelle, une autre excuse vient encore priver Ambrosio de ses droits; enfin, après plusieurs jours, la mystification lui paraît trop forte, il refuse la partie qu'on lui propose, mais le sergent a tiré son sabre, et l'Espagnol se soumet en enrageant.

Pour mettre un terme à ce service fatigant et journalier, Ambrosio se décide à porter sa plainte au colonel du 12ᵉ léger, cet officier accueille très bien le pétitionnaire opprimé, l'engage à prendre patience jusqu'au lendemain à la même heure, et lui promet d'aller prendre son homme en flagrant délit. En effet, le colonel se rend chez Ambrosio au moment de l'exercice *del columpio*, il amenait deux soldats pour s'emparer du sergent. Mais quelle est sa surprise, lorsqu'il voit Ambrosio se balancer dans l'air sur l'escarpolette que La Vaumonière agite avec d'autant plus de vigueur, qu'il veut enlever à l'Espagnol la faculté de parler et de s'expliquer. — «Vous le voyez, mon colonel, je fais un singulier métier, c'est ma tâche de tous les jours, D. Ambrosio a des bontés pour moi, et je me montre reconnaissant en lui procurant un exercice salutaire après son déjeûner.» — Le colonel commença par rire de cette espiéglerie, et ne sortit pas sans avoir admonesté sévèrement l'Espagnol qui cherchait en vain à se faire comprendre par gestes. Le colonel n'était pas seul lorsque Ambrosio vint lui conter sa mésaventure, un soldat de planton avait tout entendu; il s'était empressé de prévenir son camarade, et celui-ci changea la scène de manière à pouvoir se justifier à l'instant.

CHAPITRE XXV.

Théâtre. — Tragédie, comédie, *saynetes*, *zarzuelas*, *autos sacramentales*. — Danses. — Boléro, fandango. — Licence extrême des représentations théâtrales. — Les comédiens espagnols ne sont point excommuniés.

La paresse est un défaut si général chez les Espagnols, que nous l'avions surnommée *patrona de España*; les paresseux sont désœuvrés et courent au théâtre pour y chercher un remède contre l'ennui. Les *papa moscas*, gobe-mouches, abondent à Séville et s'occupent uniquement des choses qui peuvent leur faire passer le temps d'une manière un peu moins uniforme. Dormir ou bâiller est un grand plaisir pour eux; ils préfèrent pourtant le spectacle à ce divertissement habituel.

Les Espagnols fréquentent les théâtres, mais ils ne montrent pas beaucoup de délicatesse dans leur choix; ils recherchent plutôt la quantité que la qualité. Bons ou mauvais, peu importe, il leur faut des spectacles et souvent. Un auteur qui se bornerait à peindre les passions, les ridicules et les divers caractères que l'on rencontre dans la société, ne réussirait point en Espagne ; la bonne comédie a peu d'attraits pour les habitans de ce pays. Et pourtant les pièces de Lopez de Vega, de Calderon, de Moreto, de Guillem de Castro, de Moreno, ont jadis servi de modèle aux auteurs dramatiques français. Rotrou, les deux Corneille, Molière même et tous leurs émules ont puisé largement dans le répertoire espagnol. *Venceslas, le Cid, le Menteur, le Festin de Pierre, la Princesse d'Élide* et beaucoup d'autres drames, nous viennent de cette mine féconde que nos poètes exploitaient alors avec succès. Les anciennes pièces espagnoles sont abandonnées depuis long-temps, on n'en a conservé que les défauts. Des événemens extraordinaires, des méprises invraisemblables, des déguisemens et des aventures extravagantes, un dialogue ampoulé dont l'exagération fait une disparate choquante avec les trivialités que l'on y rencontre trop souvent, voilà tout ce qui reste aux Espagnols ; et ces monstruosités ne sont plus rachetées par les belles scènes et les situations attachantes qui brillaient dans la plupart des drames de leur vieille école. Le merveilleux a beaucoup de charmes pour eux ; on ne peut les intéresser maintenant sans avoir recours aux sortiléges, aux incendies, aux combats. Le poignard et le poison produisent aussi des effets très satisfaisans sur ce peuple, et les auteurs ne manquent pas d'en faire usage. Le mélodrame obtiendrait les plus éclatans succès en Espagne; quelques entrepreneurs en ont fait l'essai à Madrid, et leur réussite a été complète. Un tyran qui répand la terreur dans tout une contrée, une princesse infortunée, un amant qui soupire comme un céladon et joue de l'épée comme un matamore, un niais qui dit des bêtises, voilà ce qu'il faut pour plaire aux amateurs qui fréquentent les théâtres espagnols.

Barcelone et Madrid entretiennent des troupes de chanteurs italiens qui n'exécutent que les opéras écrits en Italie; je n'ai jamais vu représenter des opéras espagnols, je crois même qu'il n'en existait point encore en 1812. On a traduit quelques drames lyriques dont on a conservé la musique. J'ai vu jouer en espagnol *il Matrimonio segreto*, de Cimarosa, *Rose et Colas*, le *Tonnelier*, *les Chasseurs et la Laitière*. Ces traductions, d'ailleurs fort inexactes, renferment des scènes du plus mauvais goût, que l'on a ajoutées pour rendre ces ouvrages agréables au public. Le grand opéra et les ballets sont à peu près inconnus; ils ne se montrent en Espagne que quand des troupes étrangères peuvent les exécuter. Toute la musique théâtrale consistait alors en quelques chansons que l'on chantait entre les deux pièces. On intercalait aussi des airs et des duos italiens traduits dans les comédies bouffonnes appelées *saynetes* et dans les *tonadillas*, espèces d'opéras comiques composés dans le goût de ceux que l'on représentait anciennement sur nos théâtres de la Foire.

Ces pièces ont tous les défauts de nos vaudevilles, sans en offrir le dialogue spirituel et les situations comiques : elles sont plutôt des proverbes dramatiques ornés de chansons et d'un beau duo que l'on estropie. Les *zarzuelas*, ou fins de fête, sont de petits intermèdes mêlés de chants : on les joue pendant les entr'actes des grandes pièces, de même que certains *saynetes* ; les *zarzuelas* terminent quelquefois le spectacle. Ces interruptions et ces mélanges détruisent l'illusion et l'intérêt. Souvent l'acteur qui vient de paraître dans la comédie sous l'habit d'un prince, d'un général, se présente dans le *saynete* sous celui d'un moine, d'un savetier, d'un mendiant, et garde sa trousse de satin ou son pantalon galonné qu'il n'a pas eu le temps de quitter. Le jeu des acteurs est outré; ils crient comme des forcenés, et tombent ensuite dans la fadeur et la monotonie ; leurs gestes, bizarres et faux, répondent rarement aux sentimens exprimés par le discours.

Les Espagnols ont plusieurs genres de comédie. La comédie héroïque, telle que *le Cid*, que Corneille avait donnée sous le titre de tragi-comédie ; plusieurs d'entre elles sont de véritables tragédies quoiqu'elles n'en portent pas le nom. Les comédies de caractère, surtout celles que l'on appelle *de capay de espada*, contiennent une véritable peinture des mœurs des Espagnols, de leur caractère, de leurs costumes.

Les comédies saintes, *autos sacramentales*, sont d'un genre singulier; la scène se passe alternativement au paradis, en enfer, sur la terre ; on y voit Dieu, les anges, les saints, les martyrs, les diables, les vertus et les vices personnifiés et confondus, au grand scandale de la religion et des mœurs. Le diable y paraissait habillé de noir, avec des bas, des manchettes, un rabat, une queue, des rubans rouges. Les miracles s'y opéraient aux yeux des spectateurs, transportés tour-à-tour du jardin d'Eden au milieu des flammes du purgatoire, pour aller de là au conclave et assister ensuite à la procession du Saint-Sacrement, où le diable vêtu en cordelier exhortait les hommes à faire pénitence. Ces pièces avaient été proscrites par le gouvernement ; j'ai cependant vu représenter un drame de ce genre dans lequel le diable, alarmé de ce que les pécheurs descendent en trop petit nombre en enfer, se décide à venir sur la terre pour augmenter la quantité de ses pensionnaires. L'esprit de ténèbres arrive sur une place publique et se présente successivement chez les personnes qui habitent les maisons voisines. Toutes résistent à la tentation : le boulanger ne veut point se servir de faux poids ; l'usurier corrigé se borne à exiger l'intérêt légal ; la coquette ne songe qu'à son salut, elle a dit adieu au monde, à ses pompes et même à ses œuvres : il n'y a pas moyen de damner ces gens-là. Le diable désappointé se réfugie dans un couvent de moines, avec l'espoir d'y faire un notable recrutement.

Les comédies de *figurones* sont des farces du genre de *D. Japhet d'Arménie*, de *Crispin médecin*. Les charges des bateleurs, les scènes des tréteaux ont seules le pouvoir de faire rire les Espagnols. C'est là le genre de gaîté de leurs *saynetes*, qui n'ont ni commencement ni fin, ni intrigue ni nœud. C'est un amas de scènes décousues, de mauvais quolibets, de plaisanteries de carrefour, de grossières bouffonneries mal arrangées dans un mauvais cadre. Ces pièces font le plus grand plaisir à l'auditoire qui se retire enchanté du *saynete*. Les bourgeois, en rentrant chez eux, se souviennent bien mieux des bons mots et des calembours débités par le *gracioso* et la *graciosa* que des belles choses que le Talma du théâtre espagnol aura pu dire.

Pendant mon séjour à l'hôpital de *la Segunda Aguada*, près de Cadix, j'ai vu quelquefois le premier acteur tragique de l'Espagne. C'est un homme fort aimable, il parle très purement le castillan et s'exprime bien en français. Ce tragédien avait voyagé en France et s'était lié d'amitié avec notre célèbre Talma. C'était un plaisir pour l'acteur espagnol que de s'entretenir avec des Français ; il venait nous voir et s'intéressait à notre sort. Le mauvais goût de ses compatriotes le révoltait ; il faisait le plus grand éloge de la politesse de notre nation et des belles pièces de nos théâtres du premier ordre. Cette apologie déplaisait fort à nos gardiens, et l'indiscret orateur finit par être consigné à la porte.

Une chose qui m'a surpris au dernier point et dont j'ai été scandalisé, c'est de voir les prêtres, les moines, les religieuses, mis en scène avec la plus grande irrévérence pour l'état et l'habit ecclésiastiques. Chez un peuple de bigots, dans un pays où l'on ne parle que par *Ave Maria*, où les corps religieux forment au moins un quart de la population, on représente journellement des pièces que la licence révolutionnaire aurait à peine osé introduire sur nos théâtres. *Les Visitandines, les Dragons et les Bénédictines, les Rigueurs du Cloître, le Chanoine de Milan* et tant d'autres ouvrages du même genre, qui ont disparu depuis long-temps de notre répertoire, sont des modèles de réserve et de décence en comparaison des drames espagnols. Il en existe très peu dans lesquels on ne voie paraître au moins une soutane, et le personnage qui la porte est toujours placé dans des situations inconvenantes et dérisoires. Sacrifié sans ménagement, berné, bafoué, vilipendé, le moine au grand chapeau, le prêtre en soutane est, le plus souvent, éconduit comme Tartufe ou comme Trissotin, après s'être rendu coupable d'une bassesse ou d'une infamie. Les vieilles abbesses arrivent sur la scène pour égayer le public par leur indécent radotage; ce sont les caricatures les plus comiques du théâtre espagnol. Les jeunes religieuses reçoivent des billets doux, en distribuent, font éclater les transports d'un amour violent, déplorent leur sort et maudissent le vœu qui les condamne au célibat. On ne prend aucune précaution pour déguiser au moins l'inconvenance d'une semblable représentation, en changeant les noms et qualités, les costumes, le lieu de la scène. Ce n'est point une vestale, un prêtre de Jupiter ou de Brahma que l'on fait venir sur la scène; mais une religieuse en robe de carmélite ou d'ursuline, avec guimpe, voile et croix pectorale; des cordeliers, des chanoines, des capucins, avec l'habit de leur ordre.

Le boléro et le fandango se dansent entre les deux pièces que l'on représente, les danseurs ne figurent point dans le drame. Le fandango a plus d'attraits pour les Espagnols que les ballets d'action et les plus belles compositions chorégraphiques. Tous les spectateurs généralement admirent cette danse, et leur passion est portée à un point qu'on ne saurait décrire. Ils s'identifient avec les baladins, les suivent de l'œil et du geste, et, de leur place, imitent les différentes postures de cette danse voluptueuse.

Beaucoup de mes lecteurs se souviennent sans doute d'un vaudeville français intitulé *le Procès du Fandango*. Les situations et le dialogue de cette bouffonnerie n'ont rien d'exagéré, c'est un portrait ressemblant et tracé sur les lieux mêmes, par des gens du pays. Notre vaudeville n'est qu'une imitation d'un *saynete* espagnol, dans lequel le procès du fandango est jugé à Rome par le conclave. Un danseur et une danseuse paraissent devant le sacré collége, ils exécutent si bien leurs pas, donnent à leurs attitudes tant de grace et de volupté, que le pape et ses cardinaux se mettent à imiter les mouvemens du couple baladin et à danser avec lui. Les accusateurs, les ennemis du fandango restent confondus, et le souverain pontife accorde gain de cause à la danse qu'on voulait lui faire prohiber. Les auteurs français ont eu raison de changer le lieu de la scène : le pape se trouve ainsi représenté par Clopineau, juge de paix de St-Jean-de-Luz; des assesseurs remplacent les cardinaux, et la pièce n'en est pas moins gaie.

Les comédiens espagnols ne sont point excommuniés, et, par une inconcevable indulgence, toutes les licences de ce genre sont permises ou tolérées. La même personne qui le matin a très humblement baisé la main du sacristain de sa paroisse, applaudit le soir les farces dans lesquelles on couvre de ridicule, on traîne dans la boue un état, un habit dignes d'être respectés.

Les prêtres encouragent en quelque sorte les comédiens, en se rendant aux lieux où l'affiche les appelle, en assistant aux représentations que l'on y donne. Les soutanes, les frocs, les manteaux noirs, les calottes abondent à l'orchestre ainsi qu'à la galerie; ces bons pères s'amusent beaucoup au spectacle et n'y voient d'autre mal à redouter que l'indisposition du *gracioso*, les rhumes de l'amoureuse, la goutte du père noble, la chute d'une pièce ou l'ennui des entr'actes. Le chanoine D. Fulano se montre tous les soirs au théâtre, à la même place, et quand un de ses confrères est représenté sur la scène pour servir d'amusement au public, il applaudit, il rit comme les autres. Peut-être le grave D. Fulano aurait-il réprimé cette saillie d'une indiscrète gaîté, s'il avait été seul dans sa petite loge; mais sa voisine dona Inez est à côté de lui, et la voisine rit à gorge déployée. On ne saurait résister à l'impulsion donnée par une jolie femme, il faut nécessairement partager tous les sentimens qu'elle éprouve.

Il est établi qu'en Espagne les comédiens ne sont point excommuniés; les pièces qu'ils représentent, leurs propos, leurs lazzis sont indécens sous le rapport de la religion et des mœurs. L'indulgence qu'on leur accorde est une mesure générale dont les acteurs tragiques, les bouffons qui figurent sur des tréteaux, les chanteurs, les danseurs profitent également. Mais conçoit-on qu'en France une excommunication partielle ait pesé sur les comédiens, pour frapper d'anathème les nobles interprètes de Joad et de Lusignan, de Josabeth et de Cornélie, de Polyeucte et de Néarque; tandis que les farceurs de la Foire, les Pantalons et les Mezzetins, les Pierrots et les Colombines conservaient tous leurs droits religieux? On sait pourtant quelles pièces on jouait sur les théâtres de la Foire. Ces pièces sont imprimées, et l'on peut juger de la morale qu'elles renfermaient. Un autre théâtre bien plus licencieux encore jouissait d'une semblable immunité. Cette académie de plaisir où le vieillard se traîne pour ranimer ses feux amortis, où l'adolescent se précipite au sortir du collége pour hâter l'explosion de ses désirs amoureux, ce temple de tout temps consacré au culte de la Bonne Déesse, était à l'abri des foudres du Vatican. Le casuiste le moins sévère a droit d'être surpris d'une telle bizarrerie. La raison en est pourtant bien simple : l'opéra nous est venu d'Italie, où les papes l'avaient établi; les souverains pontifes se gardèrent bien d'excommunier les virtuoses qu'ils voulaient enrôler dans leurs troupes chantantes.

Les acteurs italiens appelés en France en 1645, 1752 et à d'autres époques, ne consentirent à passer les Alpes et à s'établir dans notre patrie, que sous la réserve expresse des priviléges et immunités dont ils jouissaient au-delà des monts. La société de l'Opéra-Comique descend en ligne directe des troupes italiennes de Paris. Cette immunité lui est acquise, et le desservant qui aurait refusé les cérémonies funèbres à Laruette, à Barilli, eût été vertement admonesté. Le cardinal Gonsalvi eût demandé une satisfaction entière de l'injure faite aux mânes de son ami Barilli. Il était et il demeurait établi, d'après les principes du droit les plus rigoureux, que les associés de Clairval et de Scaramouche étaient dans la bonne voie du salut; tandis que les nobles acteurs de la Comédie Française restaient frappés de la réprobation ecclésiastique, pour avoir succédé aux confrères de la passion, jadis censurés. Je ne sais pas comment se comportaient les acteurs de la Comédie Italienne lorsqu'ils étaient appelés à prêter leur secours aux sociétaires du Faubourg-St-Germain pour une représentation solennelle.

Les excommuniés tu fuiras, ce commandement élevait une barrière insurmontable entre Carlin et Lekain, entre Clairval et Brizard. Et cette bonne madame Dugazon, qui s'est toujours maintenue dans le sentier du devoir, en jouant *Azémia*, *Nina*, *Blaise et Babet*, dans quelles angoisses mortelles ne devait-elle pas être en se voyant condamnée à vivre dans l'intime société d'un mari réprouvé, d'un Sganarelle qui tous les soirs avait l'audace de faire un long sermon de morale à l'impie D. Juan.

De semblables contradictions présentent sans cesse un dilemme dont la conséquence est scandaleuse ou absurde. S'il s'était rencontré, parmi les comédiens français, un sociétaire tant soit peu jésuite, il n'aurait pas manqué de se faire délivrer, en bonne forme, la minute d'un engagement au Théâtre Italien pour le signer *in extremis*. Un costume de Scaramouche gardé soigneusement eût couvert sa dépouille mortelle ; avec ces provisions de voyage il était sûr de n'être point arrêté en chemin. Le curé de Meudon, Rabelais, de burlesque mémoire, à ses derniers momens, se fit apporter un domino, le revêtit et s'écria : *Beati qui in Domino moriuntur*.

CHAPITRE XXVI.

Musique. — École de Cordoue établie par les Maures. — Théoriciens espagnols. — Le chanteur Farinelli, premier ministre sous le roi Philippe V. — Tonadillas, opéras. — Compositeurs espagnols. — Théâtres lyriques. — Chapelles. — Chanteurs. — Manuel Garcia, Mad. Malibran. — Airs nationaux. — Le pianiste et le serin. — Instrumens.

Les Maures aimaient la musique et la cultivaient par principes; il existe à l'Escorial des traités manuscrits de Alfarabi et de Ali ben Albashani sur la musique des Arabes : ces livres intéressent peu les amateurs de l'art musical. Les Maures avaient établi une école de musique à Cordoue, et les élèves que l'on forma dans ce conservatoire firent, dit-on, les délices de l'Espagne musulmane et de l'Asie (1). Les Espagnols eurent le même goût que

(1) Cette école produisit le fameux Moussali, que les Orientaux regardent comme leur plus grand musicien. La musique des Maures ne consistait point, comme la nôtre, dans l'accord de plusieurs instrumens, mais simplement dans des airs doux et tendres que le musicien chantait en s'accompagnant du luth. Quelquefois on réunissait plusieurs voix et plusieurs luths ensemble pour exécuter les mêmes airs à l'unisson. Cette musique suffisait et suffit encore à des

les Maures, et les imitèrent en formant des écoles où l'on professait cet art. Ils fondèrent une chaire de musique dans l'université de Salamanque, où elle existe encore. Saint Isidore de Séville est un des patriarches de l'art musical ; Bartholomé Ramos de Pereja, andalou, après avoir été professeur de musique à Salamanque, fut appelé à Bologne, en Italie, par le pape Nicolas V, pour y remplir une chaire pareille qui venait d'être établie dans cette ville qui, depuis, acquit tant de célébrité sous le rapport de l'enseignement de l'art musical. Il y publia un traité qui fut imprimé deux fois en 1482. Antonio Cabezon, de Madrid, Angela Sigé, dame de Tolède, Francesco Salinas, de

peuples passionnés pour la poésie, et dont le premier besoin, lorsqu'ils écoutent une voix, est d'entendre les vers qu'elle chante. Ce Moussali, qui fut élève d'Ali Zériab, à Cordoue, devint ensuite, par son talent, le favori d'Haroun al Raschid. On raconte que ce calife, s'étant brouillé avec une de ses favorites, nommée Mariah, tomba dans une mélancolie qui faisait craindre pour ses jours. Giaffar le Barmécide, son premier visir, pria le poète Abbas ben Anaf de faire des vers sur cette brouillerie. Ces vers furent chantés par Moussali devant le calife, qui fut tellement touché des pensées du poète et des accens du musicien, qu'il courut sur-le-champ aux genoux de sa maîtresse demander et donner pardon. Mariah reconnaissante envoya vingt mille drachmes d'or au poète et à Moussali ; Haroun leur en fit donner quarante mille.   CARDONNE, *Histoire d'Afrique*, livre II.

Burgos, écrivirent sur le même sujet dans le siècle suivant. Nassaré, Llorente, leur succédèrent. Le traité de Nassaré l'emporta sur tous les ouvrages de ses contemporains, et servit à former les meilleurs maîtres de chapelle de l'Espagne. Rodriguez Hita s'occupa à faire disparaître une infinité d'anciens préjugés; il composa dans un style nouveau, et fit un traité que son exactitude et son laconisme ont rendu précieux : il le dédia au célèbre Farinelli, qui était alors à Madrid, où le roi Philippe V l'avait appelé. Cet ouvrage, soutenu par la protection que ce chanteur excellent lui avait accordée, obtint le plus grand succès, et triompha des efforts des vieux doctrinaires, qui l'avaient fait bannir des colléges comme une œuvre entachée d'hérésie.

Le long séjour de Carlo Broschi, dit Farinelli, à la Cour de Madrid, contribua beaucoup aux progrès de l'art musical en Espagne. Ce sopraniste excellent jouissait d'un immense crédit, qu'il employa toujours en faveur des artistes que ses exemples et ses leçons avaient ramenés dans la bonne route. Quoique l'histoire de Farinelli soit connue, on me pardonnera d'en rappeler ici les faits qui se rapportent à son séjour en Espagne. Le roi Philippe V le fit venir à sa cour, et lui donna quarante mille francs par an. Ce virtuose chantait devant Philippe et la reine Elisabeth depuis dix ans, lorsque ce prince tomba dans une mélancolie profonde, qui lui faisait négliger les soins de son royaume. Retiré dans son cabinet, il laissa croître sa barbe, ne voulut plus paraître au conseil, et se tint éloigné de toute société pendant plus de six mois. La reine avait tenté bien des moyens pour le guérir, aucun n'avait réussi; le reclus à longue barbe s'obstinait à rester dans sa retraite solitaire. Elisabeth pensa que le pouvoir de la musique agirait d'une manière victorieuse sur le cœur de son époux; elle fit disposer secrétement un concert près du cabinet du roi, et Farinelli chanta soudain un de ses plus beaux airs. Philippe parut d'abord frappé de surprise; il fut bientôt ému jusqu'aux larmes. A la fin du second air, il appela le virtuose, l'accabla de caresses et de complimens, et lui demanda quelle récompense il voulait, jurant de tout accorder. Farinelli pria le roi de se faire la barbe et d'aller au conseil. Enchanté d'une guérison si prompte, obtenue par un moyen si agréable, Philippe fit abattre sa barbe de capucin, courut au conseil mais pour y nommer Farinelli son premier ministre. Toute la cour accepta le nouveau dignitaire, bien que sa nomination pût faire douter de la parfaite guérison du souverain qui venait d'élever un *capone* ou *soprano* à la première place de l'état. Farinelli gouverna les affaires de manière à justifier le choix de son maître, et, ce qui était plus difficile encore, il se fit aimer des grands.

Il avait le droit d'entrer chez le roi à toute heure. Il s'y rendait un jour: en passant dans la salle des gardes, le nouveau ministre entend un officier qui disait à un de ses subordonnés: « Les « honneurs pleuvent sur un misérable histrion, « et moi, qui sers depuis trente ans, je suis sans « récompense. » Farinelli se plaignit au roi de ce qu'il négligeait ses serviteurs, lui fit signer sur-le-champ un brevet, et le remit en sortant à l'officier, en lui adressant ces mots: « Je viens de vous « entendre dire que vous serviez depuis trente « ans; mais vous avez eu tort d'ajouter que ce fût « sans récompense. » En général, il n'usa de sa faveur que pour faire du bien, et trois rois d'Espagne, Philippe V, Ferdinand VI et Charles III, l'honorèrent successivement de leur protection. Lorsque ce dernier lui assura la continuation des appointemens dont il jouissait, il dit: « Je le fais « d'autant plus volontiers, que Farinelli n'a jamais « abusé de la bienveillance ni de la munificence

« de mes prédécesseurs. » L'aventure du tailleur qui donna un habit magnifique à un virtuose italien, pour avoir la satisfaction de lui entendre chanter une cavatine, est arrivée à Farinelli, qui força ensuite le tailleur mélomane d'accepter le double du prix de l'habit, en lui chantant deux autres airs pour le récompenser de ce qu'il voulait bien céder à son tour en recevant de l'argent. Ce chanteur avait, de plus que les voix ordinaires, huit notes également sonores, agréables et limpides; possédant d'ailleurs la science musicale à un degré éminent et tel qu'on pouvait l'espérer du plus digne élève de Porpora.

Bails, le P. Tosco, l'abbé Eximeno, Moralès, Ortiz, Remacha, se sont illustrés parmi les compositeurs et les contre-pointistes de l'école espagnole. Remacha, maître de chapelle du roi Charles IV, est mort victime de la simplicité de son cœur. Il resta à son poste lors de l'arrivée du nouveau roi Joseph Napoléon, et ne le quitta point lors du départ des Français; Ferdinand VII le chassa à son retour, Remacha en mourut de chagrin. Le maître de chapelle Ledesma, que des raisons politiques éloignèrent de sa patrie, est en ce moment en Angleterre où il professe son art avec distinction. Les Espagnols réclament l'invention du *tempérament* et de la *basse continue*. Le premier a été découvert par Bartholomé Ramos ; la seconde par Juan-Luiz Viana ; si l'on veut se fier à D. Tomaso de Yriarte, auteur du poème espagnol sur la musique. Ce littérateur musical attribue à ce Juan-Luiz Viana une découverte qui appartient incontestablement à Ludovico Viadana, de Lodi, qui fut maître de chapelle à Mantoue.

Il n'y a d'autres compositeurs en Espagne que les maîtres de chapelle ; ils n'écrivent que de la musique religieuse. La chapelle du roi est nombreuse et très bien dotée ; toutes les places s'y donnent au concours, *por oposicion ;* il en est de même dans les cathédrales. On y a généralement beaucoup de goût pour la musique ; le piano remplace déjà la guitare dans quelques villes ; on chante l'italien de préférence à l'espagnol. Les maîtres de musique attachés à chaque théâtre national composaient la musique des *tonadillas* et des *zarzuelas ;* cet usage a cessé depuis trente ans. Il y a maintenant opéra italien à Madrid, à Barcelone, à Séville; on y entend et l'on y applaudit avec discernement tout ce qui se compose en Europe. Le nombre des amateurs distingués est considérable en Espagne : à Madrid surtout,

On y exécute la meilleure musique vocale et instrumentale des auteurs allemands, français, italiens. Boccherini a écrit tous ses quatuors et ses quintettes à Madrid, et les exécutans ont conservé les traditions que le maître avait données.

Les compositeurs vivans les plus connus sont Federici, directeur de la chapelle du roi, Jnzenga son adjoint; ils sont Italiens l'un et l'autre : Doyagüé, maître de chapelle et chanoine de Salamanque, génie supérieur; Nielfa, maître de chapelle de l'*Encarnacion* à Madrid; Carnicer qui a succédé à Mercadante dans la direction du théâtre italien de Madrid, auteur de *Elena y Constantino* et de *Lusiñano*, opéras sérieux très goûtés du public. Carnicer est jusqu'à ce jour le seul Espagnol qui se soit consacré à ce genre de composition; sa manière est vigoureuse, et ses chants ont de la grace et de l'originalité : Moretti, que ses chansons espagnoles, sa grammaire de musique et son école de guitare, on fait connaître avantageusement; Sor, Aguado, Ochao, guitaristes du plus grand talent et compositeurs; D. Viruès y Espinola, général d'armée, poète et musicien, auteur de plusieurs ouvrages de théorie musicale non encore publiés, et de beaucoup de quatuors et de symphonies (1).

(1) De tous les Espagnols qui ont cultivé la musique, au-

Le ténor Manuel Garcia, son fils, qui chante la basse, et sa fille Madame Malibran dont les premiers pas ont été marqués par des triomphes, sont Espagnols, de même que Porto, première basse du théâtre italien de Londres ; Mesdemoiselles Albini et Amigo, qui ont figuré sur la scène italienne de Paris, appartiennent aussi à cette nation.

On grave la musique à Madrid et à Barcelone ; mais on ne trouve dans chacune de ces villes qu'un seul atelier de gravure établi pour contrefaire les meilleurs morceaux de chant et de piano composés par les maîtres étrangers. Gambaro, ancien clarinettiste de l'opéra italien de Paris, a établi le principal magasin de musique de Barcelone.

Le caractère distinctif de la musique purement espagnole est la véhémence du rhythme, dans les morceaux vifs, le mouvement ternaire et le mode

cun n'avait reçu de la nature un génie égal à celui de J. Chr. de Arriaga, né à Bilbao, et qui fut élève du Conservatoire de France. Ce jeune homme, qui mourut à Paris, au mois de février 1826, à l'âge de dix-neuf ans, joignait à l'imagination la plus brillante un savoir dans le contrepoint qui ferait honneur au musicien le plus expérimenté. Un seul œuvre de sa composition a été publié ; il se compose de trois quatuors pour deux violons, viole et violoncelle, où l'on trouve l'inspiration d'un musicien né pour faire une révolution dans son art.

mineur. Le genre qui plaît le plus aux Espagnols est la romance; ils en ont de fort jolies, le chant en est langoureux et traînant; il finit *smorzando*. Leurs airs gais se terminent soudainement; la tonadilla, *yo que soy contrabandista*, la séguidille, *es el amor un ciego*, la tirana, *iba un triste calesero*, sont des exemples connus qui peuvent donner une idée de tous les airs du même genre qui sont calqués sur le même patron. La guitare est l'instrument le plus cultivé; elle est nationale comme le chapelet et la chocolatière : cet instrument se trouve dans toutes les maisons. Les guitares espagnoles ont les cordes doubles, chaque couple est accordé à l'unisson, à l'exception du couple le plus grave, dont les deux cordes sont fixées à l'octave l'une de l'autre, tout le monde pince la guitare; un très petit nombre en joue *por musica*; certains routiniers deviennent très forts. Les guitaristes *aficionados* se laissent croître les ongles du pouce et de l'index de la main droite afin de tirer des sons plus nets et plus forts. Ces deux doigts leur servent encore à tenir le cigarito, dont la fumée donne une teinte jaune à ces ongles d'une longueur démesurée. Le *rasgado*, raclé, est la manière de jouer des paysans qui font quelques accords en frottant toutes les cordes ensemble avec le pouce ou le dos de la main. Le *rasgado* n'est pas sans agrément lorsqu'un *aficionado*, ou bien une aimable *señorita* donne à ce jeu une variété d'expression et d'accords. Le chant des Espagnols est plein de sentiment : leurs inflexions de voix sont passionnées, et leur physionomie s'unit d'intention avec l'effet musical.

Les sérénades sont très fréquentes en Espagne; les nuits y sont si belles et les amoureux si galans! On va chanter de tendres romances sous les fenêtres de la dame de ses pensées, on réunit quelquefois plusieurs guitares, un grand nombre de voix, et la *señorita* derrière la *cortina* écoute d'harmonieux accords, et distingue aisément la voix qui a su toucher son cœur.

Les Espagnols qui se livrent à l'étude des arts montrent quelquefois une constance, une opiniâtreté à toute épreuve. Le violoniste Carillès se fit enfermer dans une prison pour travailler les difficultés de son instrument avec plus d'assiduité. Aucune distraction ne pouvait le troubler dans ce réduit obscur et silencieux; armé de son archet il attaquait nuit et jour le trille ou la double corde, les octaves ou les traits chromatiques, et finissait par en triompher. A l'âge de 25 ans, le señor D. Azcarate vint à Paris, il entendit nos virtuoses et se prit d'une belle passion pour la musique et le piano dont il ignorait les premières notions. Dans les arts, rien n'est impossible à l'homme intelligent, doué d'une grande patience et que le travail le plus opiniâtre ne saurait effrayer. D. Azcarate se mit à jouer de prime abord un concerto de Field écrit pour les maîtres les plus forts. Il comptait les notes, calculait leurs valeurs, déchiffrait une mesure, et quand il l'avait trouvée sur l'instrument, il l'étudiait pendant une journée entière et finissait par l'exécuter. Après six mois d'exercice, il fit entendre le premier morceau de cet œuvre difficile, dont il avait conquis les fragmens note à note, à l'aide d'une volonté ferme, inébranlable et du *labor improbus* qui vient à bout de tout. Assis, cloué devant son piano dont il usa le clavier, D. Azcarate n'avait d'autre compagnon qu'un serin qui ne put rester si long-temps témoin de ces études continuelles sans y prendre part. Ce petit musicien ailé venait se percher sur le front de son maître lorsque celui-ci commençait à posséder le trait ou la mélodie, objet de tant de soins, il l'applaudissait de l'aile, du bec et de la voix en répétant aussi les quatre notes mille et mille fois jouées par le virtuose apprenti. D. Azcarate passait-il à une nouvelle phrase pour l'annoner et l'ébaucher, le serin gardait le silence et s'éloignait aussitôt pour revenir lorsque le trait musical deviendrait assez intelligible pour frapper agréablement son oreille délicate.

D. Azcarate eut recours ensuite aux plus habiles maîtres de Paris, il étudia la composition avec M. Fétis, et le piano avec M. Zimmerman, mais il ne voulut point changer de méthode. Ce dernier lui donnait une leçon d'une heure sur cinq ou six mesures que l'élève travaillait ensuite pendant deux jours et deux nuits avec son serin. D. Azcarate possédait parfaitement la première reprise du rondeau de Field quand les troubles de l'Espagne éclatèrent. « Les dangers de ma pa-
« trie me forcent de vous quitter, dit-il à M. Zim-
« merman, je vais faire de la musique à coups
« de fusil; nous dirons la seconde reprise quand
« la guerre sera finie. »

Je connais plusieurs amateurs qui ont suivi la même marche en abordant les plus grandes difficultés du piano sans études préparatoires, mais ces amateurs étaient d'excellens musiciens. Après avoir long-temps accompagné la belle sonate en *mi mineur*, dédiée par Steibelt à la reine de Prusse, M. le marquis Sextius de F*** d'O***, violoniste d'un grand talent voulut jouer à son tour la partie de piano; quelques mois d'étude lui suffirent pour y parvenir.

Les Espagnols n'ont pas d'instrumens nationaux qui leur soient particuliers. Les castagnettes, dont leurs danseurs se servent pour marquer le rhythme du boléro ou du fandango, avec beaucoup d'adresse et d'agilité, sont connues en Provence depuis des siècles. Le galoubet et le tambourin des Biscayens sont les mêmes que ceux du midi de la France. Les musettes de la Galice et de la Catalogne ressemblent aux musettes ou cornemuses du Beaujolais et de l'Auvergne. Le *pandero* est un tambour de basque de forme ronde ou carrée, mais c'est toujours un tambour de basque. La *zambomba* n'est point un instrument de musique; je puis en dire autant de la *dulzayna* des Valenciens. Cette flûte à bec rend des sons aigus et discordans; on en tire des cris plaintifs et perçans, et l'on ne saurait exécuter une mélodie quelconque sur ce tuyau monotone, dont les résultats sonores imitent le miaulement du chat. Les Valenciens raffolent cependant de cet instrument incommode et ridicule; il figure à leurs fêtes, à leurs processions; le viatique ne sort jamais de l'église sans être accompagné d'un nombre plus ou moins grand de flûteurs barbares qui déchirent l'oreille en sonnant de la *dulzayna* (1).

D'après ce qu'on vient de lire, il est facile de juger que la musique proprement dite n'étend sa domination qu'à Madrid et à Barcelone; elle s'établit à Séville, à Cadix, à Tolède, à Salamanque; tout le reste de l'Espagne est encore à peu près dans l'ignorance de cet art enchanteur.

Une tragédie, une comédie, attireront les connaisseurs au spectacle. Quoique le répertoire espagnol soit très borné dans ces deux genres, on compte cependant quelques bonnes pièces dans le style relevé, celles de Moratin, par exemple. La recette ne saurait être complète ou même satisfaisante si le pitoyable *saynete* ne doit pas servir de cortége au drame sérieux ou comique, à l'opéra même. Un danseur de corde, un bateleur, feront courir la foule et jouiront de la même faveur, que le public accorde aux jeux scéniques.

Mais si, parmi les affiches des spectacles promis aux curieux, on remarque une grande page verte ou jaune sur laquelle on puisse lire de loin ces mots tracés en gros caractères : « Aujourd'hui,

(1) Cette espèce de flûte était fort en usage en France dans le moyen-âge; on l'appelait aussi *doulçaine* ou *dulciane*.

« dimanche, 26 septembre, par permission du
« seigneur corrégidor, il y aura à quatre heures
« après midi....... » cela suffit, on n'a pas besoin
d'en voir davantage, chacun a deviné qu'il s'agit
d'une course de taureaux. Cette phrase magique
vient d'annoncer le spectacle favori, le divertissement par excellence, celui pour lequel on doit
tout quitter, se priver de dîner même s'il le faut,
et pour lequel tout bon. Espagnol doit être passionné. Il n'est, ce jour là, fils de bonne race qui
ne mette son habit de fête pour aller voir les
taureaux. Les *señoras* et les *señoritas* se *ponen de galas* et se hâtent d'y courir, il faut être diligent, car il n'y a jamais place pour tous les amateurs.

CHAPITRE XXVII.

Courses de taureaux.

Avant d'ouvrir son spectacle, un directeur, commence par former sa troupe, il engage des acteurs, les assemble pour les produire ensuite sur la scène. La troupe des taureaux destinés au spectacle doit être réunie le jour même : ces animaux sauvages ne sauraient rester plus de douze heures dans les prisons du cirque, ils ne mangent point tant qu'ils sont privés de leur liberté. Ces sortes de combats finissent toujours faute de combattans, du moins pour les acteurs quadrupèdes; il est donc indispensable d'amener une nouvelle troupe à chaque représentation. Occupons-nous d'abord du recrutement des bêtes à cornes et des soins que l'on prend pour les enrôler avant de livrer la bataille.

Les taureaux vivent librement dans de vastes pâturages, neuf de ces animaux sont choisis et achetés sur les lieux, les plus forts et les plus farouches obtiennent la préférence. Six *picadores* à cheval, armés de lances, les cernent et les obligent à marcher au milieu de leur escadron dont quatre taureaux apprivoisés forment la tête. Ceux-ci, dès long-temps accoutumés à jouer les rôles de traître, dissimulent comme des tyrans de mélodrame, peut-être beuglent-ils à la sourdine l'air du perfide roi d'Argos *jouissez d'un destin propice*, ou les sanguinaires refrains du père Sournois. Après avoir reconnu ces compagnons sauvages, ils s'empressent de leur offrir l'expression des sentimens de l'amitié la plus sincère, et prennent aussitôt le chemin de la ville, en les invitant à les suivre. Les piqueurs à cheval marchent sur les côtés et la pointe de leur lance rend de temps en temps l'invitation plus pressante. Les taureaux sauvages sont très méchans, mais peu malins; on triomphe aisément de leur résistance, d'ailleurs on a soin de les faire voyager pendant la nuit afin de prévenir les accidens. Cette marche des taureaux ressemble assez au cortége que Napoléon donna au crédule Ferdinand. Les bipèdes apprivoisés se dirigèrent vers Bayonne, Ferdinand les suivit; on sait que les *picadores* ne manquaient pas.

Une foule prodigieuse de curieux assiége les

portes du cirque; à une heure du matin elle attend déjà, ce n'est qu'à deux heures et demie qu'on les ouvre. A l'instant même toutes les loges sont envahies, chacun se place pour voir arriver la caravane. Pendant cette demi-heure d'attente il règne parmi les spectateurs autant de liberté qu'à la velada de St-Jean: on rit, on folâtre, on jase de tous les côtés. Les jeunes gens apportent des éventails d'une grandeur démesurée et tels que deux hommes peuvent à peine les agiter; cela fait beaucoup rire les dames et les demoiselles assez matinales pour se rendre au cirque avant le lever du soleil.

Des applaudissemens unanimes signalent l'entrée de la caravane: toutes les conversations, tous les divertissemens particuliers cessent, on ne s'occupe plus que des taureaux qui traversent rapidement l'arène. On les conduit dans une étable très obscure, où on les enferme; de là vient le nom d'*encierro*, *enserrement*, que l'on donne à ces préliminaires du spectacle. Les taureaux apprivoisés sont ramenés hors du cirque, et l'on s'empresse de livrer au public un taureau sauvage qui bondit à l'instant au milieu de l'arène. Tous les amateurs s'élancent à la poursuite de l'animal furieux: ils l'agacent, l'irritent, le blessent, il se rue sur ses persécuteurs, en estropie une douzaine, et finit par tomber sous leurs coups. L'*encierro* est terminé, tout le monde se retire satisfait, on emporte les blessés, et l'on attend avec impatience le moment où la bataille recommencera. Comme on ne paie point pour assister à l'*encierro*, le cirque ne peut jamais contenir tous les *dilettanti*.

A Paris, les grandes toilettes sont réservées pour les représentations solennelles de l'Académie royale de Musique, ou du Théâtre Italien, pour les concerts d'apparat; en Espagne cet honneur appartient aux courses de taureaux. Ce spectacle commence à quatre heures après midi; la représentation ne réunit pas une assemblée aussi nombreuse que l'*encierro*, mais la société est choisie, et le beau monde s'y fait remarquer. Une symphonie exécutée par des instrumens à vent accompagnés de tout le fracas des tambours, des cymbales et des clochettes sert d'ouverture au spectacle. Les *toreros*, en costume de *majos*, vêtus avec autant d'élégance que de richesse, se présentent devant la loge du roi, s'inclinent profondément et lui débitent un compliment. La loge est vide, peu importe, les salutations et la harangue ne lui sont pas moins adressées. Cette loi de l'étiquette ayant été observée, la barrière s'ouvre immédiatement, et les acteurs paraissent dans l'arène.

Deux piqueurs à cheval, se placent un de chaque côté de la porte ouverte pour introduire le taureau. Ces piqueurs sont montés sur des rosses, il serait inutile de sacrifier de bons chevaux. Les jambes et les cuisses de ces piqueurs sont cuirassées sous leur culotte et leurs guêtres de peau de daim. Ils portent un gilet et une veste collante; leur cheveux réunis dans un gros cadogan sont renfermés dans une résille de soie noire, couverte avec un grand chapeau gris ou blanc. Leur lance n'est autre chose qu'un long bâton nerveux et solide au bout duquel est fixé un fort aiguillon, leurs chevaux ont les yeux bandés.

Les huit taureaux sont réunis dans une étable où règne l'obscurité la plus profonde: un guichet s'ouvre et ne peut admettre que le taureau qui se présente pour sortir; on ferme cette issue et l'animal reçoit au passage un vigoureux coup d'un fouet armé de pointes aigües, il est en même temps ébloui par l'éclat du jour. Effarouché par la vue et les cris des spectateurs, il s'élance dans l'arène, il bondit, mugit, relève la queue, et après un petit instant il se jette furieux sur le premier piqueur qu'il aperçoit. Celui-ci le repousse en le frappant avec sa lance entre l'épaule et le cou. Le taureau recule aussitôt, et ne quitte ce piqueur que pour s'élancer sur l'autre qui le reçoit de la même manière. Il arrive très souvent que la lance n'atteint pas le taureau à cet endroit qui est le plus sensible; alors bravant la douleur, l'animal devient plus furieux encore: il s'avance toujours, crève le ventre du cheval avec un coup de corne et renverse cavalier et monture. L'autre piqueur alors se hâte de venir au secours de son compagnon, il agace le taureau d'un autre côté et par une adroite diversion, il donne au cavalier démonté le temps de se sauver pour aller changer de cheval. Quelquefois le bois de la lance casse, le *torero* est exposé au danger le plus grand, et les *coreros* sont obligés de venir pour le dégager.

Le taureau sans cesse piqué par les cavaliers, tourmenté de tous les côtés, écume de rage; lorsque son sang coule en abondance et que sa fureur est au comble, les *picadores* se retirent. Les *chulos bandoleros* leur succèdent: ils sont à pied, vêtus en *majos*, culotte courte très juste, garnie de franges et d'une infinité de boutons, bas de soie blancs, escarpins très découverts, tel est leur costume aussi leste qu'il est élégant. L'adresse et l'agilité des *chulos bandoleros* est surprenante : chacun d'eux porte deux petits drapeaux de papier de couleur découpé, que l'on nomme *bandoleras*. Le bâton de ces drapeaux est armé à son extrémité d'un dard fait en hameçon de manière qu'il s'accroche à la plaie sans pouvoir en sortir. La longueur de ces petits bâtons est d'un pied et demi.

Les *bandoleros*, les *coreros*, courent et voltigent autour du taureau, et par leurs lazzis ils l'excitent à s'élancer sur eux; il s'y précipite en effet. Lorsqu'il est près de les écraser, au moment où leur perte paraît inévitable, ces voltigeurs s'échappent avec la légèreté d'un oiseau, après avoir enfoncé leurs *bandoleras* dans le cou de l'animal, une de chaque côté. La fureur du taureau s'accroît encore; plus il s'agite et plus les dards s'enfoncent dans sa chair et la déchirent. Tourmenté par la douleur, harcelé par ses persécuteurs le quadrupède enragé se porte à tors et à travers sur tous ceux qui l'entourent; chacun avec la même dextérité lui accroche ses deux dards, et bientôt douze ou seize petits drapeaux sont suspendus à la poitrine du malheureux animal.

Lorsque le *bandolero* croit avoir manqué son coup, il se détourne seulement d'un pas sur le côté, le taureau passe devant lui sans avoir le temps de se détourner pour le frapper. Quelquefois on attache des fusées et d'autres pièces d'artifice au bâton des *bandoleras*, leur mèche est allumée et les fusées brûlent le cou de l'animal et l'épouvantent par leur éclat. Quand il voit ce feu, le taureau s'arrête à l'instant, reste immobile, il écume de rage, il baisse la tête, et l'intrépide *corero* le prend par une corne, pose son pied sur le front de l'animal et le franchit avec agilité. Si le taureau rencontre dans l'arène le corps d'un cheval qu'il vient de tuer, il s'acharne sur ce cadavre, le frappe de nouveau, le tourne et le retourne, et finit par le saisir avec ses cornes et le lancer en l'air, à plusieurs reprises, à trente ou quarante pieds de hauteur. La fureur, la rage, viennent augmenter encore la force prodigieuse du taureau.

Lorsqu'on l'a assez tourmenté le *matador* arrive enfin, il est habillé *de majo* comme les autres, il a de plus un manteau de soie cramoisi. Armé d'une longue épée, agitant un grand drapeau écarlate qu'il tient de la main gauche, il attire le taureau, se place devant lui, porte ses regards sur les siens et le tient en arrêt comme le braque fait le lièvre ou la perdrix. Les deux champions sont en présence: un silence profond règne dans l'assemblée, le *matador* mesure son attaque, il marque la place où son glaive doit s'enfoncer; d'un seul coup il doit tuer, s'il remplit cette condition essentielle, des milliers de bravos, des applaudissemens unanimes et prolongés sont la récompense du *matador*. Si l'animal ne tombe pas sous le coup d'épée, le *torero* désappointé l'achève en le frappant avec un poignard, mais alors il fait *fiasco* et le public n'est point satisfait. Quatre mules superbement harnachées sont conduites dans l'arène; on attache par les cornes le taureau immolé qui est traîné hors de l'enceinte au bruit des fanfares et des applaudissemens.

Après un entr'acte assez court, on lance un second taureau dans le cirque, huit sont sacrifiés pour chaque représentation, un de ces animaux a déjà été livré au peuple lors de l'*encierro*. Ces neuf taureaux éventrent quelquefois une douzaine de chevaux, blessent un grand nombre de personnes, en tuent quelques-unes de temps en temps. Les *toreros* sont largement payés en raison des dangers auxquels il s'exposent; cela rend ce genre de spectacle très coûteux.

On ne suit pas exactement la même marche à l'égard de chaque taureau; on a soin d'introduire quelques variantes dans le jeu des acteurs afin de soutenir l'intérêt du spectacle en rompant l'uniformité des scènes. Si le taureau est trop doux on adapte une boule à l'extrémité de chacune de ses cornes, les *bandoleros* moins exposés se montrent plus hardis et font des tours d'adresse plus étonnans encore. S'il est trop redoutable par sa férocité, trois dogues dressés pour ce genre d'attaque sont lâchés après l'animal; ils le saisissent en même temps par la queue et par les oreilles et le renversent. Mais ce moyen s'emploie rarement, il blesse l'amour-propre des *toreros* dont l'honneur consiste à braver le péril et qui finissent tous par être tués sur la place. Les taureaux immolés dans ces combats sont écorchés, dépécés et vendus à vil prix aux pauvres gens; cette viande est de très mauvaise qualité, la police devrait la faire jeter à la voirie. Si le taureau se montre doux et timide, il est sifflé, hué comme un mauvais acteur, et le public veut qu'il soit à l'instant banni de la scène après avoir été tué. S'il est furieux et terrible on l'applaudit à outrance; si le *matador* recule devant le danger, on lui ordonne d'accomplir sa mission quoi qu'il en puisse arriver, le *torero* perce l'animal qui le frappe en même temps, et l'un et l'autre tombent sans vie. Un indomptable taureau faisait depuis une heure les délices du public, aucun *matador* n'osait l'attaquer, les amateurs indignés de la faiblesse des *toreros* qui parcouraient le cirque, dirent qu'il fallait appeler un ancien *matador* fameux par ses exploits et depuis quelque temps retiré du service. Il arrive, et l'autorité lui commande à l'instant de terrasser l'animal invincible; le vieux *torero* se présente plusieurs fois devant lui et ne peut en venir à bout, après bien des tentatives inutiles, il s'épouvante comme les autres, prend la fuite et veut franchir la barrière du cirque. Le taureau le poursuit et l'atteint avec le front au moment où il sautait, l'écrase contre la barrière, et les cornes de l'animal s'enfoncent dans les madriers de manière à le retenir cloué sur la place; c'est là que le taureau fut tué. Les deux traits que je raconte sont connus de tous les amateurs de *corrida de toros*, on voit partout les gravures qui les représentent.

Tel est le spectacle favori des Espagnols: on y voit des chevaux éventrés à coups de corne.

des taureaux abattus à coups d'épée ou de poignard, des hommes blessés et même tués sous les yeux de l'assemblée. Plus un taureau est méchant et farouche, plus il divertit le public; si l'animal est assez adroit pour éventrer un homme, des applaudissemens éclatent de toutes parts. Le peuple se garde bien de compatir au sort du malheureux *torero* qui roule renversé sur le sable. Il ne faut pas croire que les petites maîtresses s'évanouissent en voyant couler son sang. Dès qu'un cavalier tombe, un cri général se fait entendre, mais c'est un cri de joie. Le goût passionné des Espagnols pour ce genre de divertissement est une preuve de la barbarie et de la férocité de cette nation inculte.

Ces combats de taureaux étaient-ils en usage chez les anciens Ibères, sont-ils une imitation des jeux du cirque établis par les Romains, lorsqu'ils se rendirent maîtres de l'Espagne? Je ne déciderai point la question. Cette imitation ne saurait être comparée au massacre épouvantable du Colysée et du grand cirque de Rome. « L'éten- « due inouïe de ce carnage, la profusion du sang « répandu, l'incroyable dépense de ces jeux bar- « bares, donnaient un air de magnificence et de « grandeur à des plaisirs qui, au fond, n'étaient

« que ceux d'une nature impitoyable et sans cul-
« ture. On a peine à croire combien d'animaux
« étaient sacrifiés dans les jeux sanguinaires de
« l'amphithéâtre. Lorsque Titus en ouvrit pour
« la première fois les portes au peuple romain, le
« nombre des animaux de toute espèce, depuis le
« renard jusqu'au lion et au tigre, depuis l'élé-
« phant jusqu'à la gazelle, qui périrent dans les
« combats d'un seul jour, s'éleva à cinq mille. On
« gardait les animaux destinés à l'amphithéâtre,
« dans des édifices séparés, appelés *vivarium*,
« dont les restes se voient encore sur le mont
« Cœlius et près de *la Porta Maggiore*; ils
« étaient amenés dans des cages montées sur des
« roues.

« Pompée, à la dédicace de son théâtre, le pre-
« mier qui eût été bâti en pierre, donna des com-
« bats de bêtes dans lesquels il périt cinq cents
« lions. On voyait le sang inonder l'arène; mais
« les hurlemens des bêtes féroces qui le faisaient
« couler étaient couverts par ceux des spectateurs
« plus féroces encore.

« Il y avait dans les jeux cruels de l'amphi-
« théâtre un raffinement qui étonne. J'ai vu une
« fresque antique, représentant un malheureux
« esclave qui entre par un étroit passage dans

« l'arène, qu'il doit traverser au milieu des tigres
« et des lions, pour aller déposer à l'extrémité
« opposée des œufs qu'il tient dans ses mains; s'il
« échappait aux griffes des bêtes féroces, il était
« libre. Après le premier choc que ces spectacles
« cruels ne pouvaient manquer de produire, et
« la compassion une fois émoussée par de fré-
« quentes épreuves, il ne restait qu'un vif intérêt
« et un goût d'émotions violentes qui devenait
« une passion, et rendait le spectateur inaccessible
« à tout sentiment d'humanité. On ne doit pas
« être surpris que les poètes et les artistes de
« l'antiquité excellassent dans la description et la
« représentation des morts et des mourans, ayant
« des occasions journalières de voir des combats
« mortels livrés par des sujets nus. Ils dessinaient
« et décrivaient d'après nature, ce qu'aucun mo-
« derne n'a pu faire. Parmi les spectacles extraor-
« dinaires introduits dans l'arène, on y a vu des
« femmes, l'épée à la main, combattre jusqu'à la
« mort, ainsi que des nains et des hommes con-
« trefaits.

« Justus Lipsius rend compte de ces odieuses
« jouissances d'un goût dépravé, et le fait est prou-
« vé par un édit d'Alexandre Sévère, qui prohibait
« ces combats, lesquels probablement n'avaient pas

« été en usage long-temps avant l'époque dégé-
« nérée où il régnait (1). »

A Saint-Remi, à Tarascon en Provence, on fait courir des taureaux dans des enceintes grossièrement construites avec des charrettes. Ces animaux sont attaqués ou poursuivis par des amateurs qui procèdent sans méthode, et qui se font estropier en pure perte sans amuser le public. Un entrepreneur voulut établir ce genre de spectacle à Avignon dans l'île que le pont traverse : les taureaux assez pacifiques renversèrent les barrières et prirent la fuite par trois chemins différens. Plusieurs s'échappèrent en passant sur le pont, et causèrent une frayeur mortelle aux nombreux spectateurs qui s'acheminaient vers le cirque. Fort heureusement pour ceux-ci les taureaux ne songeaient qu'à s'éloigner avec rapidité, ils dédaignèrent d'attaquer de faibles ennemis qui s'empressaient de leur livrer le passage. Au lieu de *picadores*, de *chulos bandoleros*, et du classique *matador*, ces infortunés quadrupèdes rencontrèrent des chasseurs qui les fusillèrent et le combat finit avant d'avoir commencé. Une semblable scène serait sifflée par les Espagnols,

---

(1) L. Simond, *Voyage en Italie et en Sicile*.

ils s'écrieraient comme Dorante dans *les Fâ-cheux* :

> A-t-on jamais parlé de pistolets, bon dieu!
> Pour courre un cerf! pour moi, venant dessus le lieu,
> J'ai trouvé l'action tellement hors d'usage,
> Que j'ai donné des deux à mon cheval, de rage,
> Et m'en suis revenu chez moi toujours courant,
> Sans vouloir dire un mot à ce sot ignorant.

Lorsque le magnifique cirque de Nîmes fut restauré, M. Singier, directeur du théâtre de cette ville, rendit cette arène antique à sa première destination, en y faisant courir des taureaux. Ce genre de spectacle eut beaucoup de succès pendant la première année, il fut ensuite abandonné.

CHAPITRE XXVIII.

Gitanos, Gitanas. — Cuisine espagnole. — Manière ingénieuse de faire rafraîchir l'eau.

Les *gitanos* sont une classe de gens tout-à-fait distincte des autres, ils vivent en quelque sorte isolés au milieu de la nation espagnole. Cette classe diffère des autres par ses mœurs, ses habitudes, son langage, ses costumes, et même par le caractère de la figure et la couleur de la peau. Les *gitanos* sont beaucoup plus bruns que les Espagnols, quelques-uns sont aussi noirs que des mulâtres. Errans et vagabonds ils courent le pays, comme les Bohémiens que l'on voyait autrefois en France; ils s'arrêtent pendant quelques années dans les grandes villes sans y fixer pourtant leur domicile.

Les *gitanos* vendent des fruits ou de l'eau sucrée dans les carrefours ou sur les promenades. Les *gitanas* fournissent des beignets aux nombreux consommateurs de Séville; le dimanche surtout, on rencontre à tous les coins de rue et même à chaque pas une gitana qui fait cuire des beignets sur un petit fourneau, ce qui parfume la voie publique d'une odeur de friture très désagréable. Le costume des gitanos et des gitanas est à peu près le même que celui des *majos*, avec moins d'élégance.

Nigra sum sed formosa, les gitanas ne sont pas dépourvues d'une certaine grace qui leur est particulière; on en rencontre de très jolies, elles ont beaucoup d'expression dans le geste et le regard, leur conversation est spirituelle, vive et d'une liberté qui approche de la licence. Leur accent est encore un signe caractéristique : elles prononcent les *s* du bout de la langue en grasséyant légèrement, c'est ce que les Espagnols appellent *hablar gangoso*. D'une extrême familiarité, elles tutoient presque tout le monde, leur commerce ne se borne pas aux fleurs, aux fruits, aux beignets. Beaucoup de gitanas font la contrebande en colportant sous leurs vêtemens des marchandises prohibées. Sous le prétexte d'offrir ces objets, elles s'introduisent dans les maisons, et s'acquittent avec une adresse admirable du message des amoureux. Les maris jaloux, les mères de famille, les redoutent et les détestent.

Il est aisé de concevoir d'après cela que les gitanas n'ont pas une bonne réputation dans leurs jeunes ans, et qu'elle devient très mauvaise quand elles avancent en âge.

Les gitanos sont les parias de l'Espagne, ils ne s'allient qu'entre eux et conservent ainsi leur couleur presque noire; c'est un reste du sang des Maures, que les mélanges de races trop rares ont faiblement altéré. Les soins de la cuisine et même ceux de la chambre sont confiés aux gitanas.

Les Espagnols ignorent presque entièrement l'art culinaire et ne sont pas somptueux pour leurs repas. Il leur serait facile de se procurer les choses nécessaires pour contenter leur appétit et même pour faire grande chère avec peu d'argent. Leur sobriété serait une vertu si elle avait d'autres causes que l'avarice et la paresse.

En exceptant les personnes d'un rang très élevé, les heureux du siècle, toutes les autres classes de la société vivent d'une manière également mesquine et parcimonieuse. L'ordinaire de toutes les maisons consiste en une *olla*, marmite, pot-au-feu dans lequel on dépose un petit morceau de viande, un petit morceau de lard, une poignée de *garbanzos*, pois chiches quelques feuilles de chou et du piment rouge à foison. La *olla* renferme donc tout le dîné : soupe, bouilli, entrée, légumes. La *olla*, un grand verre d'eau et un cigarito pour dessert, tel est le principal repas de tout bon bourgeois et du plus grand nombre des gentilshommes. Cette cuisine primitive ne demande pas beaucoup d'apprêts, aussi les Espagnols sont-ils très mal montés en ustensiles. Ils mangent tous au plat et boivent dans le même verre. Une poêle à frire, un gril, une marmite, voilà tout le mobilier d'une cuisine ; depuis Irum jusqu'à Séville, on ne trouve pas un seul tourne-broche.

Les gens du haut parage, au contraire, mettent beaucoup de luxe dans leurs repas, et leur table est servie avec profusion. Chaque convive a deux verres, un petit pour le vin, un grand pour l'eau ; on change les serviettes, les couteaux, les couverts, aussi souvent que les assiettes. Les cuisines des grands sont pourvues de casseroles de toute espèce, de grils, de poêles, de chaudrons, etc., mais il n'y a point de tourne-broche, et le marmiton hâteur met *el asador* en mouvement au risque de se rôtir la figure et la main.

Malgré leur sobriété, les Espagnols sont très friands ; ils aiment beaucoup les fruits, les gâteaux, les sucreries. Comme la plupart de leurs actions se rapportent à cette paresse qui, pour eux, a tant de douceurs, bien des gens, pour s'épargner la peine de préparer à manger, dînent avec des *migas*, des *rebanadas*, mies, tranches de pain frites dans l'huile, ou bien avec un *gaspacho*. Le *gaspacho* mérite une description plus étendue, je vais en donner le *recipe* à nos gourmets ; il peut faire juger de la délicatesse du goût des Espagnols sur une matière aussi importante.

Prenez deux ognons, quelques pommes d'amour, une poignée de pimens verts, un concombre, une gousse d'ail, du persil, du cerfeuil, coupez tous ces légumes en petits morceaux que vous versez dans un saladier. Ajoutez à tout cela une quantité de pain émietté formant le double du volume des objets que le vase contient déjà. Assaisonnez le tout avec sel, poivre, huile et vinaigre comme une salade et complétez votre *gaspacho* avec une pinte d'eau pour former le bouillon. Le *gaspacho* se mange avec une cuiller, c'est une soupe crue ; ce mets favori des Andalous est très rafraîchissant et très salutaire dans ce climat brûlant. On s'y accoutume aisément, on le mange sinon par goût, du moins par fantaisie.

Une chose agréable en Andalousie, c'est que l'on a toujours de l'eau très fraîche pour boire à la glace l'été sans avoir de glacière, et sans apporter à grands frais la neige des montagnes comme on le fait à Naples. Le procédé dont on use dans l'Espagne méridionale pour rafraîchir l'eau, est assez ingénieux pour mériter d'être signalé et décrit. On établit dans un corridor, au rez-de-chaussée, une rangée de petits gradins revêtus de faïence vernissée; ces gradins sont placés dans un enfoncement qui ressemble à une armoire sans porte. Soixante, quatre-vingts, cent *tallas*, bols, de terre poreuse, peu cuite et sans vernis, sont placées sur les degrés du *tallero*, les parties de calorique renfermées dans l'eau dont on a rempli les *tallas* s'échappent par les pores des petits vases. Le corridor, ouvert à ses deux extrémités, est sans cesse rafraîchi par le courant d'air qui favorise cette évaporation, et l'eau acquiert en peu d'instans une température froide. Au moment des repas on verse dans les aiguières l'eau d'une vingtaine de *tallas*, que l'on a soin de remplir de nouveau pour les reprendre ensuite lorsque toutes celles qui restent auront été vidées. Dans toutes les maisons de Séville on a un *tallero* placé sur la cour ou dans un corridor.

Les *tallas* ne sont point en usage partout; dans les Castilles, on place sous le vestibule ou dans la cour de chaque maison un *poron*, cruche faite avec la même terre et de la même manière que les *tallas*. L'eau s'y rafraîchit par l'évaporation sans acquérir pourtant le même degré de froid. On ne se sert jamais de verre pour boire cette eau offerte à tout le monde, le premier qui entre, quand ce serait un galeux ou un mendiant, prend le *poron* et boit à même. Comme il boit à la catalane, en versant l'eau dans sa bouche de la hauteur du bras, ses lèvres sont éloignées de la cruche. Si quelque maladroit embouchait le bec du *poron*, il se rendrait coupable d'une impolitesse insigne, et les gens de la maison briseraient le vase à l'instant.

J'ai fait quelques expériences pour introduire les *tallas* en Provence, les faïenciers d'Apt ont essayé de faire de ces petits vases d'après les idées que je leur avais données à cet égard. Nous n'avons obtenu aucun succès, notre argile est trop compacte et ne permet pas à l'eau de filtrer au travers des vases. Il serait facile d'avoir des *tallas* d'Espagne, au moyen des navires qui font les transports du commerce de Marseille à Cadix ou à Malaga. On apporte journellement de ces contrées une infinité d'objets moins utiles; si les négocians des côtes de Provence ne pensent pas que les *tallas* puissent devenir une branche de commerce d'une certaine importance, je leur conseille du moins de s'en procurer pour leur usage particulier.

CHAPITRE XXIX.

El garrote. — La potence. — Le fouet, la marque.

Je revenais de *la cartuja*, la chartreuse, le commandant Petit-Pierre m'y recevait toujours à merveille, et j'avais acquis plus de droits à l'estime de ce naturaliste depuis que je lui avais fait observer que l'alouette cujelier n'est point l'alouette pipi. Je parlerai plus tard de ce brave qui partageait ses loisirs entre la botanique et l'ornithologie. J'avais passé le pont de Triana, et, pour rentrer chez D. Cayetano, je traversais *la plaza mayor* autrement dite *plaza del ayuntamiento*, place de l'hôtel-de-ville. Une foule immense s'y trouvait assemblée, je crus d'abord que c'était un *alboroto*, émeute, mais tout le monde gardait le repos et le silence. On entendait seulement le murmure des conversations particulières d'une infinité de petits pelotons formés au milieu du rassemblement général. La place, les rues voisines, les balcons, les fenêtres, tout était plein, on voyait même des gens sur les toits, il y avait autant de spectateurs qu'à un *encierro*. Je cherchais des yeux la cause qui avait amené le tiers de la population de Séville sur ce point, lorsque j'aperçus un échafaud dressé au milieu de la place. Je fus assez curieux pour m'arrêter afin de voir comment on exécutait les arrêts criminels en Espagne ; caché dans un coin je pouvais tout observer sans être vu.

J'étais à ce poste depuis cinq minutes quand une grosse cloche sonna ; au mouvement que fit la foule, je pensai que l'exécution allait avoir lieu. Je me trompais, ce funèbre beffroi annonçait la dernière agonie du patient, il avait passé la nuit *en capilla* (1), dans une chapelle, entouré de prêtres qui l'exhortaient à la mort en récitant avec lui les prières des agonisans.

Une nouvelle rumeur me fait porter les regards sur l'assemblée, j'aperçois un homme grand, maigre et pâle, enveloppé dans un manteau, la tête couverte d'une *montera*, bonnet de laine rouge. Il traverse la foule dont les flots s'ouvrent

---

(1) Ce terme est proverbial ; en Espagne on dit *estoy en capilla* pour exprimer qu'on n'a plus qu'un jour à vivre, qu'on n'a plus qu'un écu dans sa poche ; *es en capilla* se dit d'une jeune fille qui doit se marier le lendemain.

à l'instant pour le laisser passer en liberté. C'est le *verdugo* (1), il vient de l'église la plus prochaine où il est resté quelque temps en prières. Il monte rapidement les degrés de l'échafaud, jette son manteau et son bonnet pour être plus à l'aise, et prépare l'instrument du supplice.

Au milieu de l'échafaud s'élève un poteau carré au bas duquel une petite planche et quelques morceaux de bois grossièrement assemblés avec des clous, forment une espèce de fauteuil à bras. C'est là que doit s'asseoir le criminel, l'instrument de mort est un collier de fer derrière lequel est une forte vis de pression. Le *verdugo* examine ce collier, s'assure s'il est en bon état pendant que l'on amène la victime.

Un second coup de cloche annonce le départ du condamné : deux alguazils vêtus de noir, coiffés d'un chapeau noir à plumes noires, portant en main une baguette noire, et montés sur des mules noires viennent se placer un à droite, l'autre à gauche de l'échafaud. Le patient devrait

(1) En Espagne comme en France le bourreau est le plus méprisé de tous les hommes; après lui c'est le *pregonero*, crieur public; viennent ensuite le boucher, l'*albeite*, maréchal vétérinaire, et le *sapatero de blanco*, cordonnier qui fait des souliers blancs pour les paysans. Tel est le commencement de la hiérarchie sociale, en partant du point le plus bas.

être traîné dans les rues, *arrastrado;* cette condition n'est point observée avec rigueur, et voici comment on fait pour éluder la loi sans l'enfreindre. Un âne ouvre la marche, cet animal a été pris le matin par un alguazil au premier paysan qui est entré dans la ville. Une corde à puits de *esparto* tient à la queue de l'âne, et de l'autre bout elle est censée attachée aux pieds du criminel. Celui-ci est couché dans un grand cabas de jonc à six anses, et c'est à ce cabas que la corde est liée. Six hommes bien habillés, faisant partie d'une association pieuse, enlèvent le cabas par ses anses. Le patient est donc porté par ces hommes et non traîné par l'âne qui marche lentement devant eux de manière à laisser toujours la corde lâche. Un prêtre, le crucifix à la main, accompagne le patient et l'exhorte à mourir en bon chrétien.

Arrivés au lieu du supplice les six porteurs déposent le cabas à terre, aident le patient à se relever, et se retirent; leur mission est terminée. Le prêtre reste auprès de lui et le suit sur l'échafaud; en montant l'escalier, il lui fait réciter une prière sur chaque degré. Cette fois l'ecclésiastique priait seul, le patient n'avait pas la force de répondre. Quand il est sur le tréteau fatal, l'exécuteur s'empare de lui, le fait asseoir, et tandis qu'il lui attache les membres aux pieds et aux bras du rustique fauteuil, le prêtre redouble de force et de zèle dans ses exhortations. La victime liée de manière à ce que tout mouvement lui soit interdit, sa chemise est abattue, et le bourreau lui passe au cou le collier de fer, *el garrote*. Ce collier se ferme par derrière au moyen d'un crochet, en serrant la vis de pression dont le bout est fixé sur le poteau contre lequel le patient est adossé, l'exécuteur l'étrangle en deux tours de main. Le prêtre s'efforce de faire crier *Jésus! ave Maria!* à ce malheureux le plus souvent et le plus fort possible jusqu'au moment où l'action du carcan vient le frapper de mort. Lorsque le bourreau serre le tourniquet, il couvre la tête du patient avec un voile noir, afin de dérober au public la vue des horribles contractions que la figure éprouve au moment de la strangulation. On entend alors un cri général, et chaque spectateur récite ensuite une courte prière pour le salut de l'ame du supplicié.

La foule se disperse après l'exécution, et chacun raconte en riant les diverses circonstances dont il a fait la remarque, en imitant quelquefois les grimaces du condamné. Un alguazil s'approche et jette dédaigneusement deux pièces d'or sur l'échafaud, l'exécuteur les ramasse. Les pénitens s'avancent sur la place : ils sont au nombre de sept, le premier marche seul et précède le cortége en sonnant une clochette, deux le suivent avec des fanaux allumés, enfin quatre autres portent une bière sur leurs épaules. Ces pénitens ont une longue robe avec capuchon rabattu, bleu verdâtre, leur tête est couverte par un large chapeau de la même couleur. Ils s'établissent au pied de l'échafaud, récitent continuellement le rosaire et gardent le mort qui doit rester exposé, à découvert, aux regards du public pendant un certain nombre d'heures.

Lorsque plusieurs condamnés doivent être successivement exécutés, on élève autant de poteaux qu'il y a de patiens, et quand le second est amené, un paravent en planches poussé devant celui qui vient d'être mis à mort cache cet affreux spectacle au malheureux qui doit subir la même peine. S'il en arrive un troisième, on voile les deux autres et ainsi de suite ; quand l'exécution est terminée on les découvre tous. Le nombre des ânes est égal à celui des patiens, chacun doit avoir le sien, ces animaux sont renvoyés ensuite, le bourreau leur fend une oreille afin qu'ils ne soient plus repris par les sbires.

En rentrant chez D. Cayetano, je lui racontai ce que je venais de voir, j'étais encore saisi d'horreur. «Je suis étonné, lui dis-je, de l'empressement du peuple de Séville, il court à une exécution comme au spectacle. Je suis indigné de l'impassible tranquillité qu'il a montrée, j'ai remarqué sur la figure des assistans les mêmes sensations, le même sourire, je pourrais dire le même plaisir qu'ils manifestent au cirque en voyant massacrer des taureaux. D'où vient cette cruauté froide et réfléchie? Le peuple espagnol serait-il naturellement féroce? ou bien n'est-ce qu'un simple mouvement de curiosité que l'on ne saurait pardonner?

«Cette curiosité, répondit le chanoine, pourrait être sans excuse en France, elle en a une ici; vous allez en convenir vous-même quand vous m'aurez entendu. Dans le temps du règne florissant de l'Inquisition, lorsque le trop fameux père Torquemada dépeuplait nos villes et nos campagnes, tous ceux qui assistaient à un *auto da fé* gagnaient les indulgences; je vous laisse à penser si l'on y courait de partout. Le peuple arrivait à un *auto da fé* avec autant d'empressement qu'il en met pour prendre part à une cérémonie religieuse d'obligation. On entreprenait, on retardait un voyage pour se trouver à point aux lieux où l'on devait gagner le paradis en voyant griller de prétendus hérétiques. Vous m'avez dit que trente ou quarante mille étrangers se rendaient à Aix pour assister à la singulière procession de la Fête-Dieu, instituée par le roi René d'Anjou ; Séville, Tolède et toutes nos grandes villes recevaient un nombre égal de dévots et de curieux lorsqu'un bûcher s'élevait près de leurs murs. Telle est la véritable cause de cette cruauté froide et réfléchie que vous avez remarquée, le peuple a dû nécessairement s'accoutumer aux horreurs d'une exécution ; ce spectacle épouvantable lui était imposé, il s'acquittait d'un devoir en s'y portant, il recevait une récompense spirituelle en acquittant cette dette religieuse. Dans ces temps affreux que tant de moines regrettent, parce que les biens de leurs victimes leur étaient dévolus, jugez de combien d'indulgences la nation espagnole a été gratifiée ! Des villages entiers ont été dépeuplés par Torquemada pour fournir de la pâture aux flammes dévorantes et des moyens de salut aux dévots qui entouraient les bûchers.

« Cependant, soit que nous ayons un peu plus de lumières, un peu moins de méchanceté que nos devanciers, soit que le monstre en vieillissant ait perdu de sa rage, les *auto da fé* sont devenus très rares, et depuis le supplice de la pauvre Gertrudiz, condamnée pour avoir fait des œufs, on n'a brûlé personne à Séville. Voyez, ajouta-t-il avec un malin sourire, de combien d'indulgences mes compatriotes ont été privés! Il n'est pas étonnant que ce peuple qui croyait faire une œuvre méritoire en regardant flamber un juif ou un sorcier, trouve encore quelque plaisir à voir étrangler des assassins ou des voleurs de grand chemin, surtout quand ils sont nobles comme celui qu'on vient d'expédier.—Qui vous a dit qu'il était noble? — Il est mort du supplice réservé aux *hidalgos*, et cette faveur insigne ne lui a point été accordée sans qu'il ait fait ses preuves. Il devait être bien coupable et bien peu protégé, puisqu'on ne l'a pas fait jouir de toute l'étendue d'un privilége qui veut que *l'hidalgo* s'avance vers l'échafaud monté sur une mule, la tête voilée d'un crêpe noir et l'épée au côté. — Je ne saurais vous donner une réponse positive sur cette circonstance, je vous dis ce que j'ai vu. D'ailleurs s'il est noble il n'a point dérogé; les seigneurs châtelains, les comtes et les barons, étaient jadis fort adroits pour détrousser les voyageurs : ils s'élançaient sur eux avec la rapidité de l'aigle et de l'épervier; montés sur des coursiers agiles ils *volaient* à la rencontre des vilains qui pérégrinaient à pied, c'est de là que vient notre mot *vol* dont le radical ne se trouve dans aucune langue ancienne. *Vol* est un mot essentiellement noble, et les courtisans de François Ier ne se fâchaient point lorsque le curé de Meudon les appelait malicieusement *genspillehommes*. Je ne suis plus surpris maintenant des alarmes que vos compatriotes *hidalgos* éprouvèrent au moment de l'intronisation du roi Joseph Napoléon. Une députation des grands et des notables lui demanda comme une grace particulière de leur laisser le noble *garrote*, le *garrote* national, et de ne point introduire la guillotine dans les Espagnes. M. de Pourceaugnac qui montrait tant de répugnance à être pendu, dans la crainte que le titre d'écuyer ne lui fût contesté, n'aurait pas mieux fait. »

On devait exécuter un criminel à Lérida; dès la pointe du jour, la potence avec tous ses agrès figurait sur la place publique. La chaleur était extrême, et les rayons d'un soleil brûlant agirent avec tant de violence sur les cordes enduites de suif, qu'ils les calcinèrent en partie. Au moment où l'exécuteur saute sur les épaules du patient pour activer la strangulation, les cordes cassent et pendu et bourreau de rouler sur la poussière. Des cris d'étonnement et de joie s'élèvent de toutes parts ; mais voilà que l'exécuteur s'aperçoit que son homme donne encore des signes de vie : il en prévient le *cabo de los mosos*, et l'on porte processionnellement à l'hôpital la victime expirante. Les soins les plus empressés et les plus constans la rendent à l'existence. Malgré les réglemens qui ont prévu ce cas, malgré les instances des amis de l'humanité qui portèrent leurs réclamations auprès de l'autorité, le malheureux que l'on avait guéri ne sortit de l'hospice que pour être rependu, et cette fois les cordes étaient bonnes.

Si le tableau du *garrote* offre un aspect horrible dans tous ses détails, celui de l'exposition et de la flétrissure présente des scènes d'un comique barbare qui déchirent le cœur, et sont en opposition avec le but que le législateur se propose. L'exposition et la flétrissure entraînent toujours la fustigation, mais le nombre des coups que doit recevoir le coupable varie suivant la gravité du crime. L'instrument que l'on emploie ressemble assez aux férules dont les régens de collége se servaient autrefois : il est formé de trois lames de cuir cousues ensemble larges de trois pouces et de la longueur d'un pied et demi. Le nombre des coups qui doivent être frappés est divisé par le nombre des stations à parcourir; dans chaque ville les lieux de ces stations sont désignés. L'exécuteur a soin de faire à chacune d'elles l'exacte énumération de la totalité des coups à donner, de ceux déjà reçus et de ceux qui vont être administrés pour compléter la somme.

Nu jusqu'à la ceinture, monté sur un âne, le patient est attaché à une barre de fer qui s'élève sur le pommeau du bât; ses pieds sont liés à une planche qui passe sous le ventre de l'humble animal. Ainsi garrotté, le criminel s'avance au milieu de quatre *mosos de la escuadra* à cheval; l'exécuteur et ses valets marchent à ses côtés, en tête on voit le *pregonero*, crieur public, juché sur un grand mulet, tenant en main la sentence et sa trompette. Le cortége s'arrête à l'un des endroits marqués, les *mosos* forment le cercle; après avoir sonné sa fanfare discordante le héraut grotesque lit la sentence, l'exécuteur fait une pirouette en imitant la pose d'un Mercure, et s'écrie: « Par la sentence que vous venez d'en-
« tendre, le patient que vous voyez a été con-
« damné à recevoir quinze cents coups, et c'est
« moi que l'on a désigné pour les lui appliquer.

« Il en a déjà reçu trois cents, je vais lui en ad-
« ministrer ici cinquante, il ne lui en restera plus
« que onze cent cinquante à recevoir. » Le *verdugo*
fournit cette portion du dividende avec une rapidité sans égale, fait une seconde pirouette et
donne le signal du départ. L'opération se renouvelle à chaque station, jusqu'à ce qu'on soit arrivé
sur la place principale; c'est là que le fer rouge
est imprimé sur la victime.

Cette exécution n'offre pas d'abord une image
bien triste : les contorsions du coupable, les lazzis
du *verdugo*, ont quelque chose de burlesque.
Mais elle prend un caractère hideux, effroyable
lorsqu'on approche de son dénoûment. Le sang
coule des flancs déchirés du patient, et sa trace
marque le chemin qu'a suivi le cortége. Dans un
état de syncope complet, ce malheureux devient
impassible, sa figure livide présente l'image de la
mort avec une affreuse vérité. Les circonstances
qui accompagnent ce spectacle viennent ajouter
encore à son horreur; il faut voir ce bourreau
porter ses mains dégouttantes de sang sur un
poron et boire à la régalade, il faut entendre les
grossières injures, les éclats de rire insolens d'une
populace qui jette de la boue sur le patient et

veut ainsi prendre part à la vengeance de la société. On se croit alors transporté au douzième siècle.

CHAPITRE XXX.

Salutaires réformes introduites par Joseph Napoléon. — Approuvées par la majorité des Espagnols. — Guérillas ; leurs atrocités. — Trait d'humanité. — Enrôlemens, embaucheurs. — Officier supérieur espagnol étranglé par un capitaine de cuirassiers français, qui ne songeait point à mal. — Par qui l'Espagne a-t-elle été délivrée ?

Joseph Napoléon régnait à Madrid sous le titre pompeux de roi d'Espagne et des Indes, son autorité réelle ne s'étendait cependant pas au-delà de nos avant-postes. Chassé de Madrid en juillet 1808, après la bataille de Baylen, il y rentra vers la fin de l'année à la tête de l'armée française victorieuse. Après les batailles d'Ocaña et de Talavera, poursuivant ses ennemis vaincus, il vint jusqu'à Séville, et de là s'enfonçant dans les montagnes de la Ronda il alla à Grenade, à Malaga pour visiter ses royaumes d'Andalousie. Au retour de cette promenade militaire, il s'arrêta à Madrid et s'occupa de répandre les bienfaits de son gouvernement paternel sur les habitans de cette capitale. Joseph était animé des meilleurs sentimens, ses intentions étaient droites et pures; soit bonté naturelle ou politique, il adoucissait tant qu'il pouvait le sort des Espagnols.

L'abolition des couvens fut un des premiers actes de son autorité; ceux des moines, supprimés entièrement, rendirent à l'état une masse énorme d'hommes sans patrie, le peuple fut délivré du poids de leur inutilité. Les communautés de femmes furent également abolies, mais par une disposition particulière les religieuses eurent la faculté de rentrer dans leurs familles ou de rester dans les couvens. Un grand nombre sortirent et se marièrent, d'autres allèrent trouver dans leurs logemens des officiers français qui leur avaient fait des signes par la croisée sans avoir une intention bien marquée de les engager à prendre la fuite. Comme ces désertions avaient considérablement diminué le personnel des moûtiers, on réunit plusieurs couvens en un seul. Le gouvernement protégeait ces nouveaux établissemens, les religieuses y vivaient en paix, mais il leur était défendu de recevoir des novices; comme ces couvens n'étaient peuplés que de vieilles femmes, leur nombre diminuant progressivement donnait lieu à de nouvelles réductions de monastères, et vingt-cinq ans auraient suffi pour les faire disparaître tout-à-fait. Les couvens de femmes dont l'utilité avait été reconnue sous les rapports de l'instruction publique ou des secours à donner aux malades avaient été conservés dans leur intégrité.

Cette mesure rigoureuse en apparence, et sage dans le fond, reçut l'approbation de la grande majorité des Espagnols. Les gens du peuple, qui ne raisonnent pas et qui voient toujours avec satisfaction l'orgueil de leurs supérieurs humilié, se réjouirent d'être débarrassés de cette énorme quantité de bouches inutiles qu'ils étaient obligés d'alimenter. Je les ai entendus, disant avec un malin plaisir: « *Ahora si quieren comer, tienen que joderse como nosotros.* Maintenant s'ils veulent manger il faut qu'ils travaillent, qu'ils labourent comme nous. » Les personnes éclairées virent dans cette suppression le commencement de la prospérité de l'Espagne et la certitude d'un avenir heureux. L'accroissement de la population, l'état florissant de l'agriculture, des sciences, des arts, devaient en être les résultats. Une révolution si favorable pour la nation fut combattue par l'opposition d'une minorité puissante, par les moines, et cela devait être. Ils étaient déjà nos ennemis implacables, rentrés dans le monde ils s'y montrèrent bien plus dangereux.

Ceux qui étaient jeunes et vigoureux jetèrent le froc aux orties et devinrent des chefs de brigands; Mina sortait du cloître quand il se mit à la tête d'un parti de révoltés, c'est alors que se formèrent les guérillas que leurs cruautés ont rendues si fameuses. Dans ces guérillas ou compagnies franches, les soldats n'étaient soumis à aucune discipline militaire, ils obéissaient au chef qu'ils avaient choisi. Ce chef, d'abord capitaine, ensuite commandant, colonel, devenait enfin général à mesure que sa troupe augmentait; c'est ainsi que Mina s'est élevé. Les guérillas étaient répandues sur tous les points; comme la population entière les favorisait, elles étaient averties du départ des convois qui presque toujours tombaient dans leurs embuscades. Lorsque les troupes françaises s'éloignaient momentanément d'une ville, une guérilla s'y montrait aussitôt pour massacrer les traînards et les malades restés dans les hôpitaux.

Surprise dans la campagne, une guérilla faisait-elle sa retraite sur un village? Si la cavalerie qui la poursuivait n'entrait pas immédiatement après elle, si des mesures de précaution l'obligeaient de faire observer le lieu dans lequel on allait s'engager, les chevaux de la guérilla étaient à l'instant dégarnis, les armes cachées, les soldats reprenaient des habits de paysan, et l'on ne trouvait plus dans le village que des laboureurs et les instrumens inoffensifs de l'agriculture.

Les moines qui n'avaient point pris le parti des armes répandirent leur venin dans la société et parvinrent à faire partager au peuple toute la férocité de leur haine. Lafontaine a dit :

> Cette harangue militaire
> Leur sut tant d'ardeur inspirer,
> Qu'il en fallut une autre, afin de modérer
> Ce trop grand désir de bien faire.

On peut en dire autant des prédications séditieuses des moines espagnols. La cruauté, la barbarie, sont les résultats de l'ignorance comme la superstition et la crédulité. Le peuple ignorant est toujours superstitieux et cruel, il n'y a que la religion qui puisse contenir ce caractère sauvage naturellement porté au mal. Lorsque les ministres de cette religion ont eux-mêmes affranchi le peuple du frein qu'elle leur imposait, s'ils lui persuadent que ce qu'ils regardaient comme un crime est devenu une action permise et méritoire, on ne doit plus s'étonner des cruautés que les Espagnols ont exercées sur nos malheureux prisonniers.

Les officiers d'un régiment de dragons, qui avait mis bas les armes après la capitulation de Baylen, étaient en cantonnement à Lebrixa, dans l'Estrémadure. Enfermés dans une maison de réclusion, ils se gardaient bien d'en sortir. Sous le prétexte qu'on leur avait laissé leurs épées, le peuple assiégea la prison, en brisa les portes, et voulait égorger les officiers. Ces braves militaires se firent jour à travers les assaillans, l'épée à la main, et crurent qu'il leur serait plus facile de se défendre en sortant de la ville. Le peuple les suivit, un combat inégal s'engagea hors des remparts, tous ces malheureux officiers, accablés par le nombre, succombèrent après avoir vendu chèrement leur vie. Un seul échappa au massacre général en se cachant dans un olivier touffu, il y resta pendant la journée et la nuit qui la suivit. L'alcade et le curé vinrent le lendemain sur le champ de bataille pour le visiter et faire leur rapport. Ce malheureux, au risque de s'exposer à de nouveaux dangers, sort de sa retraite et se jette à leurs pieds en implorant leur protection. Touchés de son horrible situation, l'alcade et le curé le ramenèrent dans la ville, et pour le soustraire au fer des assassins qui arrivaient de toutes parts, le curé le couvrait de son manteau, le serrant du bras gauche, et présentant le crucifix au peuple qu'il écartait avec la main droite. Malgré cette précaution et les efforts de l'alcade, l'officier ne fut sauvé qu'avec la plus grande peine. J'ai connu ce militaire à bord de *la Vieille Castille*, et c'est de lui que je tiens ce récit.

Partout on égorgeait les malades dans les hôpitaux. Ce n'était point assez de massacrer indistinctement prisonniers, malades et mourans, on exerçait sur eux des cruautés inouïes et des mutilations révoltantes. Le commissaire des guerres Vosgien et mon camarade Parmentier, furent sciés entre deux planches. Un autre commissaire des guerres voyageant avec sa femme et leur jeune enfant, accompagnés d'une faible escorte, furent attaqués et pris par une guérilla. Après avoir traité cette dame avec la dernière indignité, en présence de son mari, les scélérats, pour prolonger l'agonie de leurs victimes, les enterrèrent vivantes l'une devant l'autre, la tête hors de terre, en exposant au milieu d'elles leur enfant éventré. Le général de brigade René, qui avait acquis en Egypte une haute réputation de bravoure, fut arrêté à la Carolina, pendant qu'il rejoignait le corps d'observation de la Gironde ; des paysans féroces le plongèrent tout vivant dans une chaudière d'eau bouillante. Un Espagnol, qui avait passé dans nos rangs, tomba entre les mains des guérillas ; les Français que l'on prit avec lui furent pendus aux arbres, par le cou, les bras ou les jambes; on les mutilait ensuite de la manière la plus barbare. Pour faire périr l'Espagnol dans des tourmens encore plus horribles, on lui écorcha entièrement la tête, on lui coupa la langue, un de ses yeux fut arraché, et son orbite vidé pour y introduire une cartouche. On mit le feu à cet œil chargé comme un pistolet, et l'explosion de la poudre fit sauter le crâne de l'infortuné prisonnier. Le quinzième régiment de chasseurs eut un engagement avec les troupes réglées de l'armée ennemie auprès de Tamamés ; trente hommes de ce régiment restèrent au pouvoir des Espagnols. Après le combat, chacun avait repris sa position ; celle des Français était sur une hauteur qui dominait la plaine boisée où bivaquait l'ennemi. C'est de là qu'ils virent l'épouvantable supplice de leurs camarades captifs. Quatre hommes les prenaient par chaque membre et les jetaient vivans au milieu d'une charbonnière ardente. Le quinzième régiment de chasseurs exerça de terribles représailles à l'affaire d'Alba ; quinze cents Espagnols demandaient à se rendre prisonniers ; « Non, point de grace, s'écrièrent leurs adversaires, nous avons gardé le souvenir de Tamamés. » Tout fut égorgé sans pitié ; le cri de *Tamamés* était le signal de la mort.

> *Pallas te hoc vulnere, Pallas Immolat.*

Je cite quelques traits, je pourrais en raconter mille du même genre. Ces cruautés se renouvelaient tous les jours et sur tous les points; chaque guérilla voulait renchérir sur les autres, et leur barbarie se montrait de jour en jour plus ingénieuse. Lorsqu'une petite troupe de Français avait le malheur de tomber dans les embuscades des guérillas, nos soldats recevaient la mort au milieu des tortures ; leurs corps défigurés étaient accrochés aux arbres, et les poteaux des chemins portaient leur têtes sanglantes. Qu'arrivait-il? un plus grand nombre de Français passaient sur les lieux mêmes le lendemain, cet affreux spectacle enflammait leur colère; furieux, ils couraient à la vengeance et l'exerçaient sur tous ceux dont ils s'emparaient. Les moines, qui avaient conseillé d'assassiner les Français, n'avaient pas songé sans doute aux suites qu'une semblable tactique devait avoir. Les Français pouvaient user de représailles avec d'autant plus d'avantage qu'ils faisaient journellement beaucoup plus de prisonniers que les Espagnols; d'ailleurs les principales villes de la Péninsule étaient occupées par nos garnisons. C'est aux barbaries des guérillas que l'on doit attribuer le pillage de plusieurs villes et l'incendie de quelques villages; comment retenir la fureur des soldats qui arrivent dans un pays après avoir marché sur les membres épars de leurs frères d'armes? Plusieurs chefs des corps qui étaient envoyés en partisans contre les guérillas, témoins de ces cruautés et voulant y mettre un terme en effrayant les Espagnols, leur signifièrent qu'ils feraient périr dix des leurs pour un Français; l'exécution suivit plus d'une fois la menace.

Cette rigueur ne fut point sans effet; la Junte suprême, réfugiée à Cadix, prit alors des mesures pour faire cesser cette guerre d'extermination. Elle vit avec horreur le sang français répandu lâchement, et le sang espagnol assouvir une juste vengeance. Afin de modérer ce trop grand désir de bien faire par une ordonnance que l'humanité avait dictée, elle accorda une prime de trois *duros*, quinze francs, pour chacun des prisonniers que les guérillas ameneraient vivant. L'intérêt pécuniaire l'emporta sur le plaisir de tuer, et la vie des prisonniers ne fut plus exposée à tant de dangers.

Au milieu de toutes ces atrocités, conseillées, ordonnées par les moines, et exécutées par un peuple fanatisé, qu'on est heureux de rencontrer de temps en temps un trait d'humanité sur lequel on puisse reposer les yeux que l'on détourne avec horreur de ces scènes de meurtre et de carnage ! Mais, ces actes d'humanité, à qui les doit-on ? Aux femmes. Dans ces temps de crime et de dévastation, chez qui la pitié s'était-elle réfugiée ? chez les femmes. Andalouses, Castillanes, femmes de tous les pays ! Quel est le blasphémateur impudent qui s'est permis de dire et d'imprimer que vous n'apparteniez point à l'espèce humaine ? Je lui permets de laisser subsister sa remarque, si son intention est de vous placer parmi les anges.

M. Blondeau, employé de première classe des hôpitaux militaires, venant de Salamanque à Tolède fut pris à Arrevalo par la guérilla de Saburnin. L'ordonnance de la Junte suprême était connue et l'on s'apercevait déjà de ses heureux résultats. M. Blondeau ne fut point maltraité ; on le conduisit à Olmedo ainsi que ses compagnons d'infortune. Arrivé sur ce point, le convoi se trouva entouré de troupes françaises qui le cernaient de loin. On réunit ces prisonniers à d'autres que l'on avait déposés dans les montagnes des environs, et pour empêcher qu'ils ne fussent délivrés, on les faisait changer de gîte chaque soir, en décrivant à peu près le même cercle ; de manière que tous les trois jours ils se retrouvaient à Olmedo. Les Espagnols craignaient eux-mêmes d'être pris, ils avaient par conséquent plus d'égards et de soins pour leurs prisonniers, afin que ceux-ci voulussent bien les protéger à leur tour en cas d'accident.

Comme M. Blondeau était le captif le plus important de la troupe, on le traitait mieux que ses compagnons que l'on enfermait dans une prison, tandis qu'il était logé dans une maison bourgeoise. Doña Polonia lui donnait l'hospitalité à Olmedo; cette dame respectable avait trois filles charmantes: Encarnacion, Cornelia et Carmen. M. Blondeau est un brave et franc Provençal ; il parlait le castillan aussi bien que les gens du pays, il s'exprimait avec aisance et possédait parfaitement ces tours de phrase gracieux qui font le charme des conversations espagnoles. Le malheureux, hélas, ne cherchait point à plaire ! toute son ambition se bornait à se faire supporter, à ne point être importun chez des personnes qui le traitaient avec tous les égards que l'on doit à l'infortune.

Cependant la señora Polonia s'intéressa si vivement à son sort, qu'elle lui proposa de lui donner les moyens de se sauver. Quel bonheur pour un prisonnier ! Mais de quelle manière ? Écoutons la señora Polonia, c'est elle qui parle à M. Blondeau. « Nous sommes entourés par les troupes
« françaises, et de quel côté que vous portiez vos
« pas, vous ne pouvez manquer de les rencontrer.
« La nuit est obscure et favorisera mon dessein;
« vous partez à onze heures, et vous êtes avec
« les Français avant le jour. — Et si je m'égare ?
« —Ma fille connaît les chemins, elle sera votre
« guide. — Quoi, votre fille ! — Oui sans doute;
« vous aurais-je proposé de partir seul ? Les dan-
« gers seraient trop grands pour vous. — Eh ! le
« seraient-ils moins si votre fille les partageait ?
« Non, généreuse Polonia, je n'accepterai point
« cette offre; ma liberté me deviendrait odieuse
« si elle devait coûter des larmes à la belle Encar-
« nacion. Quoi qu'il puisse arriver, je subirai le
« sort qui m'est réservé, je n'aurai point à me
« reprocher d'avoir été la cause d'un malheur
« peut-être inévitable et des chagrins que vous
« en éprouveriez. »

Encarnacion joignit ses instances à celles de sa mère, M. Blondeau persista dans sa résolution.

Il représenta à ces dames les dangers auxquels cette jeune fille s'exposait en fuyant seule avec un étranger, pendant la nuit, et les nouveaux périls qui l'attendaient à son retour, si par hasard elle était rencontrée dans la campagne par des soldats français ou espagnols qu'elle devait également redouter.

Ce trait, qui rappelle les mœurs chevaleresques de l'ancien temps, fait autant d'honneur à la dame espagnole qui eut le courage d'offrir, qu'au Français généreux qui refusa. M. Blondeau aurait pu recouvrer sa liberté sur-le-champ, sa délicatesse le retint quatre ans encore dans les fers, il n'a été rendu qu'en 1815; facteur d'orgues à Marseille, il exerce son talent avec distinction dans le midi de la France.

L'armée française, répandue dans toutes les provinces de la Péninsule, était entourée d'ennemis et ne trouvait point d'armée à combattre. Les guérillas se montraient partout, on ne les rencontrait nulle part; ennemis invisibles, habiles prothées, hydres sans cesse renaissantes, elles se dispersaient ou se ralliaient à la voix de leurs chefs. Toujours bien servies sur tous les points, nos moindres mouvemens leur étaient signalés, et les rapports les plus prompts et les plus fidèles leur arrivaient par les soins et l'adresse des habitans du pays. Laissait-on une faible garnison dans une petite ville ; elle était enlevée le lendemain par une guérilla. Envoyait-on des troupes en force contre ces compagnies franches; on ne rencontrait personne. D'après l'ordre de leurs chefs, les soldats cachaient leurs armes, et se dispersaient pour aller se réunir sur un point tout-à-fait opposé. Arrivés au rendez-vous, ils y trouvaient d'autres armes et nous causaient de nouveaux dommages.

Au milieu des plaisirs que pouvait lui offrir sa capitale à demi dépeuplée par les émigrations, Joseph Napoléon travaillait à se faire des partisans parmi les Espagnols. Il forma sa cour avec les débris de celle de Charles IV et de Ferdinand VII, l'Espagne vit alors ce que nous avons vu nous-mêmes en France, les premiers dignitaires de la cour abandonnèrent leur roi légitime pour l'usurpateur, et l'usurpateur pour leur roi légitime. Joseph fit rebâtir quelques petits villages des environs de Madrid, ils avaient été pris et repris tant de fois, l'incendie et le boulet les avaient si souvent ravagés, qu'il n'en restait pas pierre sur pierre. Enfin, pour donner à son peuple une preuve insigne de son affection et surtout de sa confiance, il voulut avoir une armée et même une garde espagnoles. Les nombreux prisonniers qui tombaient en notre pouvoir étaient fort bien traités, on les déposait dans des maisons de réclusion, et des commissaires s'y rendaient pour les enrôler et les faire passer au service du roi Joseph Napoléon; le plus grand nombre acceptait. Ces prisonniers étaient mis en liberté sur-le-champ; on leur donnait les rations et la solde comme aux soldats français et même avec plus d'exactitude. Habillés, armés, instruits avec beaucoup plus de soin et d'activité, on en formait des régimens superbes.

Tant de prévenance pour son peuple, tant de sollicitudes pour les détails du gouvernement donnèrent des résultats bien misérables à ce roi de nouvelle fabrique. Joseph Napoléon n'obtint que la plus sotte des réputations que puisse acquérir un souverain: celle d'un homme nul, absolument nul. Il ne pouvait pas même dire comme Louis XI, *oderent dum metuant*. Il n'était ni aimé, ni haï, ni craint. Cherchait-il à faire du bien; les Espagnols disaient qu'il avait peur. Prenait-il des mesures de rigueur; on les attribuait à son frère l'empereur. On savait bien que ce n'était pas précisément par Joseph que l'Espagne était gouvernée, et comme on ne pouvait pas vaincre ce redoutable frère par la force de l'épée, on attaqua Joseph en dirigeant sur lui l'arme du ridicule. A Madrid comme à Paris elle est très dangereuse; il est vrai que les plaisanteries des Espagnols sont grossières, mais comme le goût de la nation n'est point épuré, leur effet n'en est pas moins certain. On appelait Joseph *rey de copas,* nous dirions roi de carreau, mais les cartes à jouer dont on se sert en Espagne portent les mêmes figures que les tarots; on y voit par conséquent des coupes, des deniers, des bâtons, des épées; *rey de copas,* roi de coupe, était une épithète plus injurieuse, en ce qu'elle rappelait un goût que l'on supposait à Joseph. On le fit passer pour borgne, quoiqu'il eût deux bons yeux; on lui attribuait des défauts en gardant toujours le silence sur ses qualités. Des caricatures le représentaient entouré de bouteilles, pour faire croire qu'il s'enivrait, et le peuple par dérision lui donnait les noms de *Pepe botilla, Pepillo, borrachon, el botillero,* etc. Tandis que les citadins s'occupaient de le couvrir de ridicule par leurs quolibets et leurs croquis satiriques, les soldats qu'il avait enrôlés pour se former une armée et une garde recrutées parmi ses fidèles sujets, les soldats *del rey José* désertaient par centaines avec armes et bagages. *El bueno rey de copas*, Joseph Napoléon, fournissait à ses ennemis des régimens bien équipés que nous avions pris soin d'exercer pour nous combattre. Il recevait en récompense le titre flatteur de capitaine d'habillement par excellence, à cause des services qu'il rendait à ses adversaires déguenillés.

Les Espagnols envoyaient aussi des embaucheurs dans les cantonnemens et sur les pontons, pour engager les prisonniers français à prendre du service dans l'armée ennemie. Il serait imprudent d'affirmer que leurs propositions ont toujours été repoussées, mais il est certain que le nombre des lâches qui ont acheté leur liberté en se livrant à l'infamie est si petit que l'on pourrait le passer sous silence. Cependant, comme j'ai trouvé un Français dans les rangs ennemis, je puis supposer qu'il n'y était pas seul. Les officiers du douzième régiment de cuirassiers étaient en cantonnement à la Carolina; captifs après la bataille de Baylen, on les avait ensuite enfermés dans la prison de cette petite ville. Le capitaine V..... après avoir fait la sieste, était à demi couché sur son lit et fumait tranquillement le *cigarito* pour charmer un instant les ennuis de sa captivité. Un officier supérieur espagnol, qui faisait sa ronde pour embaucher nos soldats, se présente chez le capitaine V..... et ne craint pas de lui proposer d'entrer dans un régiment ennemi. L'embaucheur imprudent avait à peine fait connaître l'objet de sa mission que le capitaine V.... furieux, s'était élancé sur lui et l'avait saisi à la gorge. « Scélérat, « lui dit-il, c'est à un officier français que tu oses « adresser un semblable discours! La décoration « que je porte ne devrait-elle pas t'avertir que j'ai « juré de suivre toujours le chemin de l'honneur? « Et tu veux que j'aille me joindre à des brigands « tels que toi, pour servir contre ma patrie! Si « je n'étais pas dans les fers, mon bras aurait déjà « châtié ton insolence. Tu restes confondu, tu ne « réponds pas... » En effet l'Espagnol gardait le silence. Dans le transport bouillant d'indignation et de colère qui le mettait hors de lui-même, le capitaine de cuirassiers ne voyait pas trop le jeu muet de l'embaucheur. Il le regarde avec attention, et ce n'est pas sans surprise qu'il s'aperçoit que cet homme ouvrait de grands yeux, tirait la langue comme un pendu, et que son visage rouge et noir donnait les signes ordinaires de la strangulation. Sans songer à mal, le capitaine avait serré un peu fort, et cette pression administrée sur le larynx espagnol par un poignet d'athlète, mettait un obstacle invincible à la respiration de l'embaucheur. Dans la chaleur du discours le poignet n'avait pas lâché prise, et les débats en étaient à ce point, quand le cuirassier jeta les yeux sur la figure de son harangueur. Il fut désespéré d'avoir poussé les choses trop loin; mais que faire? le cas était pressant; fallait-il délivrer l'officier espagnol pour être victime de son ressentiment? La plainte qu'il aurait portée devenait un arrêt de mort pour le capitaine que l'on eût fusillé sur-le-champ. Il n'y avait pas à balancer, l'un ou l'autre devait sauter le pas; le capitaine jugea à l'instant que sa position était trop grave pour s'arrêter en chemin, il se décida à persister dans sa compression jugulaire, et l'Espagnol expira sous le *garrote* français.

Le capitaine V.... cacha le mort sous son lit, se coucha, reprit le cigarito, et quand on vint lui demander s'il n'avait pas vu l'officier espagnol, il répondit qu'en effet il s'était présenté chez lui, mais qu'il était sorti, tous les prisonniers dirent de même. Comme cet officier devait continuer sa tournée, on crut qu'il était parti pour se rendre à d'autres destinations. Deux jours après, son corps, placé dans le lit qu'un soldat malade céda, fut enterré sans cérémonie et sans que les Espagnols aient eu le moindre soupçon de l'événement. J'ai connu le capitaine V..., j'aurais pu le nommer; mes lecteurs me pardonneront ma réticence, il s'agit d'un galant homme, d'un brave et loyal chevalier, et quoique cette action, indépendante de sa volonté, soit très excusable, j'aime encore mieux taire le nom du capitaine.

On a beaucoup écrit sur la guerre d'Espagne, mais on n'a pas jugé les habitans de ce beau pays avec assez d'impartialité. Chacun s'est laissé plus ou moins entraîner par son opinion particulière et par l'esprit de parti. Laissons les partisans du despotisme monacal se pâmer d'aise à la vue d'un froc et d'une longue barbe. Laissons-les exalter la gloire des moines soldats, les appeler les libérateurs de l'Espagne, et désirer pour la France le singulier bonheur que ces gens ont attiré sur leur malheureuse patrie. Les véritables libérateurs de l'Espagne ce sont les Anglais, ou plutôt les glaces de la Russie. Les moines ont formé des assassins et non pas des guerriers; les horreurs dont je viens de parler ont été commises par les guérillas et très rarement par la troupe de ligne. Laissons les sectateurs de la politique religieuse voir chez les Espagnols autant de saints que de moines, autant de bienheureux que de dupes; mais évitons l'excès contraire, et ne voyons point partout l'ambition et la débauche revêtues du froc et de la soutane. J'ai connu beaucoup de prêtres espagnols de mœurs très régulières, vertueux, tolérans, et qui remplissaient leurs devoirs avec un zèle évangélique et digne de la sainteté de leur mission.

CHAPITRE XXXI.

Je quitte la maison du chanoine pour courir les aventures. — Antonia. — L'eunuque noir. — Réflexions philosophiques sur la galanterie. — Encarnacion. — Les deux cousines. — Le carme au rendez-vous. — Contributions indirectes levées par les moines.

Dès que mes blessures furent cicatrisées, impatient de jouir de ma liberté, je me promenais du matin jusqu'au soir. Je ne pouvais me lasser de voir, d'examiner et d'admirer même tout ce qui se présentait à mes yeux. Je n'ai jamais été plus heureux qu'à cette époque, j'étais pourtant bien pauvre! Une chemise, un pantalon et la capotte du grenadier Salmon, composaient toute ma toilette et le reste de ma garde-robe ne pouvait tenter la cupidité des voleurs. Le chevalier de Chanaleilles, logeant dans une auberge, laissait imprudemment la clef à la porte de sa chambre, un de ses amis lui fit observer que tout n'était pas enfermé, et qu'il y avait encore un sac d'argent et une pièce de toile sur sa table. « Peu importe, répondit le confiant chevalier, j'ai compté mes écus, j'ai mesuré ma toile, et si l'on me vole quelque chose, je ne puis manquer de le savoir. » Je n'avais pas même besoin de recourir à cette précaution pour connaître l'effectif de mes possessions, *cantabit vacuus coram latrone viator*; je dormais d'un sommeil paisible, le roulis du vaisseau ne donnait plus à mon lit le mouvement de l'escarpolette, j'avais retrouvé toutes les douceurs du repos. Il est vrai que quand mon humeur vagabonde m'entraînait loin du toit hospitalier de D. Cayetano, je ne savais comment faire pour dîner, car à Séville comme à Paris les traiteurs sont

> De fort honnêtes gens,
> Qui, pour des prix également honnêtes,
> Donnent à manger aux passans.

Dans les tavernes on ne paie son dîné qu'en sortant, et, suivant le principe d'Arlequin, j'aurais pu ne pas sortir; mais je n'étais point réduit à ces extrémités cruelles qui désolent un gastronome sans argent. Mes promenades étaient si longues, je parcourais un si grand espace, que je finissais toujours par rencontrer un amphytrion qui m'invitait à dîner pour avoir le plaisir d'entendre le récit de mes aventures. Je faisais honneur au repas, je payais mon écot en narrations, le temps passait avec rapidité, et j'aurais été le plus heureux des hommes si j'avais pu conserver cette douce tranquillité, cette gaîté vive, cette insouciance pleine de charmes, compagnes ordinaires des gens sans passions et sans argent.

Amour tu perdis Troie!

et tu vins m'arracher au paisible repos que je goûtais dans le manoir du chanoine D. Cayetano. C'est d'après tes conseils que je quittai ma modeste capotte pour reprendre l'uniforme au collet de velours vert. Comme le galant Joconde, je voulus courir les aventures et réparer le temps perdu sur les pontons.

> Femme sensible entends-tu le ramage
> De ces oiseaux qui célèbrent leurs feux ;
> Ils font redire à l'écho du rivage
> Le printemps fuit, hâtez-vous d'être heureux.
>
> Vois-tu ces fleurs, ces fleurs qu'un doux zéphire
> Va caressant de son souffle amoureux,
> En se fanant elles semblent te dire
> Le printemps fuit, hâtez vous d'être heureux.
>
> Momens charmans d'amour et de tendresse
> Comme un éclair vous fuyez à nos yeux,
> Et tous les jours passés dans la tristesse
> Nous sont comptés comme des jours heureux.

Ces stances philosophiques, chantées dans

Ariodant, opéra de Hoffmann et de Méhul, renferment des préceptes d'une haute importance. Je laisse à mes lecteurs le soin de les commenter; les deux derniers vers surtout méritent d'être lus avec une attention particulière, ils serviront à prémunir les jeunes gens contre les langueurs de la paresse. La perte du temps est une chose sur laquelle on ne saurait trop réfléchir, *fugit irreparabile tempus*, ce qui signifie à peu près,

> Le printemps fuit, hâtez-vous d'être heureux.

Si un homme qui possède vingt-cinq francs de rente par jour est assez économe pour ne dépenser que cent sous, cette épargne journalière lui fait trouver trente pièces de vingt francs dans sa cassette à la fin du mois. C'est à merveille, il se prive de beaucoup de jouissances, mais son trésor s'accroît en proportion, il ne cesse pas de posséder puisqu'il a toujours en main la valeur représentative des choses dont il s'est privé. Mais, malheureusement pour nous, la même prévoyance ne donne pas de semblables résultats lorsqu'il s'agit de la tendresse et des sentimens d'un amour pur, délicat et sincère, d'une passion dégagée de tout fatras romantique et telle que l'éprouvaient nos premiers parens dans leur temps d'innocence et de bonheur. Notre cœur n'a par jour qu'un certain nombre de pulsations sentimentales, soyez assez barbare pour les étouffer sous la cuirasse de l'indifférence, ce sera autant de perdu, cette épargne ne vous rendra pas plus riche au bout de l'année. Tel cet abbé qui avait employé tous ses loisirs du séminaire à dire son bréviaire pour cinq ans d'avance, quelle fut sa surprise lorsqu'on l'avertit que cette provision de prières était inutile et qu'il s'agissait de recommencer le lendemain à réciter l'office.

D. Cayetano avait chez lui une jeune personne charmante qu'il appelait sa nièce, et dont il était jaloux au point de la faire garder à vue par une vieille duègne. Le devoir, l'amitié, me défendaient de former aucune entreprise galante sur les terres du chanoine; ses possessions d'ailleurs étaient surveillées de manière à laisser peu d'espoir aux amoureux. Je me décidai donc à aller chercher fortune ailleurs, la recommandation du cavalier servant de la belle Mariquita avait produit un effet si satisfaisant, que le secrétaire de la commune me changeait mon billet de logement toutes les fois que je le désirais. Je quittai la maison canoniale de D. Cayetano pour aller m'installer chez D. Manuel Palerias, ancien militaire retiré du service. J'adressai mes vœux à sa fille qui comptait à peine dix-huit printemps : la trop sensible Antonia ne me laissa pas soupirer pendant cinq jours entiers, elle fit les trois quarts du chemin et s'embarqua bravement sur le torrent des passions fougueuses ; le fleuve de Tendre coulait trop lentement, et l'eût engagée dans une infinité de détours qu'elle voulut franchir avec rapidité. Pour faire le voyage avec agrément, elle choisit bien son pilote, un séjour de deux ans sur les pontons avait doublé mon courage, et je ne me croyais pas un si hardi navigateur. Je ne tardai point à m'apercevoir que j'avais confié ma nef sur une mer trop agitée, je cherchai à gagner des rivages moins exposés à la tempête, et trois raisons motivèrent ma retraite précipitée. Je laisserai deviner la première ; comment croirait-on à ma bravoure si j'osais donner cette raison ? Je ne me rendais auprès de la belle Antonia qu'avec crainte et le sabre à la main, comme le farouche Otello quand il arrive dans la chambre de Desdémona. Je me défiais avec raison de D. Manuel et de son fils, qui auraient pu m'attendre au passage, voilà ma seconde raison. Quant à la troisième, je dirai qu'un jour en badinant avec mon Hélène, je lui trouvai en certain lieu qui sert ordinairement de portefeuille pour les billets doux, je lui trouvai, dis-je, une jolie petite dague dont la poignée de nacre et d'or admirablement ciselée, servait à mettre en jeu une lame d'acier superfin, dentelée et percée à jour pour rendre ses blessures mortelles. Je lui demandai, en riant, à quel usage elle réservait ce précieux bijou : elle me répondit très sérieusement qu'elle se proposait de me l'enfoncer dans le cœur si jamais j'étais infidèle.

Cette troisième raison qui vaut bien toutes celles du bon-homme Pincé me fit faire des réflexions philosophiques. Pour m'épargner les désagrémens qu'aurait pu me procurer une intrigue d'amour plus long-temps suivie auprès d'une personne si bien déterminée, je repris le chemin de l'*ayuntamiento*, où le complaisant secrétaire me donna un passe-port nouveau pour aller descendre chez un nouvel hôte. Ma garde-robe n'était pas très considérable, je la pliai dans deux mouchoirs, et pour me dérober aux tendres reproches d'Antonia, à l'expression un peu trop vive de sa fureur, je délogeai sans prendre congé de mes hôtes et comme un locataire insolvable. Quelques jours après, Antonia passant à côté de moi à la promenade me pinça le bras et me dit tout bas qu'elle m'attendait à minuit; je me gardai bien d'aller au rendez-vous.

D. Vicente Calderon me reçut dans son manoir antique et me logea au rez-de-chaussée, l'escalier était fermé par une grille de fer. Je ne vis pendant une semaine que la sotte figure du maître de la maison ; son humeur bourrue, l'inspection des lieux, me faisaient croire que j'étais retombé chez D. Benito de la Madrid, et je formais déjà le projet de m'éloigner au plus vite de ce désagréable séjour. La chambre qu'on m'avait donnée était humide et malsaine, je ne voyais jamais personne, excepté l'ours D. Vicente qui, en passant, me saluait quelquefois d'un *buenos dias* lâché d'un ton grondeur. J'avais déjà remarqué avec surprise qu'un vieux mendiant déguenillé restait assis constamment à la porte de ma chambre. Les premiers jours, je pensai que c'était un malheureux qui recevait des secours de D. Vicente, je passais et repassais devant ce pauvre sans faire aucune attention à lui, j'avais soin pourtant de bien fermer ma porte quand je sortais.

Cependant, un jour il me prit la fantaisie d'interroger ce planton si fidèle dans l'exercice de ses fonctions, et je lui demandai ce qu'il avait à faire à ce poste. Il me répondit que D. Vicente lui ordonnait de rester à ma porte pour être à ma disposition à toute heure, et se charger de mes commissions. Cette attention prévoyante me parut d'autant plus singulière de la part de mon hôte, que depuis quelques jours le hasard m'avait fait rencontrer le petit André qui me servait sur le ponton *l'Argonaute ;* cet enfant était rentré chez moi, et valait dix domestiques espagnols pour l'intelligence et l'activité.

Je ne savais comment expliquer l'assiduité du mendiant qu'on avait mis en sentinelle à ma porte; la présence de cet homme, son aspect rebutant, me déplaisaient au dernier point. Je m'en plaignis à D. Vicente, en lui faisant observer que mon petit André n'avait besoin d'aucun aide et suffisait à mon service, D. Vicente me répondit par un *alabado sea Dios,* Dieu soit loué, et sortit. Je comptais recourir au commandant de place pour me délivrer enfin de mon surveillant, lorsque le petit André me dit que, pendant mon absence, une très jolie dame s'était montrée au balcon et l'avait appelé. Qu'il était monté chez elle et qu'il en avait reçu beaucoup de témoignages d'amitié et d'intérêt, et que cette dame ne l'avait congédié qu'après lui avoir remis différentes petites choses agréables pour notre table. C'est charmant, délicieux! dis-je alors, non pas en croquant les friandises de la belle inconnue;

j'étais peu sensible à ces premières douceurs, mais elles me donnaient l'espérance d'en obtenir d'autres plus précieuses. Voilà une dame qui fait acte de présence, elle prend le soin de me révéler un trésor que l'on cachait à mes yeux. Il n'était pas difficile de deviner que le mendiant, posté pour épier mes actions, gardait la femme de D. Vicente que je n'avais point aperçue encore, et dont j'ignorais même l'existence.

Le dragon des Hespérides, et même le terrible Cerbère qui avait trois têtes, ce qui fait supposer six yeux; que dis-je, Argus qui en possédait cent, livrèrent le passage à des séducteurs assez adroits pour les gagner ou les endormir, il m'est permis d'espérer que je n'obtiendrai pas moins de succès contre le singulier dragon de D. Vicente. Comme Cadmus ou Persée, je pouvais l'attaquer la lance au poing, ou comme Figaro, lui administrer un narcotique, je rejetai ces deux moyens, j'appelai dans ma chambre le mendiant, et lui dis : « Je sais maintenant que tu n'es là que pour m'empêcher de parler à la señora.—Cela est vrai.—Combien te donne le patron pour payer un service si important et si honorable?—Un réal par jour.—Eh bien je t'en donnerai quatre, à condition que tu favoriseras mes entrevues avec madame. » Cet homme accepta de grand cœur la proposition, reçut d'avance une semaine de sa haute-paie, et se mit en devoir de commencer à l'instant ses nouvelles fonctions; elles étaient absolument les mêmes que par le passé, seulement il les exerçait à l'inverse, et c'est moi qui donnais la consigne.

Après avoir assuré ma retraite, que le changement de rôle et la défection de la sentinelle favorisaient également, après avoir posté une garde qui ne devait inspirer aucun soupçon à l'ennemi; la grille de fer s'ouvrit devant moi, et je montai bravement chez la señora sans me faire annoncer. La séduisante Inez parut fort étonnée en me voyant entrer dans son appartement, cette première entrevue fut néanmoins très satisfaisante. Elle n'osait me dire de rester, et n'aurait pas voulu me congédier; c'est une belle position pour un galant, lorsqu'une femme ne met d'autre obstacle à ses entreprises que la crainte qu'elle a d'être surprise par son mari. Je rassurai complètement la señora en lui faisant part des précautions que j'avais prises, en lui contant naïvement que j'arrivais chez elle après avoir fait capituler le commandant du fort, qui dès ce moment reçut le nom d'eunuque noir, à cause de l'honorable emploi que D. Vicente lui avait confié.

L'amour fait des progrès rapides sur le cœur d'une femme sensible qu'un vieux jaloux fait garder à vue. La vertu de la dame recluse n'est plus à sa charge, elle est entièrement sous la responsabilité directe de ses surveillans. Tout allait à merveille et, grace à la vigilance active de l'eunuque noir, je passais auprès de la belle Inez les momens que nous ménageaient les longues et fréquentes absences de son mari. Il m'était permis de prouver toute la vivacité de mes sentimens et de recevoir des marques d'un retour bien sincère. Je ne savais comment faire accorder la jalousie de D. Vicente avec ses longues absences : un jaloux vient souvent, et à l'improviste, s'instruire de ce qui se passe chez lui, il veille sur l'objet qui lui inspire quelquefois plus d'inquiétude que d'amour. Le patron doit être bien occupé, disais-je en moi-même, et ses affaires sont d'une haute importance puisqu'elles peuvent lui faire négliger à ce point les intérêts de la foi conjugale. Je n'adressai aucune question à la señora Inez sur ce sujet; mais l'eunuque noir, dont j'avais gagné la confiance par une nouvelle augmentation de solde, me mit au fait de tout. Don Vicente, jaloux sans amour, avait une maîtresse qu'il tenait dans une maison éloignée de celle qu'il habitait. Sa femme le savait, il fallait donc prendre des précautions et faire garder l'infortunée et sensible Inez, afin qu'elle ne cherchât pas à se venger; D. Vicente n'approuvait pas le système des compensations.

Une semblable conduite excita mon indignation et, pour punir cet époux infidèle, je résolus de lui enlever sa maîtresse; l'eunuque noir me prêta son secours, il porta de ma part un billet à cette belle que je n'avais jamais vue. Je la priais de prendre enfin pitié de l'état déplorable où se trouvait mon cœur séduit par tant de charmes, dévoré par les feux de la passion la plus violente. Pepita, c'est le nom de l'odalisque de D. Vicente, répondit à ma lettre en termes assez clairs pour faire entendre qu'on n'était pas une tigresse d'Hircanie et qu'on ne voulait ni m'étrangler ni me laisser mourir de douleur. Notre commerce épistolaire se prolongea quelques jours encore après lesquels l'eunuque noir me ménagea un rendez-vous. Cette femme reçut une lettre d'un homme qu'elle ne connaissait point, et ne lui fit point attendre sa réponse; cette manière d'agir qui nous paraît étrange n'a rien que de très naturel chez les Espagnoles. Enhardi par ce premier succès, je distribuais ensuite les billets doux à droite et à gauche; le même jour j'ai remis cinq éditions de la même lettre à cinq demoiselles de Séville que je voyais pour la première fois, et j'en ai reçu des réponses satisfaisantes. Beaumarchais avait étudié les mœurs espagnoles, on voit que Figaro trouve une lettre toute prête quand il vient supplier Rosine d'écrire un mot au bachelier qui lui donne des sérénades. *Le Barbier de Séville* est d'une vérité parfaite, les portraits y sont tracés d'après nature, et de main de maître.

Je conduisais cette double intrigue avec assez de bonheur, quelquefois pourtant il me semblait que j'étais trop riche de moitié. J'avais déjà quelque idée de réduire le personnel des beautés dont je cultivais la société, j'étais occupé du choix définitif que j'allais faire, lorsque la jalousie de D. Vicente, plus active pour sa maîtresse que pour sa femme, vint me tirer de cet embarras en me privant de l'une et de l'autre. Des voisins l'avaient averti que Pepita me recevait en son absence; Vicente pensa que l'eunuque noir avait favorisé mes visites. Pepita fut éloignée et placée dans une autre maison, et doña Inez si bien surveillée qu'il me fut impossible de la revoir. Après un tel dénoûment il fallait tirer le rideau, la farce était jouée, je me retirai. En Espagne on ne craint pas de recommencer un nouveau drame de ce genre, on sait que l'exposition ne sera pas trop chargée de détails ennuyeux. D'ailleurs, j'avais déjà adressé quelques propositions galantes à une femme charmante, et j'obtins de mon ami le secrétaire qu'il me logeât chez le mari de l'aimable Encarnacion.

Je portai mes pénates chez D. Rafaël de Ledesma. Ce fier *hidalgo* n'imaginait pas que sa noble épouse pût jamais écouter les propos amoureux d'un Français qui aurait été fort embarrassé de prouver un quartier de gentilhommerie, bien qu'il descendît en droite ligne des anciens conquérans de l'Espagne. D. Rafaël était dans une noble et tranquille sécurité, d'ailleurs l'intrigue avait marché avec tant de rapidité que nous ne lui avions pas donné le temps de concevoir le moindre soupçon. Les dames françaises qui suivent la carrière de la galanterie ont une tactique dont je leur ai souvent démontré la fausseté; les désagrémens nombreux qu'elles éprouvent viennent tous d'un défaut qu'on ne saurait reprocher aux Espagnoles, l'indécision. Voici le langage que j'ai tenu à certaines Provençales qui m'inspiraient l'intérêt le plus tendre, quoique je n'eusse pas précisément l'intention de leur adresser mes vœux. « La sagesse est un trésor que vous ne sauriez conserver avec trop de soin ; les folies de la jeunesse coûtent plus qu'elles ne valent, et c'est les acheter trop cher que de sacrifier son repos, son bonheur, sa réputation à des faiblesses que le philosophe regarde avec pitié et que le public punit par le mépris et quelquefois par l'infamie. Soyez sages, soyez fidèles à vos maris, et vous en recevrez le prix dans ce monde, en attendant que vos vertus soient récompensées plus dignement dans une autre vie.

« Cependant, si une exubérance de sensibilité, si une force expansive irrésistible, vous entraînent dans le tourbillon de la galanterie, s'il vous est impossible de vivre sans *aimer*, je ne serai point assez intolérant, assez cruel pour appeler sur vous les foudres que le ciel réserve pour la punition des grands criminels. Madelaine obtint le pardon de ses erreurs,

> A quiconque a beaucoup aimé,
> Beaucoup de fautes sont remises.

« Il vous est donc permis d'espérer dans la divine miséricorde ; celle des hommes, celle des femmes surtout vous sera toujours refusée, ainsi je vous conseille de ne pas y compter. Si la première partie de mon discours vous paraît trop sévère, si vous n'avez point assez d'empire sur vos passions pour résister aux trompeuses amorces de l'esprit malin, sachez du moins couvrir vos amours illicites d'un voile impénétrable qui préserve vos maris du ridicule dont un sot préjugé a frappé la condition que vous leur réservez, et vous conserve des respects que vous ne méritez plus. Peut-être un jour chercherez-vous à vous en rendre digne, vos liens n'étant pas rompus, il vous reste une retraite, d'autant plus honorable et plus facile que vous n'aurez pas été obligée de braver l'opinion.

« Les soins, l'assiduité, les visites d'un amant, flattent l'orgueil d'une femme; elle se plaît à le traîner attaché à son char, elle veut qu'il se montre aux promenades, au spectacle, aux fêtes champêtres à côté de l'objet chéri, il faut que ce captif lui prête l'appui de son bras, ou soupire tendrement aux pieds de sa belle. Ce manége révèle une intrigue avant qu'elle puisse être répréhensible jusqu'à un certain point, tout le monde sait le secret des deux amans, et la malignité leur attribue des rapports souvent plus intimes qu'ils ne le sont réellement. Quelquefois une femme mariée veut justifier en quelque sorte sa conduite en faisant preuve d'une longue constance envers son cavalier servant. L'infidélité conjugale est un vol, d'une espèce particulière sans doute, mais n'est pas moins un vol; la loi ne fait pas de distinction entre le voleur qui s'est rendu coupable en dérobant un écu et celui qui s'en est approprié cent mille. D'ailleurs rien n'est si sot que ces liaisons interminables, elles dégradent la femme et le mari, elles ont pour l'amant tous les inconvéniens du mariage sans en offrir les douceurs.

« Abandonnez enfin tous ces us et coutumes de l'ancienne galanterie, cela tient du vieux jeu. Oui, ou non, faites comme les Espagnoles, décidez-vous sur-le-champ, ou bien prolongez jusqu'au cinquième jour le douloureux martyre d'un poursuivant d'amour. Par ce moyen adroit, vous trompez l'espion, vous déroutez la malignité publique. Après trois mois d'amoureuse merci, le terme est assez long je pense, le galant se retire, et l'on pense qu'il fait retraite en désespoir de cause. Est-il assez fat pour se vanter de ses exploits? On n'ajoute aucune foi à ses discours; c'est un fanfaron qui fait parade de ses succès et dévore en secret le chagrin de n'avoir pas pu réussir. »

Le printemps fuit, hâtez-vous d'être heureux.

Je reviens au refrain de la romance philosophique, une coquette doit le répéter souvent et même le faire graver en lettres d'or sur les panneaux de son boudoir mystérieux. »

Mais rentrons chez D. Rafaël de Ledesma, issu de nobles hommes, et par conséquent plus noble encore que ses ancêtres. Sa fierté naturelle, sa présomption, le rassuraient pleinement sur la fidélité d'Encarnacion; il allait, venait, sortait, sans poser des sentinelles et sans fermer les grilles. Un jour qu'il était parti de grand matin, l'aimable Encarnacion crut qu'il ne rentrerait pas avant la nuit, et vint chercher un asile dans ma chambre à l'heure de la sieste, afin de se dérober à la chaleur du jour; mon appartement était situé dans la partie septentrionale de l'hôtel, et le zéphire le plus agréable se plaisait à le rafraîchir. D. Rafaël revient en ce moment, cherche sa femme et ne la trouve point, je ne sais quel malin génie lui donna l'idée qu'elle pouvait être chez moi, il écoute à ma porte et s'y présente un instant après avec la force armée. Quatre hommes de la garde civique, munis de fusils rouillés, formaient son escorte et se mirent en devoir de m'arrêter. Je ne pouvais pas faire un trou à la muraille pour me sauver, il ne me restait d'autre ressource que de forcer la garnison. Je tirai mon épée et m'élançai sur l'escouade, j'arrivai sur l'escalier sans avoir une égratignure et mes ennemis se portaient aussi bien que moi après la bataille ; je les avais frappés vivement, mais à coups de coude, et les blessures de cette arme sont peu dangereuses. Je m'arrêtai un instant sur le perron pour saluer D. Rafaël et sa troupe désappointée. On pense bien que ma retraite devait être définitive, je présentai une nouvelle requête au secrétaire qui m'envoya chez D. Fabian de Burgos.

Riche négociant et très brave homme, Fabian était un franc Espagnol, un Andalou de vieille race, fumant gravement le cigarito de papier; il faisait la sieste tous les jours et ne manquait pas un *encierro*. Son épouse était une dame respectable, bonne femme de ménage, mère de famille excellente; ils avaient cinq enfans, trois garçons et deux filles. L'aînée, Maria Juliana, n'était pas jolie, mais sa taille élevée et bien prise, sa fraîcheur, la rendaient digne d'être remarquée. J'avais pour elle tous les soins et l'empressement que l'on doit aux dames, et je ne me proposais pas d'aller au-delà des bornes d'une politesse prévenante, mais réservée. Maria Juliana comptait à peine dix-sept ans, peut-être n'avait-elle jamais aimé; c'était la fille de mon hôte, et D. Fabian méritait sous tous les rapports que l'on respectât sa famille. J'étais donc résolu de ne rien entreprendre et de vivre chez chez lui comme un sage.

D. Fabian me dit un jour : « Demain nous aurons à dîner une cousine charmante, elle passera la journée avec nous, faites-lui votre cour, elle aime beaucoup les Français, je vous réponds que vous réussirez. » Le lendemain matin, c'était dimanche, la belle que le bon Fabian m'avait annoncée vint en effet et, d'après l'avis du patron, j'eus une préférence marquée pour elle, je m'attachai à ses pas et lui donnai tous mes soins. « Bien! très bien! à merveille! » s'écriait Fabian dans les apartés qu'il m'adressait, et, se servant ensuite du langage des signes, il fit le lazzi d'écrire un billet qu'il semblait tracer avec les doigts de sa main droite sur sa gauche ouverte, autre lazzi de plier le billet, de le remettre à la cousine, avec un signe de tête approbateur qui exprimait qu'on le recevrait avec le plus grand plaisir. Je tombai des nues en voyant ce brave homme prendre tant de peine pour préparer mes succès amoureux et montrer cette tendre sollicitude. Les plus belles résolutions échouent lorsque la séduction prend des formes si singulières et si piquantes.

> Amenez-moi des saints,
> Amenez-moi, si vous voulez, des anges,
> Je les tiendrai créatures étranges,

s'ils peuvent résister à tant de charmes, à la force d'une situation si éminemment dramatique.

J'écrivis le billet, je le présentai mystérieusement à la belle *Amparo*, Protection, qui le saisit avec une adresse, une prestesse admirables. Maria Juliana qui avait l'œil au guet s'en aperçut, elle enrageait, et moi, comme un pauvre mouton, je ne me doutais point qu'une rivalité funeste venait de s'établir et que j'en étais l'innocent objet. Pendant le dîné, je redoublai de soins auprès de la séduisante Amparo, et je ne laissai échapper aucune occasion de lui témoigner ma reconnaissance. Le repas fini, je descends à la cuisine pour allumer mon cigarito, je prends un charbon ardent que j'approche du tabac et, sans songer à mal, je hâtais la combustion de l'extrémité du cigarito; quand, tout-à-coup, le plus violent orage se déclare, je suis assailli par les deux servantes, l'une me tire les oreilles, l'autre me boxe avec fureur. Étonné de ce traitement et de cette brusque attaque, je leur en demande la raison; les coups allaient toujours, le manche à balai se levait déjà sur moi, lorsque je crus à propos d'opposer la force à la force. Ma résistance fut le signal de la suspension d'armes, mes adversaires ne frappèrent plus; mettant les poings sur les hanches elles m'accablèrent d'injures : « Que vous « a fait notre aimable et bonne Juliana pour la « traiter ainsi? A-t-elle si peu de mérite pour « qu'on doive la négliger? Pourquoi préférer sa « cousine? Pourquoi cette coquette vient-elle « usurper les droits de Juliana? Vos hommages, « vos tendres soins appartiennent à notre maî- « tresse, nous ne souffrirons pas qu'une étran- « gère.... » Je m'aperçus alors, et seulement alors, qu'en voulant être sage, réservé, je n'avais été que malhonnête, impoli, et que ma délicatesse était regardée comme un affront. Je m'aperçus aussi que j'avais inspiré de l'amour à la sensible Maria Juliana, il faut bien que je l'avoue, puisque cette bonne fille, qui avait quitté la table avant la fin du repas, était venue confier ses chagrins à ses soubrettes et pleurer avec elles. Comme je n'étais pas plus épris de la belle Amparo que de sa cousine Maria Juliana, je pensai que je pouvais fort bien transporter mon amour à celle-ci, dont les droits paraissaient établis et justifiés par les raisons déduites ci-dessus dans la vive apostrophe des servantes. D'ailleurs il s'agissait de vivre en paix avec mes hôtes, et ce moyen de conciliation devait être adopté. Amparo venait seulement le dimanche, Maria Juliana restait à la maison toute la semaine; tout bien considéré, je me décidai en faveur de la fille de D. Fabian de Burgos, voilà ce que c'est que de donner des conseils et de réveiller le chat qui dort et qui veut dormir.

Juliana reçut mes sermens, je lui promis une fidélité à toute épreuve; Amparo tous les dimanches me sommait de tenir la foi que je lui avais jurée un peu légèrement, elle venait me relancer jusque dans ma chambre au grand déplaisir de sa cousine. Pour rassurer entièrement la sensible Juliana, j'avais soin de m'éloigner de la maison lorsque Amparo devait y venir. On me sut gré de cette réserve, et j'obtins en échange des marques de reconnaissance et d'amitié; mes affaires de cœur allaient bon train lorsqu'un moine vint se jeter au travers pour tout gâter.

J'étais dans le salon avec Juliana et sa mère quand ce moine entra, et, selon la coutume du pays, il présenta sa main à baiser aux dames. Juliana se leva pour se prosterner ensuite devant le moine et lui baiser respectueusement la main. Je partis d'un grand éclat de rire, en disant qu'il n'était pas convenable ni décent qu'une demoiselle baisât les mains d'un homme. — « Mais ce n'est point un homme, c'est un *frayle*. — Encore moins. » Le moine dissimula sa colère, ces bons pères sont rancuneux en diable; celui-ci ne me pardonna point d'avoir tourné en ridicule les marques de respect que les gens de la maison lui donnaient. Il agit d'une manière si active et si insidieuse auprès de D. Fabian et de sa femme qu'il parvint à me faire perdre leur amitié. Dès ce moment je ne trouvais plus aucun agrément dans cette maison, je pris le parti de changer de logement et j'allai me camper chez D. Pedro Ramirez.

C'était un riche négociant, bon vivant, joueur déterminé comme le sont presque tous les Espagnols. Sa femme était très gentille et jouissait d'une entière liberté, D. Pedro sortait continuellement pour ses affaires ou se servait de ce prétexte pour n'être jamais chez lui. J'en étais encore aux préliminaires de la galanterie avec madame, lorsqu'une découverte que je fis sans le vouloir, et qui pouvait favoriser mes projets, vint les arrêter. Je rentrais dans mon logement à l'heure de la sieste, je vais droit à ma chambre sans parler à personne, et je trouve la señora assise sur mon lit à côté d'un carme. Ils ne s'attendaient pas à cette visite importune, mon premier mouvement de surprise passé, je ris de bon cœur et pris congé du couple amoureux en lui disant: « *cuidado con D. Pedro*; prenez garde à D. Pedro. » Ce mot les effraya beaucoup, ils s'imaginèrent que j'allais avertir le mari, on m'appela, on me supplia de revenir sur mes pas, sans doute pour solliciter mon indulgence et m'inviter à garder un silence bienveillant. Comme je n'avais pas plus l'intention de leur nuire que de les déranger, je m'éloignai sans répondre. Quand je revins à la maison le soir, la señora m'attendait sur l'escalier et me dit à l'oreille : « Soyez discret. » Je la rassurai en lui répondant que cette recommandation était inutile, le hasard m'ayant fait découvrir un secret dont je connaissais toute l'importance. Confident et témoin de l'intrigue de la señora, j'étais traité par elle avec beaucoup d'égards et de prévenances. J'aurais pu mettre un prix à mon silence, je ne voulus rien devoir à l'embarras de sa position, d'ailleurs la rivalité d'un moine eût blessé mon amour-propre, et je n'étais point assez accoutumé aux usages espagnols pour ne pas mépriser souverainement une femme qui s'oubliait au point d'admettre un sale frocard dans ses bonnes graces.

Quoique la belle Mariquita n'eût pas voulu me loger, et que les motifs qui l'en avaient empêchée me fussent connus, j'allais pourtant chez elle quelquefois. Sa conversation était fort agréable, et c'était la seule personne de Séville avec laquelle je pouvais m'entretenir du passé. Elle avait été la maîtresse de Lavigne, mon ami intime, nous parlions souvent de lui et de tout ce qui nous rappelait Madrid. Je savais quel était le genre d'industrie que professaient l'aimable Mariquita et sa compagne Ilena; je me serais bien gardé de former aucune liaison plus intime avec ces dames, et mes visites se bornaient à la simple conversation.

Tandis que j'étais chez elles, on frappa à la porte; Mariquita demande *quién ?* Alors une bonne grosse voix de basse répond gravement *Ave Maria purísima.* « *Es el frayle*, dit Mariquita, c'est le frère. » Ces dames se regardaient d'un air embarrassé, ma présence les gênait, je crus que ce moine venait faire chez elles ce que son confrère faisait chez D. Pedro Ramirez. Je ris beaucoup de leur embarras, et je leur dis que j'étais sans doute destiné à être l'épouvantail des moines qui me rendaient quelquefois la pareille, et je racontai ce qui m'était arrivé chez mon hôte sans le nommer cependant. On me dit que je me trompais, que j'avais porté un jugement téméraire, et que ce *frayle* venait dans de meilleures intentions. Je continuai néanmoins à plaisanter sur la visite et sur la mauvaise excuse que l'on me donnait, en ajoutant: « que celui-ci s'en aille s'il le juge à propos, je ne suis pas décidé à lui céder la place. » Le frère avait entendu la voix d'un Français, il n'osait pas monter et restait au bas de l'escalier, en attendant qu'une de ces dames se rendît auprès de lui. Mariquita voulut descendre, je la retins par le bras, elle fit un signe à doña Ilena qui alla dans la chambre voisine chercher de l'argent. Quand celle-ci passa devant nous je l'arrêtai, et je dis à ces dames: « Il faut absolument que j'apprenne quel est le motif de la visite du moine. Puisque ses intentions et les vôtres n'ont rien de coupable, vous ne devez pas craindre de m'en faire part. » A ces mots je fermai la porte qui conduisait à l'escalier, en assurant que je ne l'ouvrirais que quand ma curiosité serait pleinement satisfaite. Elles m'avouèrent alors, avec une naïveté digne des Andalouses que ce saint homme se présentait chez elles tous les mois pour recevoir huit piastres, quarante francs, et que, moyennant cette légère rétribution, il se chargeait de leurs ames. C'est-à-dire, qu'il leur était loisible de faire impunément tout ce qui pouvait leur plaire, sans restriction aucune, et que si elles venaient à mourir subitement et sans confession, le moine leur garantissait la vie éternelle.

« Je ne m'attendais pas à cela, leur dis-je, et vous êtes assez simples, assez sottes pour ajouter foi aux promesses de cet homme! pour cette fois, je me charge du paiement. » Afin de mettre un terme à l'attente du moine, je descendis et lui tins à-peu-près ce langage : « Frère, c'est moi qui viens vous payer votre pension ; ne rougissez-vous pas d'abuser ainsi de la crédulité de ces pauvres filles ? De bonne foi, croyez-vous pouvoir leur assurer la vie éternelle ? Et n'est-ce pas le plus grand de tous les péchés que d'entretenir ces malheureuses dans le vice, en leur persuadant qu'elles peuvent s'y livrer sans contrainte et en sûreté de conscience ? Allez, et ne revenez plus, la correction serait plus forte en cas de récidive. » — Le moine leva sur moi de grands yeux qu'il roulait mystiquement, croisa les mains, baissa la tête et s'éloigna. A mon retour, je trouvai les deux amies en proie à la plus violente frayeur, elles redoutaient la vengeance du *frayle* percepteur de contributions, elles craignaient aussi de ne pas obtenir la vie éternelle qui leur avait été solennellement promise. Je les rassurai d'abord sur le premier point, et je leur donnai le conseil suivant à l'égard du second.

« Vous savez que votre conduite est irrégulière, vous convenez que faire ce que vous faites, c'est mal agir, changez de vie et rentrez dans les voies du salut. Si, au contraire, vous voulez persister dans votre égarement, tout l'argent que vous pouvez donner au frère quêteur ne vous sera d'aucun secours, le paradis ne se vend pas à l'enchère, et tous les trésors du Pérou ne vous sauveraient point du purgatoire. Dans l'un et l'autre cas, il est fort inutile de vous gêner pour payer la pension du moine. » Mes raisons étaient convaincantes, l'avis fut suivi, et la dîme supprimée.

Avant d'entrer dans la maison de mon nouvel hôte, D. Tomaso Nuñez, chez lequel j'ai resté jusqu'à mon départ de Séville, je vais conduire mon lecteur dans les divers quartiers et dans les environs de cette ville. Cette promenade réunira une infinité de petits détails qui ne pouvaient être présentés séparément.

CHAPITRE XXXII.

Vingt-quatre heures à Séville.

LE MATIN.

On prodiguait les spectacles au peuple espagnol, peut-être espérait-on que les divertissemens lui feraient oublier ses maux, ou l'empêcheraient du moins d'y penser d'une manière bien sérieuse. La plaie était trop profonde, trop envenimée pour que ce remède pût avoir quelque efficacité. Indolent et silencieux, l'Espagnol conserve au milieu des plaisirs toute la gravité de son caractère inflexible, il a toujours le temps d'élaborer sa haine et d'en calculer froidement et avec lenteur les terribles effets. Le peuple de Séville acceptait les divertissemens que le roi Joseph lui offrait, et ne le détestait pas moins.

C'était un jour de *corrida de toros*, D. Fabian, mon hôte, se montrait passionné pour ce genre de spectacle, et ne manquait pas un *encierro*. Je n'avais pas dormi de la nuit, une chaleur étouffante faisait de ma chambre un séjour fort incommode, et je ne pouvais ouvrir la fenêtre sans m'exposer à l'attaque des *mosquitos*, il fallait donc se passer d'air pour échapper à leur myriade assassine. Cavalier de la garde d'honneur, D. Fabian a logé son cheval dans une écurie au-dessous de mon appartement. Toute la nuit j'entends le pauvre animal hennir ou plutôt hurler et frapper du pied. Ce sont des ennemis d'une autre espèce que les *mosquitos*, de gros rats qui troublent son sommeil en le mordant à une partie qu'il ne peut guère défendre, ils lui mangent les cuisses. Ces rats sont très nombreux à Séville, on ne sait comment faire pour s'en garantir, leur audace est extrême, et l'on peut dire sans exagération qu'ils mangent les oreilles des habitans. Ils avaient entamé les cuisses du cheval de D. Fabian, et plus d'une fois ils ont dévoré le nez et les oreilles des enfans ou des malades.

Pour déjouer, en quelque sorte, les projets nocturnes de la gent souricière, et lui prouver qu'elle est surveillée, D. Fabian établit un phare sous le vestibule. Ce fanal répand une lueur dont quelques rayons pénètrent dans ma chambre et me permettent de voir un grand fantôme blanc qui se promène dans le corridor. C'est D. Fabian, il ne peut pas dormir et se lève pour fumer un cigarito qu'il vient allumer au fanal. Minuit sonne, D. Fabian va se recoucher en fumant, deux heures après il redescend encore ; cette fois il part pour aller à l'*encierro*, je m'habille et je sors avec lui.

Il n'est pas jour, et néanmoins on entend ouvrir et fermer des portes de tous côtés, les rues de Séville sont pleines de curieux qui se rendent à l'*encierro*. Une immense population entoure le cirque, elle en attend l'ouverture avec une patience admirable; chaque Espagnol, coiffé d'une *montera*, s'enveloppe dans son manteau brun, la conversation s'établit à voix basse dans les groupes. Ces petites masses noires rapprochées, ce bourdonnement mystérieux ont une teinte de tristesse difficile à définir. On n'entend de tous ces colloques particuliers que ce mot énergique si souvent dit par les Espagnols, il éclate à chaque instant au milieu de ces groupes, il est tant de fois prononcé qu'on croirait que *carajo* forme la base de toutes les conversations, et que semblable au *goddem* des Anglais, c'est le fond de la langue espagnole.

Dans chacun de ces groupes, on fait et l'on allume un cigarito que l'on fume en se le faisant passer à la ronde, il finit par revenir à son point de départ, et celui qui l'a commencé l'achève, tandis qu'un autre cigarito recommence le tour du cercle. Les portes du cirque s'ouvrent, toutes les places sont prises à l'instant, c'est comme à l'Opéra quand on donne gratis des représentations. En attendant l'arrivée des taureaux on se fait des niches, on cause avec ses voisines, car les dames se rendent à l'*encierro*. Les bons plaisans jettent des dragées de plâtre, d'autres ne craignent pas de faire preuve de mauvais goût et d'incivilité envers le public, en lançant un chat mort ou tout autre objet dégoûtant sur cette foule pressée; il n'y a pas moyen d'éviter la charogne, il faut nécessairement qu'elle tombe sur quelqu'un qui se hâte de la renvoyer d'un autre côté. Les taureaux arrivent, on livre au peuple celui qui lui est réservé, il s'empresse de l'expédier, l'*encierro* terminé par cette catastrophe, tout le monde se retire. La conversation s'anime entre les personnes qui se dirigent vers le même quartier, on se raconte réciproquement ce que le spectacle a présenté de plus remarquable, sans omettre un seul des coups de corne que le quadrupède a distribués à ses assaillans avant de succomber.

Le soleil paraît sur l'horizon, il n'est pas encore quatre heures, l'Espagnol prend le chemin de sa maison et va se remettre au lit, le Français se promène; promenons-nous donc. En sortant du cirque on se trouve sur *el Salon* promenade charmante qui longe le cours du Bétis, comme les allées de l'Oule suivent la rive gauche du Rhône sous les remparts d'Avignon. *El Salon* est désert, mais que d'aimables Andalouses viendront l'embellir ce soir! Que d'amoureux soupirs, que de tendres aveux seront confiés aux berceaux mystérieux qui l'ombragent! Je ne sais où porter mes pas, on ne rencontre personne, j'entends à peine dans le lointain la chanson du paysan, qui nouveau Sancho va trottinant sur son âne. Il chante, ou pour mieux dire il psalmodie pour charmer l'ennui de la route et se rendre agréable à son coursier qui n'est pas insensible aux accens de cette mélodie rustique. La chanson que le paysan a commencée en partant ne finira qu'à son arrivée, le nombre des couplets est déterminé par la durée du voyage. Le chanteur improvise paroles et musique, et répète vingt fois le vers qu'il tient pour se donner le temps de chercher et de trouver la ligne rimée qui doit lui succéder.

Je traverse le Guadalquivir sur le pont de bateaux qui mène à Triana. Que la matinée est belle! Le soleil dore la cime des arbres et des édifices, et l'onde pure du fleuve en reproduit l'image. Le guêpier plane mollement, il étale avec complaisance ses ailes dorées et son poitrail d'azur, les rayons obliques du soleil levant ajoutent encore à l'éclat de son riche plumage. Le cri monotone de ce bel oiseau contraste avec le chant mélodieux et varié de philomèle cachée dans les bosquets riants qui dérobent la Chartreuse à mes yeux. Une longue rue se présente au bout du pont, elle traverse le faubourg de Triana et conduit à la grande route de San-Juan-d'Alfarache, j'aurais bien quelque envie d'aller déjeûner à ce village, une petite lieue le sépare de Séville. Mais l'omelette d'œufs couvis, que l'on servit autrefois à Gil-Blas, ne me donne pas une assez bonne opinion des auberges de San-Juan; d'ailleurs c'est là que le brigand tonsuré, digne chef de guérilla, me vola ma montre et la vendit à l'*escribano mayor*, avant de me conduire au ponton. Quelques-uns de ses compagnons pourraient bien être à l'affût derrière un buisson, n'allons pas plus avant, et pour cause.

Déjà les habitans de Triana s'éveillent, le maréchal-ferrant saute à califourchon sur un banc placé à côté de la porte de sa maison, et bat ses fers à froid sur une petite enclume qu'il tient entre ses jambes. La marchande de beignets allume son fourneau, la fruitière étale ses corbeilles de cerises sans queue, ses oranges de la Chine et son nougat d'Alicante. Trois petits bassins attachés à une tringle de fer, la porte peinte en bleu, vitrage en plomb, signalent à mes yeux la demeure d'un barbier. Le voilà lui-même sur le seuil de son atelier, repassant ses rasoirs en attendant la pratique. Il est gai, vif, ayant toujours le mot pour rire, la petite anecdote à conter; il chante la *tonadilla*, danse le *bolero*, joue des castagnettes ou frôtte sa *biguela*, guitare; c'est Figaro. Une inscription placée au-dessus de la porte annonce qu'il réunit aux fonctions de barbier celles de chirurgien accoucheur, et qu'il arrache les dents sans douleur. *Cirujano y comadron, saca muelas sin dolor.*

Si l'Espagne est en arrière d'un siècle pour ce qui concerne les sciences et les arts, il faut convenir que le talent du barbier est porté, dans ce pays, à son plus haut degré de perfection. Honneur aux barbiers de Séville! C'est un plaisir de se faire raser par les successeurs de Figaro. Je voulus me procurer sur-le-champ cette satisfaction, j'entrai dans la boutique et je pris place sur le fauteuil de cuir. Les murs étaient tapissés de mauvaises gravures représentant quelque miracle récent ou bien un *auto da fé*, j'y retrouvai l'image de l'infortunée Gertrudiz si justement brûlée pour avoir pondu des œufs. Une guitare et des castagnettes forment le trophée musical du chirurgien troubadour, une longue liasse de dents enfilées en chapelet se dessine en festons depuis le tableau de la Ste-Vierge jusqu'au petit miroir devant lequel on remet sa cravate. Sa ménagère rase aussi; non moins adroite que lui, sa main féminine est aussi légère et plus douce, honneur aux barbières de Séville !

J'allais rentrer dans la ville, mais j'aperçois un caporal qui ouvre la palissade qui sert d'enceinte à la Chartreuse; les Français ont transformé ce monastère en un fort. J'arrive au moment où l'on baisse le pont-levis. Je vois des pièces de canon enclouées, couchées par terre, des affûts, des caissons, des soldats, des canonniers, enfin tout l'appareil militaire. Je poursuis ma course et la scène change tout-à-coup, je suis dans un bosquet d'orangers, dans un jardin délicieux. Les fossés dont on a entouré le couvent, pour en faire une redoute, embrassent un grand espace de terrain; c'était le jardin du monastère.

Je trouve un carré cultivé nouvellement avec le plus grand soin, beaucoup de plantes rares portent leur signalement sur des étiquettes, c'est un petit jardin de botanique; un pavillon s'élève au milieu, il est habité par une infinité d'oiseaux. Le commandant du fort a fait planter le jardin et construire la volière; celui qui joint aux talens militaires le goût des sciences naturelles, et qui se délasse des travaux de la guerre au milieu des plantes et des habitans de l'air doit avoir un cœur excellent. Je ne me suis pas trompé dans mes conjectures, et le commandant Petit-Pierre est le meilleur, le plus brave homme du monde. Enchanté de trouver un confrère au milieu de cette forteresse, je m'empressai d'aller présenter mes hommages au seigneur châtelain. Je le trouvai entouré d'armes et de livres: cinq ou six fusils de ses soldats malades figuraient en faisceau dans un angle, son sabre était suspendu à la clef de sa bibliothèque, une paire de pistolets reposait sur une pile de plantes desséchées. Sur son bureau l'on voyait Linnée à côté de la théorie militaire, et l'état de situation de la garnison du fort à côté du catalogue de ses plantes vivantes.

Bravant les fatigues, les hasards d'un long voyage, sa compagne fidèle et tendre a quitté les bords paisibles du lac de Genève pour venir s'établir à Séville. Femmes courageuses qui renoncez au repos du toit paternel pour suivre au milieu des camps un époux adoré, quel est le prix de ce noble dévouement? La satisfaction intérieure de n'avoir point abandonné celui que votre cœur a choisi. Vous partagez ses peines, ses dangers, sa captivité et non pas sa gloire, un préjugé fâcheux s'attache à votre condition de femmes d'armée, et ce sera beaucoup si l'exercice de toutes les vertus désarme la critique et l'ingratitude, prêtes à s'élever contre vous.

Des chèvres grimpent aux glacis et broutent l'herbe nouvelle qui croît sur leur pente rapide; une vache se promène à pas lents dans la partie inculte de ce vaste enclos; des poules, des dindons peuplent la basse-cour; de blanches colombes voltigent sur les toits. Le couvent, la forteresse, ont disparu, je suis dans une ferme. Ménagère parfaite, madame Petit-Pierre préparait d'excellentes crèmes avec le lait de ses chèvres et de sa vache; elle faisait du *gnould*, espèce de vermicelle, de la choucroûte, et l'on dînait chez elle comme à Neuchâtel, comme à Paris ou comme à Séville. Douce, aimable, prévenante, elle recevait avec une égale affabilité l'officier français et le bourgeois andalou ; généreuse et compatissante, son cœur et sa porte étaient toujours ouverts aux malheureux. Les indigens de Triana trouvaient auprès de la commandante du fort autant de secours et plus de consolations qu'ils n'en recevaient naguère du supérieur de la *Cartuja*.

Le commandant m'invite à déjeûner et nous jasons long-temps en sablant la *tintilla* de Rota et le vin de Xérès. Nous visitons ensuite son jardin et sa volière, je lui fais remarquer un oiseau qu'il avait mal classé, il reconnaît son erreur, et prend une haute idée de mon savoir en ornithologie. Au moment où nous nous séparons le soleil fait sentir son ardeur ; afin d'éviter le long trajet qu'il faudrait parcourir pour arriver au pont de bateaux, je me jette dans une petite barque placée auprès de la *Cartuja*. Le batelier me transporte sur l'autre bord pour deux réaux ; deux réaux valent dix sous, c'est un peu cher ; en France on passerait une diligence pour ce prix-là. Je côtoie le fleuve en remontant son cours, et j'aperçois de temps en temps des dames et des demoiselles qui se dirigent à l'ombre des ormeaux vers les baraques où l'on prend les bains de rivière. La femme et la fille aînée de mon hôte s'y trouvent sans doute, elles reviendront bientôt nu-tête et les cheveux flottans sur leurs épaules, afin qu'ils soient secs quand elles rentreront à la maison.

Pour me mettre à l'abri contre les rayons du soleil, je me hâte d'arriver dans la ville; comme ceux d'Avignon, les remparts de Séville servent de clôture pour empêcher la contrebande et ne pourraient résister au canon. Entre les remparts et la ville on marche sur une couche épaisse d'immondices depuis long-temps déposées en ce lieu. Les bords du fleuve sont couverts du fumier que l'on y jette pour le faire emporter par l'eau; on pense apparemment que la terre est assez fertile, elle produit sans engrais et presque sans culture, le paysan dédaigne un aussi précieux secours.

Je rencontre des *arrieros* apportant à la ville du charbon emballé dans les tiges fleuries du *cistus ladanum*, et du vin de la Manche renfermé dans des outres de peau de bouc. Le costume de ces muletiers est assez singulier; leurs habits sont de cuir, et lorsque la crasse a rendu leur veste luisante, on la prendrait aisément, à une certaine distance, pour la cuirasse de Don-Quichotte. Une ceinture de cuir leur serre les reins, et c'est derrière le dos et dans cette courroie qu'ils passent la gaule qui leur sert de fouet. Chaque mule a son nom; le muletier chante, chemin faisant, pour l'agrément de ses mules et sa propre satisfaction, et de temps en temps il interrompt sa psalmodie pour crier *arre Capitana*, *arre Coronela*, *arre Macho!* etc., et l'on s'aperçoit, en voyant doubler le pas à la mule interpellée, que le commandement arrive à son adresse.

Des femmes se présentent à ma vue les mains jointes et le chapelet entrelacé dans les doigts, ces dames vont à la messe ou bien elles en viennent. Ces chapelets n'ont rien de brillant, ils sont de graines enfilées et se terminent par une croix formée de trois morceaux de sarment soutenus par une ficelle qui passe dans la moëlle du bois. Ces chapelets sont de la fabrique des moines qui, comme M. Jourdain, se plaisent à les céder aux fidèles pour de l'argent. Les señoritas portent ces chapelets ostensiblement en allant et en revenant de l'église, et si elles rencontrent un prêtre, elles s'empressent de lui baiser la main.

La *Alameda* est encore à peu près déserte; les aimables promeneuses n'y viennent que le soir. Six vaches et quelques chèvres sont couchées à l'ombre des ormeaux; une jolie señora s'approche, le berger trait le lait qu'il lui présente dans une corne, elle le boit et disparaît. L'eau de la *Ala-*

meda est la plus estimée ; les *aguadores* viennent remplir leurs *cantaros*, grandes cruches de grès, aux fontaines qui embellissent cette promenade, pour établir au coin des rues leurs boutiques de rafraîchissemens économiques. Là, sur une table élevée, ils placent trois ou quatre *cantaros*, une corbeille de *higos de tuna* (1) et la boîte de fer-blanc divisée en deux compartimens, dont l'un est plein de *panales*, l'autre d'anis sucré. Ceux que la dépense ne saurait effrayer, prennent bravement un *panale* dans leur verre d'eau, pour un sou. Les autres se contentent d'une pincée d'anis sucré, dont ils accompagnent leur verre d'eau, et font une économie de cinquante pour cent sur leur boisson. L'eau, renfermée dans ces *cantaros*, est toujours d'une grande fraîcheur malgré l'ardeur de la canicule. Ces vases sont faits avec la terre poreuse dont j'ai déjà parlé ; nous reviendrons ce soir à la *Alameda*, passons au marché.

Avant d'y arriver, je suis assourdi par les cris divers des marchandes de fruits, de verdure, d'œufs, de poisson et autres comestibles. A Séville, comme partout ailleurs, chacun s'empresse

(1) Fruits de la roquette, ou figuier d'Inde, connus dans le midi de la France sous le nom de figues d'Antibes.

de vanter sa marchandise et d'en exagérer les qualités; ainsi l'on y vend des oranges *de la Chine*, du nougat *d'Alicante*, le *sábalo vivito*, alose vivante, des melons qui sont du sucre, des pastèques, véritable corail pêché sur la rive maure. Les marchés d'Espagne ne ressemblent point à ceux de Paris et des autres villes de France ; il n'y a ni la même abondance, ni le même luxe. Le petit *Pepe*, fils cadet de D. Fabian, y vient chercher les provisions; il s'enveloppe dans le manteau de son père, et ce vêtement cache le panier. D. Fabian charge son fils de ce soin, parce que la señora de Burgos est encore trop jeune et que sa servante est trop jolie. En Espagne, les jeunes femmes et les jolies cameristes, ne se montrent point au marché. On y va le matin pour acheter tout ce dont on a besoin pour la journée seulement, et pas davantage ; on y trouve absolument tout, depuis le pain et la viande jusqu'aux plus menus détails du ménage. Si l'on doit faire une soupe grasse, on a soin d'apporter la viande et la verdure nécessaires sans oublier la poignée de pois chiches qui est de rigueur pour toute espèce de soupe, et que l'on vend tout trempés et gonflés dans l'eau. On se munit d'œufs et de tomates pour le ragoût, *guisado*, et si l'on fait emplette d'une salade, il faut y joindre l'huile, le vinaigre, le sel, le piment rouge en quantité nécessaire pour l'assaisonner. Presque tout le monde s'abreuve à la fontaine; cependant si le patron de la case se permet l'usage du vin, on en prend un *quartillo* au cabaret, et l'on entre dans la *tienda* du coin pour acheter deux livres de charbon. Il faut que cette ration de combustible suffise pour la cuisson des objets qui doivent être préparés sur le fourneau; si elle est trop exigue, on en est quitte en mangeant le dîné un peu moins cuit. En Espagne on ne fait des provisions d'aucune espèce, et le soir, après le soupé, tout est consommé.

Il ne faut pas croire que la *olla*, le *guisado*, le *gaspacho* figurent ordinairement sur la table des Espagnols; ces mets sont réservés pour les jours de fête, ou bien il faut qu'une fortune considérable permette de subvenir à cette dépense trop souvent renouvelée. Parmi les personnes de la classe moyenne la plupart dînent avec une *rebanada* et soupent avec une orange ou bien avec une tranche de pastèque. Il est assez difficile de déterminer si les Espagnols sont sobres parce qu'ils sont avares et paresseux, ou s'ils sont avares et paresseux parce qu'ils sont sobres. Quelle que soit la cause de cette extrême sobriété, elle n'est pas moins une qualité précieuse ; un peuple qui n'a pas de besoins, ne trouve aucune peine à supporter les privations, et si jamais il parvient à conquérir sa liberté, il lui sera facile de la conserver.

De la place du marché, passons à la *feria;* c'est là que se tient la foire du jeudi, on y vend toute sorte de joujoux et de bagatelles ; des oiseaux en cage, des bouquets, des pots de fleurs. A côté d'un énorme tas de pignons, on y voit le fripier et le marchand de vieux fers étaler sa marchandise sur le pavé. La *feria* est un lieu de rendez-vous comme la promenade ; quand les señoritas se montrent quelque part, les jeunes gens s'empressent d'accourir auprès d'elles. Ces dames s'en retournent en mangeant des bonbons, des pignons; elles emportent dans leur mouchoir des *chochos* ou *altamuces* (1). Un petit *mandadero* (2) porte

---

(1) On appelle *chocho* ou *altamuce* un légume gros comme une fève que l'on vend bouilli dans l'eau, et qui est encore assez dur quand il est cuit; les Andalouses le mangent par fantaisie.

(2) Commissionnaire; les Provençaux donnent le nom de *mandadou* à celui que l'on envoie pour avertir ou convoquer plusieurs personnes. Chaque assemblée, chaque confrérie, chaque théâtre a son *mandadou.*

devant elles le pot de violettes ou la cage du serin dont on leur a fait cadeau, et l'on voit dans leurs cheveux d'ébène ou sur la manche de leur *jubon* le bouton de rose qui sera demain un tendre souvenir.

Je passe devant le *Pozo Santo*, il est ouvert et le sacristain abreuve largement les amateurs qui entourent la grille de ce puits merveilleux. *La Casa de la Cuna* (1) me montre une foule de petits malheureux méconnus par leur père, et que le sort condamne à être privés des caresses et des soins maternels. Leur nombre s'est prodigieusement augmenté depuis l'arrivée des Français à Séville.

Onze heures sonnent, je rentre à la maison, je me repose au rez-de-chaussée, dans ma chambre d'été ; des briques en faïence coloriée en tapissent les murs jusqu'à la moitié de sa hauteur, ce qui la rend très fraîche. La réunion de ces briques forme un dessin suivi et représente la Sainte Vierge et l'enfant Jésus, saint Cayetano, saint Jacques, etc. On a enlevé et plié les draps et la couverture du lit ; étendu sur les planches le dos appuyé contre les matelas roulés, je me livre à

(3) *La Maison du Berceau*, c'est ainsi que l'on nomme l'hospice des enfans trouvés.

mes réflexions, et j'entends que l'on met le couvert dans le vestibule, c'est l'heure du dîné de D. Fabian. Tous les jours, avant de s'asseoir à table, il entre dans ma chambre pour me prier de lui faire l'honneur de dîner avec lui, et tous les jours je le remercie de cette prévenance hospitalière; il insiste, je refuse avec les formes voulues par la politesse. Cependant il ne faut pas avoir l'air de dédaigner ses offres, j'ai du loisir aujourd'hui; D. Fabian me présente sa requête accoutumée et je crois lui faire le plus grand plaisir en acceptant sa proposition. Point du tout; je m'aperçois que ma réponse affirmative l'a désappointé. Il me quitte sans dire un mot pour aller en faire part à sa femme qui est aussi attrapée que lui. Ils reviennent tous les deux; s'il en était temps encore, je dirais que je n'ai pas faim, je chercherais quelque ingénieuse défaite, car leur embarras est trop marqué. On croira peut-être qu'il est causé par l'exiguité du repas, le dîné ne serait pas plus abondant si l'on avait compté sur moi. Je ne savais point alors que quand les Espagnols invitent quelqu'un à partager leur repas, c'est avec la conviction intime qu'il refusera. Si l'invité connaît les usages, il prétexte une excuse et par ce moyen les devoirs de la civilité sont remplis, et le dîné bourgeois se trouve préservé de l'atteinte des étrangers.

Il faut se dévouer pourtant, et je m'assieds au banquet de famille. D. Fabian dit solennellement le *benedicite* et nous lui donnons la réplique; il coupe le pain, le distribue et remet le reste sur la table, en observant de le placer sens-dessus-dessous; le boulanger a tracé une croix sous l'énorme pain, et ce signe doit être à découvert. D. Fabian sert le *guisado* et mange avec sa femme sur la même assiette; assis à côté du patron, je suis admis à prendre ma part de son *quartillo* de vin, contenu dans une petite bouteille, les autres personnes boivent de l'eau. Après le *guisado*, arrive le *gaspacho*, bonne maison! Chacun a son assiette et même une petite serviette. La gentille Maria Juliana me regarde en souriant, et me fait passer à la dérobée des morceaux qu'elle a déjà mordus, je les saisis en alongeant le bras derrière la chaise de son petit frère. Si nous étions seuls, elle prendrait une longue feuille de salade avec les dents par un bout, me la présenterait, et chacun mangerait de son côté jusqu'au parfait contact des deux bouches. C'est ce qu'on nomme *las finezas*, les finesses de l'amour. Le repas fini, D. Fabian récite les graces, fait une nouvelle croix sur le reste du pain, donne sa main à baiser à sa femme, à ses enfans et à ses domestiques, et chacun se lève de table.

En attendant l'heure de la sieste, la maîtresse de la maison peigne sa domestique, celle-ci lui rendra ensuite le même service. D. Fabian fume son cigarito, et le Français?... le Français se promène; il se montre dans les rues de Séville à peu près désertes pendant la sieste. A une heure après midi la chaleur est étouffante, on sent un affaissement général dans le corps, un penchant irrésistible vous entraîne au sommeil. Le gentilhomme dort sur son lit, le négociant repose sur un matelas étendu sur le plancher, sa femme se livre au sommeil sur une chaise, la servante dort sur la table de la cuisine. Presque tous les magasins sont fermés, et les commis ronflent sur le comptoir.

Tandis que toute la ville est sous l'influence paisible de Morphée qui répand à pleines mains ses pavots les plus assoupissans, l'Amour, ce dieu malin, qui veille pendant la nuit, se garde bien de s'endormir à l'heure de la sieste. Tandis que les grands parens goûtent un parfait repos, que les petits frères et les petites sœurs dorment profondément, la jeune señorita se retire dans son *tocador,* cabinet de toilette. Là, se balançant sur une chaise, frappant tour-à-tour du pied contre la toilette et de la tête contre le mur, son cœur est doucement agité par les souvenirs les plus agréables. Elle roule entre ses doigts le billet qu'elle vient de relire, se livre aussi long-temps qu'elle le peut à sa rêverie mystérieuse et tendre; mais le sommeil en triomphe, et la belle, cédant à ce pouvoir invincible,

Soupire, étend les bras, ferme l'œil et s'endort.

L'officier français profite d'un moment aussi favorable pour se glisser furtivement dans le *tocador*, il marche sur la pointe des pieds et surprend la belle endormie. Ce billet qu'elle tient à la main, c'est lui qui l'a écrit, c'est à lui que l'on pensait au moment où ces beaux yeux se sont fermés. Il est aimé, il le croit du moins et s'empresse de prendre un baiser pour gage de la tendresse de la señorita. Comme la nièce d'Aurore de Germond, la señorita dort d'un sommeil franc, même un peu dur, elle ne s'éveille pas ou feint de dormir encore.

Dans la maison voisine, la jeune personne répond à la lettre qu'elle a reçue la veille. Elle monte ensuite au balcon pour attendre derrière la *cortina*, rideau, que l'heureux mortel, à qui l'on doit une réponse, vienne lui-même la chercher. Il arrive à l'instant, il a vu le billet tant désiré que les ondulations du rideau ne sauraient dérober à sa vue. Le nouvel Almaviva passe près du balcon, s'empare du papier que Rosine laisse tomber à ses pieds et s'enfuit. Plus loin c'est un moine..... mais non, les gens de cette espèce ont leurs franches coudées, forts de leurs priviléges ils n'ont pas besoin d'attendre l'heure du repos et de prendre tant de précautions.

CHAPITRE XXXIII.

Vingt-quatre heures à Séville.

LE SOIR.

On s'éveille encore une fois. Le *mancebo*, garçon de boutique, rouvre son magasin en se frottant les yeux; le bourgeois, en bâillant, hache du tabac pour faire un cigarito; la señorita placée à son balcon regarde ce qui se passe dans la rue, elle agite son éventail avec une grace charmante. On s'habille pour aller à la promenade; il y a ce soir *una gran funcion* au cirque des taureaux, le beau monde se dirigera de ce côté, suivons l'impulsion qu'il nous donne. Tout ce qu'il y a d'aimable et d'élégant dans Séville se rend sous les ormeaux *del Salon* qui ombragent la rive gauche du Guadalquivir. Le costume espagnol qui sied si bien aux femmes individuellement, est d'une triste monotonie dans les grandes réunions, on ne voit que du noir et toujours du noir. Les dames du haut parage ne sont distinguées des petites bourgeoises et même des femmes du peuple, que par la *mantilla*. Ce n'est pas sans peine que l'on trouve celle que l'on cherche, toutes sont habillées de la même manière ; un signe expressif de l'éventail vient à propos mettre sur la voie le galant qui flotte au milieu de cette mer d'incertitudes.

On va, on vient, on revient bien vite pour se rencontrer encore, on se dit un mot en passant, et les señoritas reçoivent presque autant de billets doux à la promenade qu'à l'église. Rien n'égale la vivacité des promeneurs, il semble que chacun veuille gagner le prix de la course : la troupe agissante passe et repasse devant le cirque des taureaux, elle s'arrête même quelques instans sur ce point, elle s'unit d'intention avec ceux qui assistent au spectacle ; elle rit quand on rit, et joint ses acclamations et ses applaudissemens à ceux qui retentissent dans l'enceinte lorsque le taureau vient d'éventrer un cheval ou d'estropier un malheureux *torero*.

Une cloche se fait entendre, elle sonne *la oracion*, *l'Angelus;* les cris cessent, le plus profond silence règne à l'instant, on s'arrête sur place, les hommes se découvrent, et chacun récite à voix basse la courte prière du soir. Ce devoir rempli, les promeneurs se remettent en mouvement, et le chassé-croisé reprend toute son activité. Situé sur le bord du fleuve, *el Salon* est une promenade fort agréable au moment où le soleil disparaît de l'horizon ; pendant la nuit l'air y serait trop frais, on se rend à la *Alameda* qui est dans l'intérieur de la ville, dont il faut traverser une grande partie pour arriver à cette promenade de la nuit. A chaque coin de rue on trouve une petite procession, *el rosario ;* elle a lieu tous les jours à l'entrée de la nuit, chaque église fait la sienne, de manière que l'on peut en rencontrer trois ou quatre dans la même soirée. Ces processions ne se composent que d'une douzaine d'hommes portant des fanaux fort élevés, ils sont précédés d'un sacristain qui sonne une petite cloche. On voit ensuite un individu tenant d'une main un fanal et une tire-lire, *cepillo*, et de l'autre un bâton fait au tour qui se termine en haut par une boule en bois dur, grosse comme une orange. Cet homme frappe à toutes les portes avec sa boule, en criant d'une voix lamentable, *las ánimas !* la maîtresse de la maison descend, jette son offrande dans le *cepillo*, et le quêteur se retire pour continuer sa ronde.

Je dois faire observer ici que les Espagnols ne

désignent jamais les heures d'une manière précise. Ils ne diront pas : nous nous verrons demain matin à sept heures, ni, ce soir à cinq ou à six heures, mais ils fixeront le rendez-vous en disant : *mañana por la mañana*, demain matin ; et si c'est le soir, *por la oracion*, ou *por las ánimas*, c'est-à-dire, à l'heure de l'*Angelus*, ou bien de la procession du rosaire. Cette indécision est encore une conséquence de la paresse et de l'indolence nationales; fixer une heure précise serait s'imposer une contrainte fâcheuse, et l'exactitude deviendrait pour les Espagnols une espèce de joug qu'ils ne sauraient supporter.

Où va donc Cristoval? Plié dans son manteau brun, il se cache dans l'ombre et veut se dérober aux regards des indiscrets. Est-il en bonne fortune? Non, il entre dans une maison de jeu, suivons ses pas afin de voir le caractère espagnol à découvert et dans toute sa nudité. Les passions sont les mêmes partout, et l'on observe à Séville, dans une maison de jeu, ce que l'on peut remarquer dans les mêmes lieux à Paris. Les tripots de cette capitale sont resplendissans de lumière et décorés avec autant de luxe que d'élégance, ceux de Séville sont obscurs et démeublés. Les rangs y sont confondus ; le marquis, le barbier, le comte, le tailleur, s'asseyent pêle-mêle sur les bancs qui entourent la roulette ou la table de *monte*. Le *monte* est un vieux jeu espagnol tout aussi bon que les nouveaux jeux français, on y perd son argent comme au trente-et-quarante. Le banquier de *monte* tient les mises de tous les pontes; ce jeu ressemble au lansquenet et à la vendôme que l'on joue en Provence, et l'on sait que la vendôme est une variété du lansquenet. Les cartes espagnoles ne sont point comme les nôtres, elles reproduisent les figures des tarots; au lieu des cœurs, des carreaux, des piques, des trèfles, on y voit des bâtons, des coupes, des deniers, des épées. Il n'y a pas de dix, *la sota* correspond au valet, *el caballo* remplace la dame, le roi seul est représenté de la même manière que dans les jeux de cartes français.

Je crois que la roulette doit être comptée parmi les innovations que nous avons introduites en Espagne. Une roulette ambulante suivait notre armée et s'arrêtait dans un café à toutes les stations du quartier-général. Elle offrait aux naturels du pays, comme aux officiers français, le moyen de se ruiner en peu de temps; des croupiers espagnols soutenaient cette roulette qui était tenue par un Français. Extrêmes en tout, les Espagnols sont joueurs passionnés; le jeu pour eux est comme l'amour ou la haine qu'ils ne sauraient éprouver sans tomber à l'instant dans l'excès de la passion. Ils jouent gros jeu ou ne jouent pas du tout. Les jeux de commerce ou de société, tels que les wisch, le boston, le reversis, ne sont point en usage à Séville; les dames ne sont pas joueuses, elles ne connaissent pas même les cartes. Elles ne se montrent jamais dans un tripot comme à Paris, mais on rencontre en ces lieux des prêtres et des moines trop mal déguisés pour ne pas être reconnus à l'instant. Ils fréquentent les maisons de jeu, comme les cafés, les spectacles et d'autres lieux publics que je ne nommerai point. Et l'on appelle l'Espagne le dernier boulevart de la chrétienté!

Quittons ce repaire, et portons nos pas du côté de la *Alameda;* en approchant de cette promenade, je me sens suffoqué par l'odeur et la fumée qui s'exhalent de la poêle des gitanas, marchandes de beignets. Je m'arrête devant une de ces cuisinières, sa mise est d'une élégante simplicité: ses cheveux relevés au milieu de la tête sont attachés à la manière des Chinoises, une rose nouvelle couronne sa coiffure. Auprès d'elle est un plat de faïence plein de pâte, la jolie gitana en prend avec la main gauche, la roule dans ses doigts et la jette dans la poêle; le beignet se gonfle, elle le retourne avec une baguette d'osier pointue qui lui sert ensuite pour le retirer en le piquant. L'*aguador* s'offre à mes yeux, s'il ne porte pas le *cantaro* sur l'épaule c'est que la fontaine coule non loin de là; il tient deux grands verres vides qu'il fait sonner l'un contre l'autre pour avertir le public altéré. Sa boîte de *panales* et d'anis sucré pend à sa ceinture, il offre ses services aux promeneurs et ne peut suffire à toutes les demandes; il court sans cesse de la fontaine aux bancs de pierre; et des bancs à la fontaine.

Des enfans circulent dans tous les sens en criant *candela!* c'est un bout de corde allumé qu'ils présentent aux fumeurs. Les galans tirent leur boîte à cigaritos, en offrent aux dames, et l'allumeur officieux reçoit des *cuartos* et se retire. C'est l'heure des rendez-vous, la señorita qui se promène à côté de sa mère fait un signe avec l'éventail à son ami; elle lui donne la main en passant, fait un échange de billets doux, et se propose de se dédommager de tant de contrainte à la *velada* de la Saint-Jean, c'est un jour de licence et d'immunité; à la *velada* il est permis de s'entretenir librement avec tout le monde. Je vois une autre señorita dont la conversation avec un officier français paraît fort animée, il s'efforce de lui faire comprendre qu'il la trouve aimable et belle au-delà de toute expression. Elle reçoit ces complimens de manière à prouver qu'on ne lui dit rien qu'elle ne sache déjà et qu'elle a la meilleure opinion de ses qualités personnelles, *sus prendas*. La señorita lui répond ensuite avec la naïveté d'une Andalouse : « *Si usted me quiere, compreme usted dulces*, si vous m'aimez, achetez-moi des confitures. »

Que les nuits sont belles ! Quelles sont agréables à Séville ! plus fraîches et plus obscures qu'en France, elles ne sont pas aussi paisibles et silencieuses. Ébloui par l'éclat trop vif du soleil africain, abattu par l'action d'une chaleur étouffante, l'Andalou passe une partie de la journée étendu sur son lit, ou bien en se balançant sur une chaise dans son *patio*, cour intérieure, qu'une tente de grosse toile ombrage et qu'un petit jet d'eau rafraîchit. Craignant de provoquer une transpiration trop abondante, il reste dans une absolue inaction, et ce n'est qu'à la nuit qu'il reprendra sa faculté d'agir et de se mettre en mouvement ; son existence est en quelque sorte suspendue tant que le soleil fait sentir l'ardeur brûlante de ses rayons. Les danses, les concerts, les *veladas*, les réunions, ne commencent qu'après que la nuit a déployé son voile ténébreux. Le barbier prend la guitare, et son *rasgado* met en mouvement toute la jeunesse du quartier, les danseurs exécutent la séguidille en s'accompagnant des castagnettes. Ici j'entends un rustre qui frotte toutes les cordes à la fois avec sa lourde main ; là c'est un *aficionado*, amateur, qui tire de cet instrument des sons harmonieux et brillans avec ses ongles longs qu'il a laissés croître pour cet usage. Plus loin, c'est une señorita qui s'accompagne en chantant une tendre romance ou bien une chanson patriotique. L'officier français qui loge dans sa maison écoute, en souriant, le refrain qui l'insulte, et dit tout bas : « Composez des chansons et laissez-nous faire la guerre. » Mais la jeune personne désavouait à l'instant même les injures qu'elle chantait.

> Sa bouche, hélas! parlait ainsi,
> Ses yeux disaient tout le contraire.

La nuit est plus particulièrement consacrée aux amours, c'est la règle. Tandis que D. Fulano perd son argent à la roulette, une camériste adroite conduit un capitaine de dragons auprès de la señora délaissée par un mari joueur. Les servantes espagnoles s'acquittent à merveille de ce soin; confidentes discrètes, amies sincères de leurs maîtresses, elles sont comme elles de chair et d'os, qu'on me permette cette expression essentiellement espagnole, *carne y hueso*, c'est l'excuse ordinaire, l'argument sans réplique au reproche d'une faiblesse, et les soubrettes ne manquent jamais de le mettre en avant lorsqu'elles ont pu s'approprier ou partager les conquêtes de leurs maîtresses.

Dans une autre maison, le patron ne sort pas, toute la société s'amuse dans la grande salle, et tandis que D. Santiago, le gendre futur, cherche à plaire à sa fiancée, la señorita s'esquive pour aller consoler encore une fois celui qu'elle préfère. Cet amant fortuné l'attend près de la grille de la fenêtre et veut lui jurer fidélité, constance pour la centième fois.

La jalousie a fait des maisons de Séville autant de prisons d'état; toutes les fenêtres, depuis le rez-de-chaussée jusqu'au troisième étage inclusivement, sont garnies de grosses barres de fer. La croisée du milieu de l'édifice est la seule que l'on ne grille point; ornée d'un balcon, elle appartient au salon de compagnie. Celles du rez-de-chaussée, indépendamment des barreaux de fer, sont encore défendues par une *reja*, grille en bois, tellement serrée qu'il est impossible de passer le doigt à travers. C'est derrière cette *reja* que la señorita soupire en attendant l'objet aimé; ces amans ne peuvent se voir, la nuit est trop obscure, ils ne sauraient se toucher, le grillage est trop serré, mais on peut du moins se parler et s'entendre. Un papier roulé avec soin se fraie un chemin par cet étroit passage, ses parens se sont bien gardés de donner un maître d'écriture à la señorita, cette précaution n'arrête pas le commerce des billets doux, l'amour est un bon précepteur. Si le père vient à s'apercevoir que sa fille est absente, une rusée servante est là pour donner un prétexte qui justifie sa jeune maîtresse, elle court l'avertir qu'il est temps de reparaître au salon; à défaut de servante la mère se chargera de cette double commission.

Il faudrait renoncer à parler des Andalouses, si l'on voulait garder le silence sur leurs amours. Elles savent de bonne heure qu'elles n'ont été créées et mises au monde que pour aimer, elles font de l'amour une étude essentielle, approfondie, et joignent le plus souvent la théorie à la pratique. Sous ce climat brûlant la nature exerce une influence précoce et puissante qui triomphe aisément des préjugés, des obstacles, de la raison même. Les mœurs de l'Andalousie justifient en quelque sorte les précautions que les Turcs prennent pour n'avoir aucune inquiétude sur la fidélité de leurs femmes: les dames africaines enchériraient encore sur les Andalouses si on les laissait jouir de toute leur liberté; il est possible que les sectateurs de Mahomet n'aient pas tort. Je livre cette question à nos philosophes, en les priant de l'examiner mûrement et de ne pas chercher des argumens dans les romans et les opéras comiques.

D. Sébastian arrive en se frottant les mains, il fredonne la chansonnette, il saute de plaisir; qu'il paraît satisfait! Il vient de voir sa belle, il doit avoir obtenu quelque aveu décisif, il est rayonnant de bonheur. En effet, il lui a parlé à travers la *reja*, après avoir reçu d'elle toutes les protestations et les sermens de fidélité qu'un amant peut désirer, D. Sébastian lui a remis une bague en proposant un échange d'anneaux qui s'est fait malgré l'obstacle de la grille. Il est dans l'enchantement, il ne peut embrasser la señorita, mais il donne mille baisers à la bague chérie, gage de l'amour le plus tendre, il la met à son doigt ; mais..... cette bague est bien grande! son amie a pourtant le doigt mignon, il est vrai qu'elle l'a prévenu qu'elle tenait cette bague de son père.... Cependant si c'était un autre que son père? Comment faire pour connaître la vérité? La señorita aurait-elle cédé à son ami la bague d'un autre amoureux, pour faire passer la sienne au doigt d'un rival? Cette réflexion poursuit D. Sébastian et l'empêche de se livrer aux douceurs du sommeil; un doute aussi cruel le tourmente, il attend avec impatience l'heure du rendez-vous, son empressement est tel que, le lendemain, il arrive une heure trop tôt, et...... je trouvai la place prise.

Presque toutes les maisons de Séville sont couvertes par des terrasses où l'on se promène pendant la nuit pour prendre le frais. D'où vient que l'aimable Démétria préfère ce séjour de contemplation aux salons du rez-de-chaussée si favorables pour les colloques amoureux? C'est que l'officier français, logé dans la maison voisine, se trouve à point nommé sur une autre terrasse et peut aider ainsi la señorita dans ses observations astronomiques. On rencontre partout ces officiers français, chevaliers intrépides et galans; ils sont redoutables sur le champ de bataille, et connaissent toutes les ruses de la diplomatie amoureuse. Aussi la trop sensible Démétria laissait-elle échapper quelquefois cette exclamation significative : « *Yo me muero por la gente de tropa francesa!* Je me meurs pour les militaires français ! »

Il est minuit sonné, il faut borner ici le cours de mes observations nocturnes; je rentre chez D. Fabian, je le trouve encore sur pied, il m'attendait. Mon hôte me présente le *velon*, lampe, en bâillant, s'approche du *tallero*, boit une *talla* d'eau fraîche, m'invite à suivre son exemple et me souhaite une *buena noche*. Demain nous n'aurons pas de *corridá de toros*, D. Fabian n'ira point à l'*encierro*, il nous sera permis de dormir tranquillement.

CHAPITRE XXXIV.

Quadrille complet. — Départ. — Scène de comédie. — Promenade nocturne. — Expédition du général Godinot contre l'armée de Ballesteros. — Je pars pour Saint-Roch.

La maison de D. Pedro Ramirez ne m'offrait aucune ressource, ce négociant s'occupait de ses affaires pendant le jour et passait une partie de la nuit au tripot. Sa femme acceptait les consolations qui lui étaient offertes par le moine directeur de ses actions et de sa conscience, je cherchais donc au-dehors les agrémens de la société que je ne pouvais trouver chez mon hôte, et j'allais passer la soirée chez mon camarade Roberge que j'appellerai quelquefois D. Eduardo, selon l'usage des Espagnols qui désignent les personnes par leur prénom.

D. Eduardo logeait chez un vieux brave homme, D. Tomaso Nuñez qui avait trois filles fort aimables, Séraphina, Dolorès et Cayetana, leur cousine Encarnacion était avec elles dans la même maison. Quatre demoiselles habitaient donc sous ce toit fortuné, toutes quatre charmantes et spirituelles comme le sont ordinairement les Andalouses. Roberge se montra judicieux et prudent en adressant ses vœux à celle qui paraissait avoir quelque autorité sur les trois autres, à Séraphina, l'aînée et la maîtresse de la maison. Pour n'être point contrarié dans ses amours et se débarrasser de trois témoins importuns, il imagina de leur créer des occupations du même genre. Je présentai mes hommages à la tendre Dolorès, Devergie et Forget s'empressèrent de se déclarer en faveur de Cayetana et de la cousine Encarnacion. Par les soins officieux de Roberge voilà ces quatre demoiselles pourvues, plus de jalousie et de rivalité; le contrat d'union est signé.

D. Tomaso Nuñez se couchait de bonne heure, et nous arrivions chez lui dès qu'il était au lit. Roberge nous recevait d'abord dans sa chambre pour nous introduire un instant après chez l'aimable quatuor qui nous attendait; chacun auprès de son amie, nous passions les soirées les plus agréables. La conversation des Andalouses est vive et piquante, elles ont beaucoup d'esprit naturel, leur repartie est subtile, elles s'emparent avec beaucoup d'adresse des mots qui présentent un double sens, et ces mots sont nombreux dans la langue espagnole. Le temps s'écoulait avec rapidité, après quelques momens de conversation particulière un ensemble général succédait à ces duos, quelquefois la guitare et les castagnettes accompagnaient la séguidille ou la tonadilla, *pianissimo* ou du moins *mezzo forte* pour ne pas troubler le sommeil de D. Tomaso. L'amour heureux se plaît dans le mystère, et ce n'est que quand il commence à perdre son charme et son ardeur qu'il cherche le grand jour et le tumulte.

Six mois s'étaient écoulés sans que notre confédération eût été troublée en aucune manière, nous avions retrouvé les douceurs de l'âge d'or. Un événement malheureux vint porter la consternation dans notre quadrille, Roberge reçut l'ordre de se rendre à Carmona. Séraphina jetait les hauts cris, et nous étions très affligés attendu que ce départ nous enlevait le prétexte et la faculté de continuer nos visites. Il fut arrêté cependant que l'un de nous prendrait le logement de Roberge, et comme Dolorès succédait immédiatement à Séraphina sous les rapports de l'âge et de l'autorité, Dolorès voulut que je prisse possession de l'appartement.

La veille du départ de notre ami nous offrîmes une collation à ces demoiselles, elle se trouva dressé dans le salon de Roberge, le repas fut charmant. L'escorte qu'il attendait n'arriva que trois jours après, et l'on profita de la circonstance pour nous inviter à notre tour à un régal espagnol. Des beignets, des *panales*, des fruits, des crêmes, des sucreries de toute espèce couvraient la table dont l'arrangement était un chef-d'œuvre de goût et d'élégance. Des nonpareilles de différentes couleurs dessinaient des chiffres amoureux sur l'ivoire d'une crême. Des bouquets ingénieusement tressés indiquaient la pensée que chaque belle adressait à son ami ; savantes dans l'art d'aimer et de plaire, les Andalouses connaissent le langage des fleurs aussi bien que les Orientaux. Cette collation fut délicieuse, elle ne pouvait pourtant pas avoir plus de charmes que la première.

Roberge partit ; j'allai trouver le secrétaire qui tant de fois m'avait rendu service, et je lui demandai un billet pour aller loger chez D. Tomaso Nuñez. Cette faveur m'est refusée, j'en demande la raison. — « C'est que D. Tomaso est exempt de loger des militaires. — Un de mes amis sort de chez lui, et vient de partir pour Carmona. — Cela est vrai, mais depuis les derniers recensemens on a jugé à propos d'exempter D. Tomaso attendu qu'il a trois ou quatre jeunes filles, et que l'on ne veut pas enfermer des loups dans la bergerie. — D. Sébastiano cher *tocayo* (1) rendez-moi encore ce petit service, donnez-moi le billet que je vous demande. — C'est impossible. — Refuserez-vous cette faveur à votre *tocayo ?* — Croyez que je serais charmé de vous l'accorder, pour vous prouver combien il m'est agréable de vous obliger, demandez-moi tout autre logement, je vous le donnerai quand même il serait réservé pour un officier général. Mais, je vous le répète, D. Tomaso est exempt et je suis forcé de me conformer aux décisions de l'autorité. » Il n'y avait rien à répliquer, l'opposition du secrétaire était raisonnable et fondée, je sortis fort mécontent, et le soir même j'annonçai à Dolorès cette triste nouvelle.

(1) On appelle *tocayo* celui qui porte le prénom que l'on porte soi-même. La première fois que l'on voit un Espagnol, ou la seconde fois au plus, il vous demande votre nom de baptême, et si ce nom est aussi le sien il vous prend la main, vous témoigne beaucoup de prévenance et d'amitié. Il s'établit entre vous deux, et sur-le-champ, une confraternité qui n'est pas sans utilité dans un pays où l'on ne connaît personne. Plusieurs Français, instruits de cet usage, s'informaient du nom de baptême de leur hôte pour se présenter à lui comme *tocayos* en s'appropriant le même prénom. Ceux qui portent des prénoms tels que Jean, Pierre, Joseph, Antoine, Sébastien rencontrent souvent leurs *tocayos*.

Après le départ de Roberge ces demoiselles nous recevaient encore après le coucher de D. Tomaso, cela ne devait pas durer long-temps, nos visites nocturnes étaient sans excuse. Les voisins auraient su qu'il n'y avait plus de Français dans la maison, il ne fallait pas donner prise aux mauvaises langues, elles abondent à Séville. Séraphina dont le galant était parti fut bientôt résignée, ses compagnes ne montraient pas tant de philosophie. Elles ne consentaient qu'à regret à ne plus nous voir, il fallait cependant prendre cette résolution pour prévenir un éclat qui ne pouvait manquer si les voisins ou le père venaient à s'apercevoir de nos assiduités. Ces demoiselles nous dirent adieu, leurs beaux yeux étaient noyés de larmes, et, d'une voix mal assurée, nous prièrent de ne plus revenir.

Nous sortions, le seuil de la première porte était déjà franchi, lorsque une brillante idée vient éclairer l'horizon ténébreux qui m'environnait. Je ramène les acteurs sur la scène et je leur dis comme Scapin dans le quatuor de l'*Irato* :

« Le ciel m'inspire, et je commence.

« Avant de nous quitter pour toujours, entendez-vous bien? ou pour jamais, ce qui signifie la même chose, quoique ces deux mots aient un sens tout à fait opposé, il faut tout tenter pour prévenir une séparation qui causerait la mort de plusieurs d'entre nous. Puisqu'on n'a pas voulu me donner de billet de logement, je saurai m'en passer : D. Tomaso ne m'a jamais vu, la difficulté de réussir ne fait qu'ajouter à la nécessité d'entreprendre ; nous sommes dans le pays de Figaro, ayons recours à un moyen de comédie, laissez-moi faire, et vous mes demoiselles soyez prêtes à me seconder. Je n'ai pas le temps de vous en dire davantage, séparons-nous, mais sans alarmes, demain nous nous reverrons. »

Le jour suivant je me rends chez D. Tomaso Nuñez à l'heure où j'étais sûr de le trouver et je frappe à sa porte. « *Quién ?* — *Ave Maria purísima,* » répondis-je avec l'accent andalou. — A ces mots Dolorès, reconnaissant ma voix, alla se cacher pour ne pas se trahir, et Séraphina vint m'ouvrir la porte. « Que voulez-vous seigneur chevalier ? me dit-elle, en ayant l'air de ne pas me connaître. — Est-ce ici la demeure du seigneur D. Tomaso Nuñez ? — *Sí señor.* — Est-il chez-lui ? — *Sí señor.* — Pourrais-je lui parler ? — *Sí señor*, le voilà. » — D. Tomaso s'avançait vers moi, je le saluai profondément, il me fit sa révérence et me demanda quel était l'objet de ma visite.—« J'arrive de Carmona où j'étais logé chez un négociant très respectable, j'ai été remplacé dans cette ville par mon ami intime D. Eduardo, qui m'a chargé expressément de venir vous voir, et vous offrir l'expression de ses sentimens d'amitié et de reconnaissance. » — Le brave Tomaso me serra la main avec attendrissement, et parut enchanté qu'un Français lui donnât cette preuve d'estime et d'attachement. Il me demanda beaucoup de détails, je m'empressai de satisfaire sa curiosité, je lui parlai même de la ville de Carmona comme si je l'avais vue.—« Enfin D. Eduardo, qui occupe maintenant l'excellent logement que je lui ai cédé, m'a fait un tel éloge de votre maison où vous avez eu la bonté de le recevoir et de le traiter comme s'il était de votre famille, il m'a dit tant de bien de vous, m'a donné une idée si avantageuse de votre franchise et de votre loyauté que je ne crains pas d'avouer qu'il m'a chargé de vous demander la permission de le remplacer à mon tour chez vous. Cet arrangement, fait par deux amis, doit paraître un peu singulier, mais je ne prétends pas qu'il ait la moindre influence sur les dispositions que vous avez à prendre à cet égard. On pourrait loger chez vous un Français qui n'aurait pas l'honneur d'être présenté par un de vos amis, et je vous prie de croire que vous serez aussi satisfait de moi que vous l'avez été de D. Eduardo. » Quand j'eus fini mon discours, D. Tomaso appela sa fille aînée et lui dit : « Ce monsieur désire loger ici, qu'en penses-tu?—Faites comme vous jugerez à propos, vous êtes le maître, » répondit Séraphina, en rougissant. Son père alors me prit la main qu'il serra amicalement. « Voici l'appartement qu'habitait D. Eduardo, vous pouvez l'occuper à votre tour s'il vous convient. — Puisque mon père consent à vous loger, il est inutile d'aller chercher un billet, celui de D. Eduardo servira pour vous, seigneur chevalier, » ajouta Séraphina.—Je les remerciai l'un et l'autre, et me hâtai de sortir; mon rôle devenait de plus en plus difficile à jouer.

Je m'installai chez D. Tomaso Nuñez, et me trouvai si bien dans cette maison que je n'en sortis que le jour de mon départ de Séville.

Je m'étais si bien amusé à la *velada* de la Saint-Jean que je courais à toutes les *veladas*. Séraphina et Dolorès craignaient de se compromettre en sortant avec un Français, je les accompagnais rarement à la *velada*. Un soir, pourtant, elles me prièrent de les y conduire ; c'était près de la cathédrale que se trouvait le rassemblement. Nous sortîmes trop tard, la fête était finie ; avant de rentrer à la maison, les deux sœurs voulurent profiter d'un moment de liberté pris à la dérobée, et nous nous dirigeâmes vers la *Alameda*. La nuit était superbe, et la lune promenait son disque argenté sur un ciel sans nuages. Arrivés au milieu de la *Alameda* nous passâmes à côté d'un groupe de soldats espagnols au service du roi Joseph. Ils étaient armés de sabres de cavalerie et n'avaient pas d'uniforme, je m'aperçus qu'ils regardaient attentivement les deux demoiselles que j'accompagnais, ils nous laissèrent passer. Un instant après j'entends courir, et je vois que ces soldats se dispersent ; la promenade était déserte et je fus alarmé pour les deux sœurs qui de leur côté n'étaient pas très rassurées. Je tirai mon épée, et nous marchâmes sur le palais de l'Inquisition où nous devions trouver un corps-de-garde français. Nous en étions encore assez éloignés, lorsque quatre de ces bandits arrivent sur nous en même temps, un devant, un derrière, un de chaque côté. Sans m'inquiéter de ce que pourraient faire les autres, je fondis sur celui qui se présentait devant moi, il ne m'attendit pas et fit un signe à ses compagnons qui disparurent aussi. Est-ce la vue d'une épée nue ou d'une cocarde française qui les mit en fuite ? Est-ce la crainte du secours que le corps-de-garde pouvait nous envoyer ? Je n'en sais rien. Dolorès et Séraphina me serraient de toutes leurs forces, elles craignaient d'être enlevées par ces brigands; le danger passé, je les fis asseoir sur un banc, elles reprirent haleine, je les ramenai tremblantes dans leur maison, et de long-temps elles n'eurent plus la fantaisie d'aller courir les *veladas*.

J'étais depuis un an chez D. Tomaso Nuñez, lorsque des circonstances peu favorables pour l'armée nous firent craindre une retraite. J'achetai un cheval, et fis comme les autres mes préparatifs pour me mettre en route. Ce fut encore une fausse alarme, nos troupes reprirent leurs positions, et nous restâmes à Séville jusqu'à nouvel ordre et dans le repos le plus parfait. Peu de temps après, la division du général Godinot, qui était alors avec nous, se disposa pour aller à l'encontre de l'armée de Ballesteros. Notre chef n'en fut averti que la veille, il fallait qu'un pharmacien suivît cette division ; à cette époque j'étais à peu près le seul qui fût monté, on jeta les yeux sur moi, et le 23 septembre 1811, à sept heures du soir, je reçus l'ordre de marcher avec la division, le 24 au point du jour. Je maudissais mon cheval qui me valait cette corvée, à mon retour je lui en aurais volontiers témoigné ma reconnaissance. Je n'avais que quelques heures pour faire mes préparatifs de départ, je m'occupai d'abord de mon service, et le reste du temps dont je pouvais disposer fut consacré à de tendres adieux.

Le 24 septembre je partis avec la division, et nous allâmes coucher à Utrera, le 25 à Bornos, le 26 au bivac à la venta *del Prado del Rey*, le 27 au bivac à une lieue de Ubrique. Comme le général n'avait pas l'intention d'aller plus loin avant d'avoir réuni tout son monde, nous retournâmes sur nos pas et nous arrivâmes à Bornos le 29, par le même chemin.

CHAPITRE XXXV.

Les amans de Bornos. — Je forme le projet de les marier. — Prise de Saint-Roch. — Retraite, orage épouvantable — Mariage, noces, dot. — Utrera. — La comète. — Retour à Séville. — Mort du général Godinot.

Nous n'étions en campagne que depuis quelques jours, et nous avions déjà des malades et des blessés en assez grand nombre pour songer à leur préparer un petit hôpital. J'allai visiter une vieille maison que l'on avait désignée pour cela, je parcourus la moitié de ce vaste édifice sans rencontrer ame qui vive. Un autre soin m'occupait en même temps, je voulais allumer un cigarito et je cherchais du feu. Après avoir traversé plusieurs salles et suivi de longs corridors, je vis sortir de la fumée d'une fenêtre du rez-de-chaussée, je descendis pour aller à la découverte du feu qu'elle me signalait. Guidé par la fumée, j'entre dans un petit réduit obscur, où trois tisons de bois vert, mal allumés servaient à faire bouillir une modeste *olla*. Près de la cheminée était une jeune fille jolie comme les amours, je lui demandai du feu, elle s'empressa de m'en donner avec une grace charmante. C'était la première personne que je trouvais dans la maison, et cette heureuse rencontre me dédommageait pleinement de la peine que j'avais prise en parcourant ce labyrinthe. L'occasion serait belle pour faire un petit appel à la mythologie, mais Ariane, le minotaure, les amours épiques de Pasiphaé, qui se passionna pour un quadrupède cornu, les œufs de Léda, les calembours de Polyphême, le cheval de Troie, et tant d'autres drôleries éminemment classiques, ne sont plus de mode. On sait bien que je sortirai de ce vieux manoir sans avoir recours au fil de l'amante de Thésée, de Bacchus et de beaucoup d'autres, que le burin discret de Clio n'a point enregistrés. On sait aussi qu'un chevalier français aime à jaser avec une jolie fille, je suis causeur de ma nature, et sans être de la force de l'heureux rival de Joconde, j'aime à faire ma partie lorsque l'occasion se présente galamment.

Après avoir obtenu les renseignemens que je venais prendre sur les lieux, et qui étaient l'objet de ma visite domiciliaire, je demande à la belle inconnue,

<blockquote>Quel est son nom, son rang, son pays et ses dieux?</blockquote>

Elle répond naïvement à toutes ces questions, et la conversation arrive sans effort au sujet qui plaît le plus aux jeunes personnes, nous parlons d'amour.

Eh quoi! déjà vous lui contez fleurette! — Ami lecteur, ne vous alarmez pas, faites attention à ce que je viens de vous dire, *nous parlons d'amour* ne signifie pas la même chose que *je lui parlai d'amour*. — « Gentille Antonia, vous avez sans doute un amant, vous êtes jeune et jolie, il est permis de croire.... — Oh! non, seigneur chevalier, je n'en ai point. — Vous riez et vous rougissez!.... pourquoi ne pas dire la vérité? Allons, un peu de franchise, avouez que vous avez un amant, c'est la chose du monde la plus simple et la plus naturelle, et vous ne devez pas m'en faire un mystère; nous sommes seuls et vous pouvez compter sur ma discrétion. — Eh bien, puisque vous le voulez, je vous fais l'aveu que j'ai un amant. — A merveille, c'est ainsi que l'on parle à ses amis, la sincérité me plaît infiniment. Cet amant vous chérit, vous adore! — Oui, seigneur chevalier, du moins il me le dit. — Il est payé du plus tendre retour? — Sans doute. — Et votre mariage va se conclure bientôt? — Je le voudrais bien, mais.... — Est-ce que votre amant s'y refuse?

— Au contraire, il le désire autant que moi, ce sont mes parens qui ne veulent pas donner leur consentement à ce mariage. — Peut-être n'ont-ils pas tout à fait tort; si l'époux que vous avez choisi ne leur convient point, s'il a des défauts graves et n'a point de fortune, leur opposition se trouve justifiée. Il faut examiner l'affaire, je ne suis pas de ces imprudens qui pensent que les amoureux ont toujours raison, et que deux cœurs sensibles, unis par les liens d'une tendresse à toute épreuve, ne doivent être arrêtés par aucun obstacle. L'autorité des parens est trop respectable.... Mais, allons au fait, et contez-moi votre histoire sans omettre les détails qui présentent quelque intérêt.

—«Diégo, c'est le nom de mon amoureux, est un jeune homme de bonne façon, il n'a pas plus de défauts qu'un autre, et s'il ne peut me donner que son cœur, je ne puis à mon tour en offrir davantage à mon mari. — Jusque-là point d'inconvénient, vous n'avez rien ni l'un ni l'autre; ce n'est pas un mariage disproportionné; sur quels motifs vos parens fondent-ils leur opposition? — Mon père est savetier, il exerce un état qu'il peut faire valoir dans toutes les saisons; Diégo travaille à la terre et gagne de bonnes journées quand il fait beau, mais il est obligé de rester les bras croisés toutes les fois qu'il pleut. Diégo fume, mon père qui ne fume point, et ne peut supporter l'odeur du tabac, craint de me rendre malheureuse en me donnant un époux oisif les jours de pluie, et qui serait pour lui un voisin très incommode à cause des nombreux cigaritos qu'il fumerait, cigaritos dont le prix augmenterait considérablement notre dépense. Voilà, seigneur chevalier, les raisons.... — Que voulez-vous ? que faites-vous ici ? qu'avez-vous à dire à ma fille ? » — Ces questions, adressées d'un ton sec et grondeur, interrompent notre conversation, et la mère d'Antonia me témoigne un peu durement la surprise qu'elle vient d'éprouver en me trouvant tête-à-tête avec sa fille dans le lieu le plus obscur et le plus retiré de la maison.

Dans le fait, je n'avais eu d'autre but en adressant la parole à Antonia, que de passer le temps et de jouer mon rôle de musard avec un peu d'agrément, en faisant jaser la jolie Espagnole. Mais ses réponses naïves, la franchise de ses aveux, sa beauté, sa candeur, son innocence me touchèrent vivement ; la situation de ces jeunes amans, les vœux qu'ils formaient pour être unis par les nœuds sacrés de l'hymen, m'inspirèrent l'intérêt le plus tendre. J'étais trop jeune alors pour faire le docteur; mais une poignée de cheveux blancs que les horreurs de la misère avaient jetée sur mon front, me donnaient l'air d'un homme respectable, quand il me plaisait d'en prendre le ton.

Je répondis solennellement à la mère d'Antonia. « C'est le hasard qui m'a conduit ici, j'y suis venu pour chercher du feu ; maintenant un projet important m'occupe ; je me suis mis dans la tête de marier votre fille. — Je trouve bien singulier que vous vouliez vous mêler de nos affaires qui ne vous regardent en aucune manière. — Vous vous trompez maman, cela me regarde puisque je m'intéresse beaucoup à l'aimable Antonia. Votre fille aime Diégo, elle en est aimée ; elle ne possède rien, Diégo n'est pas plus fortuné ; votre mari est savetier, celui d'Antonia sera laboureur, et vous ne voulez pas marier ces jeunes gens parce que Diégo fume et qu'il pleut souvent en hiver. Je suis au fait de tout, vous le voyez. — J'en conviens, d'où tenez-vous cela ? — De quelqu'un qui le sait aussi bien que vous, et j'arrivais tout exprès pour vous demander votre consentement à ce mariage ; me l'accordez-vous ? — Non, je ne veux pas que ma fille soit malheureuse. — Le mariage a-t-il causé votre malheur ? — Non, sans doute,

Dieu me préserve de le croire! Mais... les temps sont durs... les circonstances ne sont pas les mêmes. Ce n'est plus comme autrefois....—Les temps sont toujours bons pour se marier quand on s'aime; si votre mère eût refusé de vous donner un époux, vous auriez enragé de tout votre cœur; ainsi brisons là, dites oui, c'est le parti le plus sage.—Je suis de votre avis et j'accorde volontiers mon consentement; mais il ne suffit pas, celui de son père sera plus difficile à obtenir, et vous ne triompherez point de son obstination. Il ne veut pas absolument, il ne veut pas, il l'a mis dans sa tête, il n'en démordra pas.—Ah! ah! il ne veut pas! Où donc est-il ce père rebelle injuste et barbare, ce tigre nourri dans les déserts brûlans de la Lybie?—Non, seigneur chevalier, mon mari n'est pas un tigre, mais un âne, un mulet pour l'opiniâtreté. —Il faut que je le voie, il faut que je lui parle. —Vous le trouverez là-haut dans son atelier. »

Je monte un petit escalier, véritable casse-cou, je me cramponne à la corde et j'arrive chez le savetier; Antonia me suit et s'arrête à la porte. Jamais plus grotesque figure ne s'est offerte à mes yeux; Tiercelin aurait envié ma bonne fortune; cet original pouvait lui fournir le modèle d'une caricature bien précieuse pour la scène des *Va-*

riétés. Je me présente devant le savetier père noble ou tyran domestique, je le salue, il quitte ses lunettes et son bonnet; je lui fais ma demande en termes honnêtes et ne puis rien obtenir. Je l'appuie de toute sorte d'argumens, et ne suis pas plus avancé. C'est vainement que j'ai recours aux prières, aux supplications; chef de l'hôpital militaire, dont il n'est que le portier, je prends le ton de l'autorité, même rigueur et même désappointement. Enfin, je ne puis tirer autre chose de ce rustre, que: « Seigneur, mêlez-vous de vos affai-« res, cela ne vous regarde pas, je suis le maître « ici; laissez-moi pour deux liards de paix, » ou l'équivalent en termes moins honnêtes.

Je me retire fort mécontent du papa savetier; la pauvre petite avait tout entendu, elle se désolait. Je m'empressai de la consoler en lui faisant espérer que les démarches de sa mère produiraient un résultat plus satisfaisant.«—N'en croyez rien, je connais mon mari; rien ne saurait le faire changer d'avis, il est ainsi bâti.—Votre consentement ne peut donc pas suffire?—Non, seigneur chevalier.—Je prendrai patience deux ans encore, dit Antonia; après ce terme, je serai parfaitement libre de me marier.—Pourquoi donc? — Dans deux ans, je serai majeure.—Et, dans ce pays-ci, quand on est majeur, on peut donc se marier malgré ses parens? — Oui sans doute. — N'y aurait-il aucun moyen d'arranger cela maintenant, sans attendre deux ans encore? — On le peut, mais en obtenant des licences, cela coûte fort cher; Ah! si Diégo n'était pas si pauvre! s'il avait de l'argent, comme nous serions heureux!—Et combien croyez-vous que ces licences puissent coûter? — Ah! seigneur il n'y faut pas songer; leur prix est énorme, je n'aurai jamais une aussi forte somme à ma disposition, il est donc inutile de s'en occuper. — Mais enfin, combien faudrait-il? — Cent réaux, seigneur chevalier, cent réaux, cinq piastres!—Comment ce n'est que cela? pour cent réaux vous pouvez être heureux? Parbleu je les donne; j'ai dit que je voulais vous marier, je tiendrai ma parole en dépit du mauvais succès de mes négociations. Où donc est Diégo? —A quatre pas d'ici.—Qu'on aille le chercher, je veux lui parler à l'instant. »

La mère court au domicile du galant et me l'amène. Gros, gaillard, bien planté, l'œil vif, noir comme un demi-africain, Diégo arrive tout essoufflé, tenant à la main son chapeau. Il ne savait comment me témoigner sa joie et sa reconnaissance; il riait, se grattait la tête, et tournait les yeux de temps en temps sur Antonia dont la figure expressive et charmante rayonnait de bonheur.—« Mon ami, tu sais déjà que j'ai résolu de te marier ; ta belle-mère y consent ; je n'ai pu décider son mari à t'accepter pour gendre, mais puisque cent réaux peuvent rendre inutile ce consentement qui nous est refusé avec tant d'obstination, voilà cinq piastres que je remets à ta future Antonia pour payer les licences. Tu feras toi-même les démarches nécessaires pour les obtenir, ne néglige rien pour terminer cette affaire le plus tôt possible, parce que je veux assister à la noce, et notre séjour à Bornos ne doit pas être long. »

Diégo transporté me serra la main de manière à me faire crier; Antonia m'aurait sauté au cou si son futur n'avait pas été là, sa mère se joignit au couple amoureux pour me remercier ; elle me baisa la main, et quelques larmes vinrent encore humecter ses joues desséchées par l'âge et par le travail. J'étais confus, en vérité, des marques de reconnaissance que me prodiguaient ces bonnes gens ; immobile au milieu d'eux, j'éprouvais un plaisir que je ne saurais décrire. Je m'attendris comme eux, des larmes coulèrent de mes yeux et nous pleurâmes tous. Quand cette première explosion de sentiment fut calmée, je pris congé de tout le monde pour regagner mon logement. Comme on dort bien quand on a fait une bonne action! Avec quelle satisfaction je me rappelais la joie et les transports de ceux que je venais d'obliger à si peu de frais! En pareil cas, l'amour-propre est toujours plus ou moins intéressé; l'homme est le même partout. En faisant une juste compensation, je crois que la somme des jouissances est plus grande pour celui qui donne que pour celui qui reçoit.

Je retournai chez Antonia le lendemain; elle m'apprit que Diégo travaillait pour obtenir les licences; qu'il était probable qu'elles ne seraient pas expédiées promptement; mais qu'elle espérait cependant que son mariage se célébrerait avant mon départ, et que je lui ferais l'honneur d'assister à la cérémonie. Je le lui promis, et tous les jours je m'informais du résultat des démarches de Diégo; les affaires ne marchent pas vite à Bornos, rien n'était terminé lorsque notre division se remit en route pour aller en avant. Je fis mes adieux aux futurs, je les engageai à redoubler d'activité pour avoir ces heureuses licences, en leur disant qu'à mon retour je voulais les trouver mariés.

Nous partîmes de Bornos le 10 octobre, et le

14, au milieu de la journée, la division était sous les murs de Saint-Roch; cette ville est bâtie sur une élévation, à un quart de lieue de la mer, à deux lieues environ de Gibraltar. Ballesteros s'était réfugié sous les batteries de cette forteresse et n'avait laissé à Saint-Roch qu'une partie de sa cavalerie pour protéger la retraite de cette armée espagnole. On se battit avant d'entrer dans la ville, l'escarmouche fut légère, et la cavalerie nous livra bientôt le passage.

Le général Rignoux, blessé devant Ubrique, avait l'œil gauche crevé par une balle; on le logea à Saint-Roch, dans la seule maison qui fût encore habitée. C'était un café, le maître avait pris la fuite, ses garçons eurent le courage de nous attendre; on ne leur fit aucun mal, comme chacun le pense bien. Les femmes, les vieillards, s'étaient enfermés dans l'église; ils furent invités à rentrer dans leurs maisons que l'on respecta. Mais le général Godinot ne put empêcher que les habitations abandonnées ne fussent pillées, et la ville était à-peu-près déserte. Le soldat brise les portes sous le prétexte de se procurer des vivres ou de l'avoine pour son cheval; en cherchant des vivres il s'empare de tout ce qu'il trouve à sa convenance, et ces messieurs ne sont pas difficiles.

Si les habitans de Saint-Roch étaient restés à leur poste, la plupart des maisons n'auraient pas été saccagées, brûlées ou démolies ; mais Ballesteros les avait forcés à le suivre afin de faire piller la ville et d'augmenter ainsi la haine des habitans contre les Français.

Tous les officiers de santé furent placés aux entours du café où l'on avait déposé le général blessé, nous lui donnions ainsi des soins plus assidus et plus prompts. On me logea avec un chirurgien allemand, M. Roesler, dans une belle maison voisine du café; nous n'y trouvâmes d'autres habitans que trois serins de Canarie, dans leurs cages ; ces petits citoyens ailés avaient droit à notre assistance ; comme il n'y avait pas de graine dans la maison, j'allai en chercher, non sans peine, dans la ville et je nourris la petite famille abandonnée. En partant j'attachai à l'une des cages ce billet adressé au maître du logis. « Vous avez eu tort « de fuir devant nous ; si vous étiez restés, on ne « vous aurait pas traités plus mal que les serins. »

Notre armée ne pouvait poursuivre l'ennemi jusque sous le canon de Gibraltar, elle s'arrêta et prit des positions à l'ancien camp de St-Roch. Placés à un quart de lieue de Gibraltar, de ce rocher fameux, limite de l'univers antique, dont la cime se perd dans les nues et les pieds sont baignés par l'Océan et la Méditerranée, nous pouvions voir les côtes d'Afrique et distinguer même les villes qui sont sur les bords de la mer.

Cette expédition n'eut aucun succès, et nous décampâmes six jours après. Des personnes, qui prétendaient être bien instruites, me dirent que l'intrépide colonel du 12e d'infanterie légère avait demandé la permission de faire, avec son régiment, un houra sur l'armée espagnole, en répondant de la réussite de son entreprise, et que le général Godinot s'y était opposé. Quoi qu'il en soit nous nous retirâmes sans avoir attaqué Ballesteros, qui nous poursuivit à son tour quand nous eûmes quitté le camp de St-Roch. Quelques hommes de notre arrière-garde furent tués ou tombèrent entre les mains de l'ennemi. En repassant devant Ubrique, le général Godinot envoya des compagnies contre les partisans qui nous avaient harcelés dix jours auparavant. Le village était abandonné, la guérilla embusquée derrière des rochers tirait sur nos gens qui ne pouvaient l'atteindre.

Le 22 l'armée coucha au bivac à une lieue d'Ubrique, au même endroit où elle s'était arrêtée le 11; nous y arrivâmes pendant la nuit, que des nuages noirs rendaient très obscure, des éclairs éblouissans brillaient de temps en temps sur l'horizon. Je me dirigeai vers l'arbre sous lequel j'avais déjà passé une nuit; comme les nuages s'avançaient, je me hâtai d'attacher mon cheval et me couchai sous une couverture. J'avais à peine terminé ces petites dispositions, que l'orage le plus terrible que j'aie jamais vu fondit sur nous. Malgré le bruit du tonnerre qui retentissait dans les montagnes avec un épouvantable fracas; malgré la pluie et la grêle qui me tombaient sur le corps, je dormis une bonne partie de la nuit, tant j'étais fatigué.

La division se remit en route le 23 au point du jour, il était facile de pousser jusqu'à Bornos; mais le général nous fit bivouaquer à la *venta del Prado del Rey*, pour donner aux habitans de Bornos le temps de nous préparer des vivres, et prévenir ainsi la maraude, le pillage et les autres désordres que le soldat commet sous le prétexte de chercher du pain. Le lendemain, à deux heures après-midi, nous étions à Bornos.

En approchant de la ville j'aperçus Diégo qui venait à ma rencontre, sa figure épanouie m'annonça que ses affaires étaient en bon train. — « Eh bien l'ami, à quoi en sommes-nous? —

Tout va bien, seigneur chevalier.—Et ces licences?—Je ne les ai pas.—Comment tu ne les as point encore?—Pas si bête! Le beau-père s'est exécuté, il a donné un consentement dont on se serait passé, et par ce moyen les cent réaux destinés aux licences ont servi pour acheter l'habit de noces d'Antonia.—C'est à merveille! Ce beau-père-là ne raisonne pas mal, et ce trait me raccommode avec lui.—Nous nous marions demain, et vous assisterez à la cérémonie. » Le brave Diégo ne se sentait pas de joie; il prit mon cheval par la bride et me conduisit au logement que j'avais occupé déjà.

Mes premiers soins furent pour mon cheval, on doit toujours commencer par là quand on est en voyage. Je me rendis ensuite chez Antonia, Diégo ne m'avait pas quitté, on me reçut comme un ami que l'on attend avec impatience. La belle fiancée me répéta ce que je savais déjà, et m'invita de nouveau pour le lendemain.—«Je le voudrais de tout mon cœur, mes bons amis, leur dis-je, mais c'est impossible, vous vous mariez demain au soir, et la division part demain avant l'aurore. La route de Séville n'est pas sûre, il serait imprudent de marcher en arrière.—Restez, je vous en prie! me dit la mère, restez, je vous le demande en grace! reprit Antonia; restez, je vous en conjure! poursuivit Diégo. Votre division ne va pas se battre, elle peut se passer de vous, elle rentre à Séville où vous la rejoindrez toujours assez tôt. Que les dangers de la route ne vous alarment pas; à défaut d'escorte française, je rassemblerai une douzaine de braves paysans et nous vous accompagnerons. Restez, seigneur chevalier, restez, nous vous en supplions !

« Ce que vous me dites mon cher Diégo prouve que votre cœur est sensible et reconnaissant, augmente mes regrets et ne saurait changer ma résolution. On m'attend à Séville, et ma fiancée, car j'en ai une aussi, compte les instans que je passe loin d'elle et que votre amitié me fait trouver agréables. Cependant, il me semble que l'on pourrait s'arranger de manière à concilier vos intérêts et les miens; allons chez M. le curé. » Diégo m'y conduit, la servante nous dit qu'il était sorti; je renvoie mon guide et je profite de ce moment perdu pour aller voir si mon hôtesse me préparait un bon soupé, c'est un point essentiel qu'il ne faut pas négliger.

Deux heures après je reviens chez le curé, je le trouve occupé des soins de son ménage, secouant la poussière d'un bon nombre de vieilles bouteilles de vin de Xérès qu'il destinait aux commensaux français qui lui avaient été départis. Le curé de Bornos était en vénération dans tout le pays, respectable ecclésiastique, remplissant ses devoirs avec un zèle, une piété vraiment apostoliques; c'était encore un homme aimable et d'une prévenance extrême, un homme tel qu'on en rencontre peu dans les royaumes d'Espagne. Je fais part à M. le curé de l'objet de ma visite, et je le prie d'avancer de vingt-quatre heures le bonheur des deux époux.—«La chose n'est pas impossible, me dit-il, bien que cela me contrarie beaucoup aujourd'hui. Je dois vous faire observer que les futurs époux n'ont pas veillé (1).—Eh bien, nous les ferons veiller ce soir pendant quelques instans, pour la forme.—J'ai quatre officiers logés chez moi, je ne puis pas décemment les quitter; il faut que je reste ici pour faire les honneurs de ma maison.—Cette difficulté sera bientôt levée. » J'entre dans la chambre de ces militaires, et je trouve quatre bons enfans du 12e régiment d'infanterie légère assis devant une table. Pendant

(1) La veille du mariage, on place les deux fiancés à genoux devant un autel, un cierge allumé dans la main, leurs têtes sont couvertes d'un même voile. Ils récitent des prières et restent dans cette position pendant un certain temps.

que le soupé se préparait, ils faisaient une partie de piquet voleur en vidant provisoirement quelques flacons de vin de Xérès.

«Messieurs, leur dis-je, M. le curé ne veut pas quitter sa maison dans la crainte de vous faire une impolitesse; au nom de deux jeunes gens que j'ai pris en amitié, et que je désire marier ce soir même, je viens vous prier de vouloir bien ne pas trouver mauvais que je vous enlève votre hôte respectable; c'est lui qui doit leur donner la bénédiction nuptiale. — Ah! ah! monsieur fait des mariages, dit un lieutenant, et la mariée est belle? — Comme un ange. — Serait-il indiscret de vous accompagner? — Non pas, venez messieurs, venez, vous serez bien reçus.» Et mes quatre officiers, laissant cartes et flacons, prennent sous le bras M. le curé pour l'accompagner à la noce.

Ce renfort de militaires effraya d'abord Antonia, mais la présence du curé la rassura sur-le-champ; elle devina facilement ce qui l'amenait ainsi que la société qui nous suivait. Tandis que l'on arrangeait l'autel les deux époux veillèrent, et M. le curé acheva de les confesser. Nous passâmes alors dans la cuisine, et nous fîmes tous les cinq, et presque en même temps, une remarque très judicieuse ; c'est qu'on ne voyait ni poêle, ni casserole, pas même une *olla* pour le repas de noces. Il est vrai que l'on ne savait pas que le mariage devait être célébré sur-le-champ. Et quand même ces braves gens auraient été prévenus huit jours à l'avance, ils étaient si pauvres ! si pauvres qu'ils n'auraient pas pu soigner mieux cet objet important. Il faut de l'argent pour faire un repas de noces quelque mince qu'il soit, et les espèces leur manquaient tout à fait.

>   Écoutez-moi, faites silence,
>   Et n'allez pas perdre un seul mot.
>   L'ordre donné, tout aussitôt
>   Qu'on obéisse en diligence.

J'avais mon quatuor de l'*Irato* dans la tête, ce fragment était bien disposé pour les bonnes cordes de ma voix, je l'entonnai victorieusement pour interpeller mes quatre compagnons et leur communiquer, après cet exorde musical, une idée lumineuse qui venait de scintiller sur le miroir de mon imaginative.

« Vous êtes quatre et vous avez chacun un domestique, *ergo* le soupé est préparé pour huit dans votre logement ; mais comme les rations ont été bonnes aujourd'hui, il est probable qu'il y a de quoi se repaître pour douze et largement encore. J'ai vu, de mes propres yeux vu M. le curé exhumer un nombre satisfaisant de bouteilles cachetées; le service du gobelet est donc assuré. Vous savez qu'ordinairement je commande pour quatre, je travaille depuis deux ans à balancer mon compte avec les Espagnols, et je n'ai pas encore pu rattraper ce qu'ils me doivent pour une période trop longue de jeûne et d'abstinence. J'ai demandé pour quatre, mon hôtesse a préparé pour six, c'est dans l'ordre. Réunissons nos deux soupés, faisons les apporter ici, et nous inviterons les mariés et leur famille à s'asseoir à table avec nous. » Accueillie avec enthousiasme, cette proposition fut adoptée à l'unanimité, et l'un des officiers se détacha pour aller chercher les provisions de bouche.

Les cérémonies préliminaires étant achevées, les époux marchèrent à l'autel, le père d'Antonia voulut absolument me céder ses droits, et c'est moi qui présentai sa fille à l'époux qu'elle avait choisi; ce que je fis avec une dignité vraiment patriarchale. Je donnai la main à Antonia, je la conduisis au pied de l'autel, et je lui servis de tuteur jusqu'au moment où elle prononça le *oui* qui devait unir sa destinée à celle de l'heureux Diégo. Tout le monde était encore à l'église et prêtait une oreille attentive au discours que M. le curé adressait aux nouveaux mariés, lorsque l'officier qui s'était chargé de meubler le buffet et la cantine me fit appeler. Il avait réuni les deux soupés, et prévoyant que la maison d'Antonia n'offrait de ressources d'aucune espèce, il avait pris aussi dans les deux logemens du linge de table et de la vaisselle de ménage, et même des flambeaux. Quatre domestiques chargés de provisions arrivent; en un instant la table est mise, et le repas servi.

Je retourne à la chapelle où des embrassades générales avaient succédé à la péroraison de la harangue nuptiale. J'embrassai la jolie mariée et ramenai Monsieur et Madame Diégo chez eux pour les introduire dans la salle du festin, c'est-à-dire, dans la cuisine. Je fredonnais en chemin un refrain de Cimarosa, que la conformité de la situation avec une scène du *Matrimonio segretto* me rappela.

Andiam, andiam a vedere
La gran tavola e il dessere.

Jamais repas, servi par les fées ou les sylphides, jamais banquet splendide, surgissant du sein de la terre, qu'un génie aérien vient de frapper avec sa magique baguette, ne produisirent un coup de théâtre plus merveilleux, une surprise plus grande, que notre soupé de noces impromptu. Ces bonnes gens furent ébahis, tombèrent des nues en voyant une table abondamment servie, ajustée avec une élégante propreté et resplendissante de lumière. Après un long *tutti* d'exclamations, on s'assit, une gaîté vive et charmante anima constamment la scène, on voyait l'expression du bonheur sur toutes les figures. Antonia, Diégo, mangeaient comme des affamés; ce qui me fit penser que beaucoup d'amour et l'appétit le plus déterminé peuvent s'accorder ensemble, bien que les personnes éminemment sensibles affirment le contraire.

Chacun se livrait avec une admirable activité à ses fonctions gastronomiques, et ce premier moment de silence qui sert d'introduction aux bons repas n'était pas encore à sa fin, quand on frappa à la porte, et nous vîmes entrer six autres officiers du même régiment. Ils avaient rencontré notre convoi nutritif, porté par quatre estafiers, il s'avançait avec une gravité majestueuse; le gigot rôti, de gousses d'ail lardé, sortant du four, l'odeur aromatique du bœuf à la mode, parfumaient les chemins et signalaient aux gourmets le passage de notre escouade. Les corbeilles pleines de comestibles étaient couvertes avec des serviettes, mais les bouteilles de Xérès trahissaient leur incognito, en alongeant le cou, en montrant leur cachet honorable, titre précieux de noblesse que chacun s'empresse de respecter. Un officier du 12ᵉ léger marchait en tête du convoi, les six camarades pensèrent qu'on leur faisait mystère d'une partie à laquelle on n'avait pas jugé à propos de les inviter. Piqués avec juste raison d'un procédé si blâmable, ils avaient épié, guetté de loin en loin nos gens, et quand ils jugèrent que l'on était en train, ils arrivèrent pour nous prendre en flagrant délit. On les reçut à merveille, on serra les rangs pour leur faire place, et le soupé, toujours suffisant, fut encore égayé par cet incident nouveau. Ces messieurs ne se doutaient pas que le hasard et la fumée les conduisaient à une noce villageoise.

Nous restâmes à table une partie de la nuit; la gaîté devint plus bruyante quand on servit le dessert, car nous avions des fruits, des sucreries, des gâteaux, et ces bagatelles s'alliaient fort bien avec la tintilla de Rota que les nouveaux venus envoyèrent chercher, afin de fournir aussi leur mise de fonds. Les tonadilles espagnoles se mêlaient aux chansons françaises, on faisait chorus et les coryphées n'oublièrent jamais que M. le curé siégeait parmi nous. J'étais le grand-maître des cérémonies et j'occupais la place d'honneur. Comme j'avais négocié le mariage et que tous les étrangers qui s'y trouvaient réunis s'étaient présentés sous mes auspices, on ne faisait rien sans me consulter : si je parlais chacun gardait un respectueux silence, et mes avis étaient des lois.

Lorsque le moment de nous séparer fut arrivé, chacun se disposait à partir, j'adressai aux convives que j'avais amenés et aux six autres qui étaient venus à la noce *sponte suâ*, guidés par l'odeur du rôti, cette brève allocution : « Messieurs,
« nous avons passé une soirée charmante ; en
« nous abreuvant de l'excellent vin qui croît sur
« les côteaux brûlés de Xérès et de Rota, liqueur
« précieuse et fortifiante qui attend un nouvel
« Horace pour être célébrée et placée bien au-
« dessus du Falerne et du Cécube ; en vidant la
« coupe de l'hospitalité, nous avons fait le bon-
« heur de deux jeunes gens estimables. Ce souper
« impromptu, que l'esprit et la gaîté la plus fran-
« che ont assaisonné de leurs charmes, est celui
« que nous aurions mangé chez nous. Le traiteur
« ne viendra pas nous présenter sa carte traî-

« tresse. Je sais bien que chacun de vous s'em-
« presserait de faire honneur à la dette de son
« estomac, peut-être même un seul solliciterait
« la faveur d'acquitter le total. Ce traiteur dont
« personne ici ne redouterait la présence, ne
« viendra point. Maintenant, supposons que nous
« avons fait un repas solennel chez le plus fa-
« meux restaurateur de Séville, supposons en-
« core qu'en sortant de chez lui, nous sommes
« allés nous asseoir dans le salon de son voisin le
« limonadier pour y prendre le café, la liqueur,
« les fruits à l'eau-de-vie, le punch, le vin chaud
« comme cela se pratique en pareille circons-
« tance. — Assez causé, s'écrie le capitaine Kief-
« fer, nous savons le mot de l'énigme, bien
« qu'elle soit un peu longue. » Le capitaine a
déjà pris son schakot, il le présente à chacun de
nous après y avoir déposé trois piastres, nous
suivons tous son exemple et mes leçons. Vingt-
six piastres tombées dans le schakot passent par
mes mains et je donne cette somme au brave
Diégo en lui recommandant de l'administrer en
bon père de famille. Il fut encore résolu que chacun en rentrant chez soi dirait que les plats et
les assiettes avaient été brisés, ferait l'offre d'en
payer la valeur, et que ces ustensiles seraient lais-

sés aux jeunes mariés pour monter leur ménage.

Je n'entreprendrai point de peindre les transports de joie, de bonheur, de reconnaissance de Diégo et d'Antonia ; il est plus facile de les concevoir que de les exprimer.

Notre mission était finie, et nous nous séparâmes après avoir souhaité une bonne nuit aux époux fortunés. J'avais fait une longue route, je devais me remettre en marche dans quelques heures, j'étais abîmé de fatigue, et cependant je ne pouvais, je ne voulais pas m'endormir. Le parfait contentement de Diégo et d'Antonia se présentait sans cesse à mon imagination. J'étais satisfait ; pour la première fois je formai le désir de me voir possesseur d'une grande fortune. Quelle source inépuisable de jouissances ! on peut faire des heureux à si bon marché !

Le bruit du tambour m'annonça l'instant du départ, il n'était pas encore jour. Je me lève, je vais seller mon coursier et lui donner l'avoine, j'ouvre la porte et je trouve les deux époux qui m'attendaient pour me faire leurs adieux. Je fus étonné de les voir dans la rue de si bon matin, ils me chargèrent de souhaits et de bénédictions et voulurent absolument me conduire jusqu'à une certaine distance. Je marchai avec eux tenant mon cheval en laisse, jusqu'à une chapelle située à droite de la route, à une demi-lieue de Bornos. Diégo et sa femme y entrèrent pour remercier Dieu et le prier pour moi, j'étais prêt à les suivre quand je m'aperçus que l'arrière-garde était déjà loin; un plus long retard pouvait m'être funeste, je fis mes adieux aux mariés. « Vivez en paix, *pax vobis*, leur dis-je, conservez-moi toujours une place dans votre cœur, et soyez persuadé que je ne me rappellerai jamais sans attendrissement qu'il existe à Bornos un couple heureux qui pourra quelquefois se souvenir, sans gémir, du passage d'une division française. » Je monte en selle, je vais partir.... Antonia qui s'était concertée avec son mari s'approche avec rapidité et surmontant enfin la timidité qui l'avait retenue jusqu'à ce moment décisif, elle me dit : « Seigneur chevalier, encore une grâce ! Quel est votre nom de baptême ? — Sébastien. — D. Sebastian, nous vous prions de permettre que notre premier enfant, si le ciel nous en accorde, porte votre nom, ce sera pour nous une bien douce satisfaction. — Avec grand plaisir mes amis, faites un Sébastien même une Sébastienne. » A ces mots, je piquai des deux, mon cheval prit le galop et je rejoignis la division.

Nous vînmes coucher à Utrera, où je fus logé

chez le curé. Je laisse à penser dans quel embarras se trouvent les habitans d'un village lorsqu'ils sont obligés d'héberger six mille hommes. Le curé ne savait où donner de la tête, il fallait qu'il s'occupât des Français logés chez lui, et qu'il se dérangeât à tout moment pour répondre à ses paroissiens qui venaient lui demander des conseils. Parmi ces importuns je remarquai une députation de la confrérie du rosaire, elle venait prendre les ordres du curé relativement à la procession du soir et le conjurer de donner une décision définitive qui réglât la conduite que les confrères devaient tenir. Fera-t-on la procession, ou bien ne la fera-t-on pas? Telle était la question que les députés adressaient depuis un quart-d'heure au curé, en le poursuivant dans tous les lieux où cet ecclésiastique se portait pour donner des ordres et faire les dispositions nécessaires afin de placer convenablement ses hôtes nombreux. Impatienté par la foule d'importuns qui l'avait déjà obsédé, le curé renvoya la députation du rosaire en lui disant brusquement « *ahora non se puede, no somos los amos*, à présent cela ne se peut pas, nous ne sommes pas les maîtres. » Les confrères désappointés restèrent quelque temps devant la porte, et je les entendis marmotter entre leurs dents : *Jésus* et *car...*, leur jurement favori.

La comète de 1811 se montrait sur l'horizon depuis quelques jours, ils l'aperçurent et ce phénomène devint l'objet de leurs observations ; les raisonnemens des six paysans d'Utrera sur cet astre nouveau étaient fort curieux et je pris plaisir à les entendre. Les plus habiles finirent par persuader à leurs compagnons que la comète annonçait la guerre. M. le curé, qui jusqu'alors avait écouté ces rustres sans rien dire, ne put contenir plus long-temps son impatience. « Il faut « convenir, leur dit-il, que si la comète annonce « la guerre, c'est une prédiction qui arrive un « peu tard. »

Le 26, nous partimes d'Utrera pour rentrer à Séville ; long-temps avant d'y arriver nous aperçûmes la fameuse *Giralda;* je tressaillis en la voyant comme le passager qui retrouve le clocher de son village après avoir parcouru des plages lointaines. J'étais un Sévillan tout à fait naturalisé grace à l'aimable Dolorès. Don Quichotte se proposait de venir exprès à Séville pour défier la *Giralda*, girouette ; un bretteur déterminé fit mieux encore, il se rendit à Marseille pour combattre à outrance et se mesurer corps à corps, nez à nez avec le terrible *Passe-rès*, l'effroi des imprudens qui s'aventurent à courir les rues pendant la nuit. Mais *Passe-rès* se moqua de la flamberge du matamore, et le champ de bataille lui resta.

Le lendemain de notre arrivée à Séville, je me présentai chez le général Godinot pour lui faire une visite; on m'annonça qu'il s'était donné la mort pendant la nuit. Le bruit courut que le duc de Dalmatie major-général de l'armée d'Andalousie lui avait adressé de violens reproches sur le peu de succès de l'expédition de Saint-Roch, et que le général Godinot, très susceptible sur ce qui touchait à l'honneur, ne voulant pas survivre à cette disgrace, s'était brûlé la cervelle avec un pistolet.

C'est à mon cheval que je devais la course que je venais de faire; comme je craignais qu'il ne me procurât de temps en temps de semblables corvées, moins agréables sans doute, puisqu'on ne rencontre pas tous les jours des fiancées à marier, je vendis mon quadrupède andalou, à moitié prix, et ce fut encore une bonne affaire. Je ne redoutais pas les expéditions militaires, j'aimais à voir de nouveaux pays, mais le séjour de Séville avait encore plus de charmes pour moi.

CHAPITRE XXXVI.

Siége de Badajoz. — Représailles des échappés du ponton. — Escadron des dévoués. — Classement du personnel d'une armée. — Menaces des guérillas. — Nous allons occuper le fort de la Chartreuse. — Fausse alerte. — Badajoz est repris. — Bataille des Arapiles. — Retraite d'Andalousie. — D. Cayetano se prépare à nous suivre.

Au commencement du mois d'avril 1812, les Anglais vinrent assiéger Badajoz; le duc de Dalmatie réunit les troupes que nous avions à Séville, dans les environs, et marcha vers l'ennemi. Les deux armées se rencontrèrent près d'Albuera, on se battit avec acharnement; l'action fut meurtrière de part et d'autre; comme à Talavera, chacun s'attribua la victoire. Ces batailles, que chacun croit avoir gagnées, sont quelquefois perdues pour les deux partis et ne donnent pour résultat qu'un champ couvert de morts et de blessés. Ce champ qui resta en notre pouvoir aurait suffi pour constater notre victoire, si les Anglais ne nous avaient cédé la place en levant le siége de Badajoz. Le général Philippon, qui commandait la ville, acquit une gloire immortelle en la défendant; toute la garnison fit des prodiges de valeur. Manuel d'Avignon, lieutenant au 34ᵉ de ligne, se porta sur la brèche avec ses grenadiers et repoussa l'ennemi ; c'est là que ce jeune et brave officier gagna la décoration qu'il ne reçut que trois ans après (1).

Pendant le siége de Badajoz, les non combattans voulurent partager les travaux et la gloire des soldats de la garnison. Ils formèrent un escadron que l'on appela *les dévoués* ; organisé militaire-

(1) Lorsque l'armée française s'empara de Badajoz, qui fut pris et repris trois fois pendant cette guerre, des traits de bravoure et d'une incroyable témérité signalèrent ce siége; ils sont trop nombreux pour que je puisse les rapporter ici, je me bornerai à citer parmi tant de braves l'intrépide Foucault, sergent, qui monta le premier à la brèche. Quatorze cents Anglais faisaient partie de la garnison, ils n'eurent pas le temps de s'enfermer dans la citadelle et se réfugièrent dans une église. Nos soldats les poursuivirent, et dans leurs rangs se trouvait un bon nombre de mes compagnons mitraillés si indignement sur le ponton *l'Argonaute* par l'escadre anglaise. La porte de l'église fut brisée, les réfugiés demandèrent quartier, nos soldats furieux le refusèrent et les quatorze cents Anglais furent mis à mort. « Voilà pour *l'Argonaute*, « disaient-ils en frappant les Anglais, vous avez été pour nous « sans pitié, vous ne méritez point de grace. » La garnison espagnole fut traitée avec douceur et la ville livrée au pillage pendant trois jours; sa résistance avait été si vigoureuse et l'assaut si meurtrier que les chefs ne purent pas préserver Badajoz de la fureur du soldat.

ment, cet escadron se composait des officiers de santé et des employés de tous les genres. Cette troupe rendit les plus grands services, et le général Philippon n'en parlait qu'avec éloge. Quand les Anglais eurent levé le siége, le duc de Dalmatie alla reconnaître la place, y fit entrer des vivres et renouvela une partie de la garnison. En passant la revue des intrépides défenseurs de Badajoz, le duc fut très surpris de voir une troupe de cavaliers dont il ne connaissait pas l'uniforme ; on lui dit que c'était l'escadron des *dévoués*. A ce mot le major général fait un signe de tête, hausse les épaules et passe son chemin. Il était si facile de récompenser le généreux dévouement de ces volontaires : deux ou trois décorations, que dis-je, deux ou trois mots flatteurs auraient suffi ; ces braves amateurs n'en demandaient pas davantage.

Un paysan ne peut imaginer que l'on donne le nom de travail aux occupations qui ne fatiguent point le corps; tous ceux qui ne plient pas sous le faix du labeur, sont des fainéans à ses yeux. Par la même raison, à l'armée, le soldat pense que ceux qui ne savent pas manier un fusil, sont des gens tout à fait inutiles. Les non combattans ne jouissent d'aucune considération, et c'est un grand mal; ils sont utiles, indispensables même. Leurs chefs directs devraient être entourés d'une considération proportionnée à l'importance des fonctions dont le gouvernement les a chargés. Que le soldat méprise l'employé des vivres qui met de la paille dans l'orge et mêle du sable à la farine pour doubler ses profits, cela se conçoit ; mais il devrait respecter le chirurgien qui s'expose à périr sur le champ de bataille en donnant des secours aux blessés et qui meurt d'une épidémie en les soignant à l'hôpital. Ces exemples se sont renouvelés souvent en Espagne ; un éclat de bombe emporta la jambe de mon compatriote Batailler, au moment où il se disposait à amputer le bras d'un officier blessé.

Voici de quelle manière les malins du quartier-général classaient le personnel d'une armée.

PREMIÈRE CLASSE.

GLOIRE ET RICHESSE.

Elle comprend les maréchaux d'empire et les généraux ; ils moissonnent dans les champs de Mars, et les trésors de la fortune s'ouvrent à leur voix. Plusieurs ne pensaient qu'à la gloire, il est juste d'en convenir ; mais ces exceptions étaient trop rares pour infirmer la règle. Ces illustres seigneurs cueillent des lauriers d'une main et de l'autre ils font rafle de quadruples : autant d'argent que de gloire, tel est le résultat de leurs campagnes ; la balance a penché plus d'une fois du côté de l'argent.

DEUXIÈME CLASSE.

GLOIRE SANS RICHESSE.

La plus grande quantité des militaires appartient à cette deuxième classe. Les officiers subalternes trouvent encore à glaner dans les champs de la gloire, mais la fortune leur dénie ses faveurs. Ils attrapent par-ci par-là quelques décorations et de petites pensions, s'ils sont assez heureux pour échapper aux balles, aux boulets qui les attrapent à leur tour. On les considère beaucoup à l'armée, ils retournent dans leurs foyers avec une assez bonne somme de palmes et de cicatrices, mais légers d'argent ;

Molto onor, poco contante.

Comme dit le Figaro de Mozart à son protégé, *Cherubino di amore.*

Mais l'honneur sans l'argent n'est qu'une maladie.

Demandez plutôt à Petit-Jean ou bien aux officiers à demi-solde.

TROISIÈME CLASSE.

RICHESSE SANS GLOIRE.

En avant commissaires des guerres, employés du trésor, des vivres, des hôpitaux et généralement tous ceux qui tiennent une comptabilité ; il reste toujours quelque chose à celui qui reçoit les espèces. Les garde-magasins mettent du foin dans leurs bottes et largement ; ils ne font pas mystère de leurs déprédations que leur administration rend quelquefois obligatoires. Lorsqu'un chef envoie ses employés dans une petite ville pour en assurer le service et veiller à tous ses détails, il leur fait donner quittance des appointemens qu'ils devraient toucher pendant la durée de ce service, et le chef confisque cette somme à son profit. Les employés sont autorisés ainsi à mettre de la paille dans l'orge, du son et du sable dans la farine, de l'eau dans le vin, pour rattraper d'abord leurs honoraires et les tripler ensuite s'il n'est pas trop difficile d'organiser le vol. Cela se pratiquait ainsi de notre temps ; mais depuis lors tout est changé, les mesures les plus sages ont été prises, la partie administrative a reçu de notables améliorations, les *honnêtes* gens sont enfin arrivés aux places lucratives ; ils donnent au soldat sa ration entière, ils ne font plus des marchés onéreux pour l'état; ils rougiraient de se livrer aux spéculations infames, aux turpitudes qu'ils reprochaient avec tant d'aigreur à leurs devanciers. Les généraux ne volent plus le gouvernement, le propriétaire, le soldat, ni le paysan; nous voilà revenus au siècle d'or de l'administration..... Mais je prêche à des incrédules; on s'obstine à refuser à notre siècle moral et religieux le juste tribut d'éloges qu'il mérite; puisque c'est un parti pris, je me tais et demande seulement à mon lecteur la permission de le renvoyer à des pièces authentiques, aux faits et gestes de l'administration pendant la dernière guerre d'Espagne dont un procès fameux a donné de si favorables idées.

Lorsqu'un mince propriétaire, un avocat sans cause, un petit commerçant retournait dans son village avec une cassette garnie de cent mille francs qu'il avait acquis en siégeant à la Convention Nationale; un houra général s'élevait contre lui, toute la contrée criait au voleur. Bonnes gens, vous ne vous plaignez plus maintenant! Ce système ignoble et révoltant s'est écroulé sous le poids de votre indignation: Grugeon, Forfait et Rapinat sont bien loin de vous; la singulière association des noms de ces trois commissaires chargés de vider les coffres de l'Helvétie, ne vous fournit plus une source inépuisable de quolibets. Le vol existe toujours, il est vrai, mais les progrès de la civilisation ont ennobli ses formes; comme dans les autres industries on y travaille en grand. Vingt, trente millions extorqués à la nation entourent un voleur d'une considération qui fera place au respect, lorsque les titres et les décorations viendront parer le coupable. Il aura des remords! Ils poursuivent toujours le crime, il aura des remords! Et soyez certains, que quand l'excellence, avec ménagement chassée, comptera ses richesses, elle regrettera de n'avoir pas doublé la dose. Il en est de l'or comme du galon, quand on en prend on n'en saurait trop prendre. C'est un apophthegme ministériel.

Ce qu'il y a de plus bizarre, c'est qu'au milieu de ce débordement de vices et de corruption on entende sans cesse invoquer la religion et la morale. C'est la muscade fine de nos marmitons politiques, ils veulent fourrer partout de la morale, même à l'Opéra! Les contradictions les plus révoltantes sont niaisement exposées aux yeux du public, on compte peut-être trop sur sa stupidité. La littérature et les arts languissent enchaînés, et l'on fait parade sans cesse de la protection qui leur est accordée! Tous les hommes sont égaux devant la loi; et pourtant les jeunes comtes, les jeunes marquis et même les jeunes barons envahissent les places de l'administration et de l'armée, sans que l'on ait égard aux services rendus par la bravoure et le talent. La finance, la vile finance, ne fait plus déroger, et je connais plus d'un comte qui perçoit bravement les impôts d'un village : s'il n'a pas de vassaux il a du moins des contribuables, c'est toujours quelque chose ; en avant, M. de Turcaret, c'est ainsi que l'on fait son chemin. Les évêques et les comédiens figurent sur une même liste de pensions, et l'actrice reçoit les salutations amicales du prélat qui l'a frappée des foudres de l'excommunication ; pensionnaires du roi l'un et l'autre, ils se rencontrent aux mêmes lieux pour toucher leurs appointemens respectifs. On déclame sans cesse contre les spectacles, on proscrit en quelque sorte les comédiens, et le théâtre le plus licencieux de Paris est entretenu aux frais du gouvernement, et ce *lupanar* privilégié, ce sérail ministériel a pour souteneur un gentilhomme! Ne pouvant confier ce harem à la garde fidèle d'une troupe d'eunuques noirs, on a voulu que la morale vînt le préserver des entreprises du vulgaire, et fût pour ces messieurs un cordon sanitaire. Après avoir absorbé ses recettes, ce théâtre coûte encore un million de francs que l'on tire chaque année du trésor de l'état. Le produit des harengs que l'on pêche sur les côtes de Bretagne, des prunes que l'on cueille à Brignolles, du chocolat à Bayonne trituré, des choux que l'on plante à Strasbourg, sert à payer les braillemens de l'Académie royale de Musique et l'eau de Cologne de ses demoiselles.

Bien raisonné! bravo, Marton!

QUATRIÈME ET DERNIÈRE CLASSE.

NI GLOIRE, NI RICHESSE.

Les officiers de santé, médecins, chirurgiens et pharmaciens, les autres non-combattans qui n'ont pas de comptabilité sont les infortunés que l'on range dans cette dernière classe. Les officiers de santé, en général, partagent bien souvent les dangers des militaires et non pas leur gloire. Ils prennent leur part du dédain attaché à la condition de non-combattant et n'en ont pas les bénéfices. Ils sont bien plus exposés que les autres non-combattans, et pour le moins autant que les soldats. Ils peuvent être tués ou blessés en donnant des secours pendant l'action; lorsque le combat finit, le péril cesse pour les militaires, il recommence pour les officiers de santé. Toute proportion gardée, l'expérience a prouvé que le nombre des officiers de santé qui périssent dans les hôpitaux excède celui des officiers qui meurent sur le champ de bataille.

Les officiers de santé sont trop maltraités sous le rapport du paiement et de la considération. Le ministre Lacuée cherchait à les ravaler encore, il dit à l'Empereur, qu'en frappant la terre du pied, il lui en ferait sortir tant qu'il voudrait, à cinquante francs par mois. Plaisante idée! Est-il bien étonnant qu'à l'époque où la conscription dévorait une génération entière, les jeunes gens qui avaient étudié la médecine cherchassent à se sauver en exerçant leur art dans les armées? Le ministre en aurait trouvé non-seulement à cinquante francs, mais à vingt-cinq et même pour rien.

Les inspecteurs généraux du service de santé ont formé plusieurs fois le projet de relever ce corps si respectable et si peu respecté, mais leurs efforts n'ont produit aucun résultat. M. Percy présenta un travail relatif à la nouvelle organisation du service de santé. Les médecins et les pharmaciens devaient être supprimés, les chirurgiens seuls auraient été chargés d'une triple fonction. Mais il eût fallu augmenter prodigieusement le nombre des chirurgiens, et la dépense restait la même. D'ailleurs, à l'âge où les jeunes gens entrent au service en qualité de sous-aides, ils n'ont pas assez d'instruction pour être à la fois médecins, chirurgiens et pharmaciens. En 1811, on proposa de changer leur uniforme et de leur donner l'épaulette, malheureusement ce projet fut rejeté comme celui de M. Percy. Je dis malheureusement, parce que cette faveur les aurait satisfaits bien plus qu'une augmentation de solde. L'épaulette leur eût donné cette considération dont ils sont privés, et qui pour eux est d'un grand prix.

A l'armée, comme dans ce monde, c'est à l'habit plutôt qu'à l'homme que l'on rend les honneurs. Le plus bel uniforme brodé d'or ou d'argent, galonné sur toutes les coutures, n'est qu'une livrée aux yeux du soldat, il ne connaît et ne respecte que l'épaulette. Il est certain que les militaires auraient réclamé vivement contre l'épaulette des officiers de santé; quelques distinctions particulières auraient pu concilier tous les intérêts. Il existe une infinité d'officiers sans troupes qui portent l'épaulette, les officiers des centeniers qui ne commandent que des infirmiers, ceux du train qui ont des charretiers sous leurs ordres, les quartier-maîtres et les officiers du génie. On dira, sans doute, que ces derniers sont d'une plus grande utilité pour une armée, et que leurs fonctions ont un rapport plus direct avec le service militaire. Soit, il ne m'appartient pas de décider la question, je la proposerai à un général ou, si l'on veut, à un maréchal de France. Demandons-lui s'il pense que les officiers de santé doivent porter l'épaulette. Il répondra négativement, il ajoutera même que ce sont des gens inutiles dans une armée, il les enverra à tous les diables..... s'il se porte bien. Faites attention, je vous prie, s'il se porte bien. Mais,

Si l'appétit se perd, s'il fait grace à son vin ;
Si le frisson fiévreux se glisse dans son sein ;

s'il a deux ou trois balles dans le corps, ou seulement un petit globule de plomb dans l'œil, c'est alors qu'il proclamera hautement l'excellence des officiers de santé : ces hommes utiles, indispensables, seront appelés de tous côtés, il les fera même camper autour de son logement s'il ne peut les garder sans cesse dans sa chambre. Le général promettra sa protection spéciale au corps entier des officiers de santé. Mais, hélas! quand il est guéri ces beaux projets s'évanouissent avec le danger qui les inspirait, il se contente de faire accorder une décoration à celui qui l'a sauvé, quoiqu'il ne soit pas plus difficile d'extraire une balle de la cuisse ou de l'œil d'un général que de l'œil ou de la cuisse d'un soldat, et la faculté militante n'en est pas moins oubliée. Mais je m'aperçois que le siége de Badajoz et l'escadron des valontaires dévoués m'a conduit un peu loin; revenons à Séville.

Tandis que notre armée se battait à Albuera contre les Anglais, Séville était restée à découvert; les guérillas des environs surent aussitôt que la ville n'avait pas de garnison, et vinrent rôder autour de ses remparts pour tenter un coup de main si l'occasion paraissait favorable. Le général Rignoux était gouverneur de Séville à notre retour de Saint-Roch, le duc de Dalmatie lui confia ce poste honorable précédemment occupé par le général Darricau qui venait de prendre un service actif. Le nouveau gouverneur, exagérant peut-être le danger, donna l'ordre à tous les Français restés à Séville de se retirer à la Chartreuse que l'on avait fortifiée. Il y fit transporter aussi les magasins; tous les employés, toutes les femmes qui appartenaient à l'armée nous suivirent à la Chartreuse, où l'on bivaqua trois jours dans un bosquet d'orangers fleuris qui répandaient un délicieux parfum. Cette retraite précipitée ne put s'opérer sans un travail énorme, un remue-ménage dont les Sévillans s'amusaient beaucoup. Les guérillas se bornèrent à quelques bravades qu'elles firent devant nos postes avancés, elles n'entrèrent point dans la ville. Nous y revînmes quand le danger fut passé; les habitans, ou pour mieux dire leurs femmes, se moquaient de nous, en disant « que nous n'étions pas courageux, que nous avions eu peur, etc.; » et l'on en riait: quel est le Français qui se fâcherait contre une aimable Sévillane assez hardie pour lui tenir ce propos : *No ha sido usted muy valiente?*

Les Anglais avaient levé le siége de Badajoz après la bataille d'Albuera; retirés en Portugal ils en sortirent bientôt et revinrent sur Badajoz : leur attaque fut si promte et si vigoureuse, que cette ville était en leur pouvoir avant que l'on sût à Séville que l'ennemi l'assiégeait de nouveau. La bataille des Aropiles vint encore ajouter à nos malheurs; les Anglais nous avaient repris le Portugal, nos armées faisaient des prodiges de valeur, mais elles s'affaiblissaient et ne pouvaient guère recevoir de renforts ; l'Empereur s'avançait au milieu de la Russie avec une armée formidable, il emmenait toutes les troupes dont on aurait pu disposer pour l'Espagne. Les guérillas nous harcelaient sans cesse et nous faisaient un mal affreux ; chaque jour elles nous enlevaient quelque détachement, un petit convoi, une petite garnison, et toutes ces petites prises réunies formaient ensuite un tout assez considérable. Leur force s'augmentait par les désertions continuelles des soldats espagnols que le roi Joseph avait enrôlés dans son armée ; les Anglais et les Portugais conduits par Wellington reprenaient l'offensive, et ces ennemis étaient plus redoutables que les Espagnols. Il fallut concentrer nos forces et réunir les armées sur un seul point, il fallut abandonner l'Andalousie, la plus belle province de l'Espagne et peut-être de l'Europe. Le 10 août 1812 chacun faisait déjà des préparatifs de départ.

J'allai voir D. Cayetano pour lui faire mes adieux, je le trouvai dans l'embarras des malles et des paquets. « — Que faites-vous là, cher ami, lui dis-je, allez-vous à Cadix tandis que nous retournons à Madrid et peut-être en France ? —

Non, je pars avec vous. Je connais trop bien mes compatriotes et les chanoines mes confrères, pour ne pas prendre toutes les précautions nécessaires; il faut donc que je m'éloigne avec les Français si je ne veux pas être assassiné ou pendu le lendemain de leur départ.—Vous pendu! et quel mal avez-vous fait?—Vous croyez donc que pour être pendu il soit nécessaire d'avoir fait le mal ? Votre naïveté m'étonne! Ne savez-vous pas qu'en révolution il suffit de n'être pas de l'opinion du parti dominant, pour encourir la peine de mort? —D'accord, en France beaucoup ont été pendus ou décapités qui ne savaient même pas ce que c'est que d'avoir une opinion. Mais vous n'êtes point en révolution, vous êtes tous unis contre l'ennemi commun, et cette résistance n'a rien que de très légitime.—Ah! mon cher ami, vous connaissez bien peu les hommes, et surtout les Espagnols! Un séjour de cinq ans aurait dû vous révéler tous les maux qui affligent notre malheureuse patrie.

« Sans chef, sans trésor, sans armée, l'Espagne est obligée de soutenir la guerre d'invasion la plus cruelle et la plus injuste, et quand elle aurait besoin de tout le dévoûment, de tout l'amour et de toute l'énergie de ses enfans, elle ne trouve que faction et discorde, et ses enfans la déchirent et se dévorent entre eux. Nous sommes tous unis contre l'ennemi commun, j'en conviens, mais la division règne parmi nous. L'intérêt particulier, qui prend toujours le bien général pour prétexte, s'est emparé de tous les cœurs, agite tous les esprits, et des débris de la monarchie renversée chacun voudrait recomposer une nouvelle monarchie selon ses vues et sa fantaisie. Les Français ont détruit et foulé aux pieds nos anciennes institutions, nos usages, notre vieille routine, et dans le désordre où vous nous avez plongés chaque Espagnol a suivi la route la plus convenable à ses intérêts. Le bien public, le roi, Dieu lui-même, tout sert d'excuse aux fourbes, aux ambitieux. Le peuple toujours peuple, sot, crédule, et par conséquent toujours dupe, se laisse entraîner par ceux qui lui font les plus belles promesses, par ceux qui montrent le plus d'audace ou qui lui parlent les derniers. Dégagé de son obéissance envers son roi par les Français, excité contre les Français par les moines, il se livre sans scrupule et sans frein à toutes les fureurs, à tous les excès. Les mêmes guérillas qui massacrent vos prisonniers et vos malades, lèvent arbitrairement des contributions dans nos villages et se rendent coupables envers nous-mêmes des crimes les plus révoltans.

« Les Français ont voulu marcher trop vite. Au lieu de détruire les couvens, il fallait les protéger; ces hommes inutiles, dès long-temps accoutumés aux douceurs de l'oisiveté, auraient concentré leur haine impuissante dans l'intérieur de leurs cloîtres. Les gens éclairés auraient reconnu les avantages de vos nouvelles institutions et le peuple se serait fait à votre joug, qui, malgré vos nombreuses fautes, commençait à lui paraître plus léger. Pouviez-vous espérer que les moines rentreraient dans le monde pour s'y livrer à des occupations utiles? Il était facile de prévoir qu'ils ne s'y montreraient que pour travailler à reconquérir leurs droits en vous chassant d'ici.

« Votre séjour en Espagne a été trop long et trop court; vous avez eu le temps de détruire, il ne vous a pas été permis de réédifier. Dans ce désordre où vous nous laissez, dans ce dédale inextricable, un homme de bien devait se livrer aux inspirations de sa conscience, et c'est ce que j'ai fait. Depuis long-temps je gémissais sur le sort de notre patrie infortunée; la conduite infâme de Godoy et de sa royale maîtresse m'inspirait le plus profond mépris ; je voyais avec douleur une nation grande et généreuse plongée dans l'abrutissement par la ténébreuse politique des moines ; je voyais avec un sentiment de jalousie et de dépit la France triomphant également par les arts libéraux et par la force de l'épée ; et, faisant un pénible retour sur nous-mêmes, j'attribuais la distance énorme qui nous sépare des autres nations civilisées, à l'ignorance crasse du peuple que le despotisme monacal entretient et propage. Bien pénétré de ces raisons, je vous avoue franchement que ce nouvel ordre de choses me promettait le bonheur et la prospérité de l'Espagne, et par une conséquence naturelle de ce principe je devins partisan des Français, et m'attachai sincèrement à leur cause.

«—Je ne suis plus étonné que vous vous disposiez à partir avec nous, cependant je ne pense pas que la nécessité vous impose cette condition. Vous êtes partisan des Français, je vous en estime davantage ; mais ce sentiment est renfermé dans votre cœur, on ne reconnaît point nos affidés à l'air du visage, et vous n'avez rien fait qui puisse vous compromettre. Ainsi je ne vois pas pourquoi vous seriez exposé à perdre la vie en restant paisiblement avec vos concitoyens. — Je n'ai rien fait, non, je n'ai rien fait, j'en conviens, mais.... » — A ces mots il me prit la main à la manière des francs-maçons, et je connus la cause de ses alarmes. « — Tout ce qui se passe en loge doit être secret, comment pourrait-on savoir que vous êtes franc-maçon ? » — Il me saisit vivement par le bras, me conduit mystérieusement dans un coin de sa chambre et me dit à voix basse : « — Connaissez-vous le prêtre D. Rodriguez que l'on a reçu, il y a six mois, à la loge de St-Joseph d'Italica ? — Oui, sans doute. — Eh bien ! ce même Rodriguez est parti pour Cadix quinze jours après sa réception, emportant avec lui la liste de tous les frères maçons de la loge de St-Joseph d'Italica et même de la Propagande, bien que cette dernière ne soit composée que de Français. Cette pièce est entre les mains des inquisiteurs ! Elle va devenir une liste de proscription ! — Il faut avoir le diable au corps, être tourmenté de la rage de faire le mal pour le seul plaisir de le faire. Comment imaginer que les francs-maçons puissent être persécutés par les personnes qu'ils ont initiées dans leurs secrets ? Comment le frère Rodriguez a-t-il pu conserver sa haine contre eux après avoir vu la lumière ? Qu'a-t-il trouvé dans une loge qui puisse être contraire au gouvernement, aux mœurs, à la religion? Je désirerais que tous les inquisiteurs se fissent recevoir francs-maçons pour voir ensuite s'ils auraient l'impudence de les persécuter encore.— N'en doutez pas, ils cesseraient plutôt d'être inquisiteurs; les uns veulent propager les lumières que les autres s'empressent d'éteindre de toutes parts, il ne peut donc pas y avoir de trêve entre les francs-maçons et les familiers du Saint-Office. Vous avez été trop confians, messieurs les Français. La victoire est assurée, le fanatisme est détruit, le monstre est écrasé, voilà ce que vous m'avez dit vingt fois: le monstre vit encore, et vous n'avez fait que le froisser et l'irriter. Il va se relever plus redoutable encore, et les derniers coups de canon que vous tirerez sur la Péninsule vont rallumer les bûchers de l'Inquisition. Ce n'est point avec de pareilles armes que l'on renversera le colosse, le temps et la raison peuvent seuls le miner et le détruire peu à peu. »

D. Cayetano me fit entrer ensuite dans sa bibliothèque pour me montrer un tas de livres qu'il destinait aux flammes. Les œuvres de Voltaire, édition de Kell, celles de Rousseau, de Diderot, etc., y figuraient au premier rang.— « Vous faites donc le petit inquisiteur en préparant un *auto da fé*.— Je ne puis pas emporter ces livres, je vais les brûler afin qu'ils ne servent pas de prétexte pour incendier le reste de ma bibliothèque et peut-être même ma maison, lorsque je serai parti. »

Je pris congé de mon ami le chanoine et lui donnai rendez-vous au quartier-général, afin de marcher de conserve avec ce nouveau compagnon de voyage.

CHAPITRE XXXVII.

Adieux, départ de Séville. — Revue de l'armée et des personnes qui la suivaient. — Route de Séville à Grenade. — Puits empoisonnés.

L'ordre du jour du 15 août 1810 annonça qu'il fallait se préparer à partir. Un séjour de trois ans nous avait naturalisés dans ce nouveau paradis terrestre; tout en détestant le peuple espagnol, chaque Français pleurait en quittant un ami qui lui semblait sincère, une amie qu'il croyait fidèle : abandonner l'Andalousie, c'était quitter encore une fois la patrie. Il s'éloignait à regret des bords enchantés du Guadalquivir couverts d'orangers et de lauriers rose, de ce ciel d'azur que les nuages voilent si rarement, de ce climat délicieux où naissent ces vins exquis et parfumés qui portent au loin les plus beaux titres de gloire de l'Andalousie, et soutiennent la renommée de cette province avec bien plus d'éclat que ses montagnes et les flots argentés de ses fontaines. Vins savoureux et délicats de Xérès, de Malaga, de Pajarete, de Rota, de Manzanilla, de Malvoisie! combien de fois votre charme puissant n'a-t-il pas soulagé nos peines? A force de les oublier nous perdions tout à fait la mémoire, et pourtant votre souvenir est ineffaçable.

Aux approches de l'instant fatal, les Français ne se fréquentaient plus, chacun voulait consacrer les dernières journées à l'objet de sa tendresse, à la dame de ses pensées. Tout était triste, et si la joie se manifestait sur quelques figures, les aimables Andalouses ne la partageaient point. Femmes sensibles autant que belles, je ne dirai rien des cruautés auxquelles plusieurs d'entre vous se sont portées afin de faire preuve d'un faux zèle patriotique; il m'est plus doux de parler des sentimens qui vous honorent.

Le 26 août à deux heures du matin l'armée quitta Séville, cruels adieux! moment funeste! La belle Dolorès me donna selon l'usage un scapulaire et une image de la Sainte-Vierge. Je ris encore quand je pense aux figures de rhétorique, aux expressions pathétiques de son désespoir; elle versait un torrent de larmes et me disait en sanglottant et d'un ton qui annonçait la fermeté de sa résolution : « M'aimes-tu, mon ami?—Oui, « je t'adore.—Eh bien, il faut me le prouver.—

« Je ne demande pas mieux. » Je crus qu'elle allait me dire de l'emmener avec moi, je craignis alors de m'être trop avancé. Il ne s'agissait pas de cela. « *Agarra ese cuchillo y atraviésame el pecho,* » me dit-elle avec un accent tragique, « prends ce « couteau et perce-moi le cœur; je ne me sens « pas le courage de supporter ton absence. » Je m'efforçai vainement de la consoler, je l'embrasse encore une fois, adieu !.... adieu ! Je pars, je suis parti. L'état déplorable de la trop sensible Dolorès avait touché vivement mon cœur; quand je suis au bout de la rue, je laisse mon cheval à un de mes camarades et je reviens sur mes pas pour calmer le chagrin de cette amante inconsolable. Je vois de la lumière dans une chambre au rez-de-chaussée dont la fenêtre donnait sur la rue. On parlait, j'écoute, Dolorès y était avec ses sœurs qui se trouvaient dans une position tout à fait semblable. On s'entretenait paisiblement, je crus même les entendre rire. Je me retirai parfaitement tranquille sur les suites de notre séparation, l'inconsolable Dolorès avait déjà pris son parti en philosophe, et je ne voulus pas imiter plus long-temps le Cassandre du *Tableau parlant.* Je rejoignis mon camarade et mon cheval, et me livrai à quelques réflexions sur l'amour et la constance en cheminant vers la porte de Carmona.

Une femme vous aime, le dit et le prouve, elle se désespère en vous voyant partir.... un moment après tout est oublié. Je m'éloigne pour toujours, ma maîtresse est dans les angoisses de la douleur, son désespoir m'afflige ; je l'entends rire, sa gaîté me désole. — Puisque vous ne devez plus la revoir, dira-t-on, que vous importe qu'elle soit gaie ou triste ? — Et la vanité, l'amour-propre qui fait que l'on trouve une certaine satisfaction à penser qu'il existe à deux cents lieues une personne qui ne peut se consoler de vous avoir perdu.

Ce départ imprévu me contraria sous un autre rapport, j'avais monté un équipage pour la chasse aux filets, je fus obligé de l'abandonner au moment du passage des ortolans. Tandis que je faisais connaître aux Andalous cette chasse ingénieuse, mon frère Elzéar, capitaine au 108e d'infanterie de ligne, s'exerçait de la même manière aux environs de Stettin et de Magdebourg,

Parthus Ararim bibet, Germania Tigrim.

Nos guerres lointaines ont été fort utiles pour le progrès des lumières, et la chasse aux filets, que les Provençaux ont poussée au dernier degré de perfection, a fait plus de chemin en trois ans de guerre qu'elle n'en aurait fait en dix siècles de paix. Les campagnes d'Italie ont formé le goût des Français, hâté leur civilisation musicale, et c'est de nos armées que sont venus les nombreux *dilettanti* qui se montraient au premier rang lorsque nous avons livré bataille à la vieille musique française.

Nous suivions depuis une heure la route de Marchena lorsque le jour parut. Quel singulier coup-d'œil ! quel amas confus de fantassins et de cavaliers, de caissons et de calèches, de fourgons et de mulets, d'ânes et de charrettes. Parmi cette foule de soldats et d'amateurs qui s'avançaient pêle-mêle vers le lieu de notre destination, je vois un cavalier de tournure grotesque : habit brun, grand chapeau, trottant sur une mule, il avait en croupe sa valise sur laquelle reposait une arme cachée dans son fourreau; cette arme était un parasol. C'est un *capelan*, je le reconnais à son équipage, ce paladin de nouvelle fabrique avait attiré mes regards, je m'avançais pour l'examiner plus particulièrement lorsque j'aperçus l'écuyer qui le suivait monté sur un mulet; plus de doute, c'est mon homme, ou pour mieux dire mon chanoine, c'est D. Cayetano. Je l'aborde, il paraît enchanté de m'avoir trouvé : comme il observait avec autant d'attention que moi le bizarre assemblage des gens et des voitures qui se pressaient sur la route, il nous prit la fantaisie de voir défiler toute la caravane. Un temps de galop nous eut bientôt placés en tête de la colonne, un grand arbre nous offrait son ombrage, nous mîmes pied à terre à droite du chemin ; l'écuyer gardait nos chevaux tandis que, placés sur une éminence, nous passions en revue la tourbe immense qui défilait à nos pieds. Tels Hélène et Priam, montés sur la grande tour d'Ilion, examinaient jadis l'armée grecque, *argiva phalanx*. Il ne manquait à D. Cayetano qu'une longue barbe pour ressembler au roi des Troyens ; je me chargeai du rôle d'Hélène en signalant à mon compagnon les acteurs français qui paraissaient tour-à-tour sur la scène ; le chanoine répondait à mes questions quand il s'agissait de la troupe espagnole.

« Quelle est cette voiture somptueuse ? couverte d'un surtout de voyage qui la garantit des injures de l'air, traînée par quatre beaux chevaux, elle renferme deux dames. — Ce sont les maréchales, me dit Cayetano. — Comment, les maréchales !

— Oui, c'est ainsi qu'on les nommait à Séville, ces deux femmes appartiennent à l'une des premières maisons de cette ville. Lorsque les troupes françaises y arrivèrent, leur famille se retira à Cadix : ces deux sœurs avaient des projets galans, elles restèrent pour les exécuter ; maîtresses de deux maréchaux français on les a appelées les maréchales. Le mari de l'aînée est colonel dans l'armée espagnole, la cadette jouit encore de sa liberté, vous voyez qu'elle en fait un bon usage. A Séville, elles éclaboussaient tout le monde, et la pompe de leur char et de leur toilette faisait bien des jalouses. Les dames qui affectaient de mépriser les maréchales n'étaient pas sans reproche sans doute, mais leur amans ne leur donnaient pas d'équipage ; *indè iræ.*—Et cette autre belle voiture ?— C'est la famille de l'intendant espagnol, partisan des Français ; il est obligé de faire retraite avec eux, si non.... *arrastrado* (1).

(1) *Arrastrado*, traîné, *tirassa*. La langue française n'est point assez énergique, assez pittoresque pour rendre fidèlement les expressions espagnoles, je les traduis quelquefois en provençal afin que les personnes qui connaissent cette langue retrouvent la force d'images dont la plupart des mots français sont privés.

En Espagne lorsqu'un grand personnage est assassiné dans une émeute, on attache son cadavre avec une corde pour le traîner sur le ventre dans les rues, et de temps en temps on le

—Et cette autre voiture!.... Il faut qu'elle appartienne à quelque grand seigneur, je vois un singe à la portière, un perroquet sur l'impériale, un dogue enchaîné derrière. — C'est encore une famille espagnole. Le chef de celle-ci déteste les Français, mais il s'était chargé de leurs fournitures, il craint que ses compatriotes ne lui fassent rendre gorge en le dépouillant d'une fortune immense acquise en approvisionnant l'ennemi.

« Ah! voilà un jeune homme bien élégant! le beau cheval! Son domestique le suit, il est monté sur un excellent coursier; ce jeune homme ne porte point l'habit militaire....—Vous vous trompez D. Cayetano, c'est une jeune fille, ne la reconnaissez-vous pas à sa croupe andalouse?—Mais oui, c'est la fille d'un marchand de la rue *Francos*, elle aura suivi le commissaire des guerres qui soupirait pour elle. — Et cette autre qui vient modestement sur la monture de Sancho Pança? — C'est une petite couturière qui travaillait chez un tailleur de la grande rue, elle décampe avec le domestique d'un garde-magasin.

---

perce de nouveaux coups de poignard. A Madrid, à Cadix, à Truxillo beaucoup de généraux espagnols ont été massacrés et traînés de cette manière. J'ai déjà donné la raison de ces fureurs populaires.

« Laissons passer les fourgons, j'aperçois un joli *calecin*, c'est bien un cabriolet espagnol et pourtant il est conduit par un Français. — Oui, mais une Espagnole est à son côté. — C'est un garde-magasin, il enlève la fille de son hôte, ou plutôt c'est la demoiselle qui a voulu le suivre. Voilà deux charrettes qui marchent de front, elles portent une famille nombreuse de Français naturalisés en Espagne depuis long-temps; ils craignent que les massacres de Madrid, de Cadix, de Valence ne se renouvellent à Séville. Après cette autre file de fourgons, on aperçoit plusieurs cavaliers qui semblent être de l'espèce de celui que nous venons de signaler. La première est protégée par un fantassin, c'est la maîtresse d'un capitaine, un domestique monté sur une mule, qui porte aussi des cantines bien garnies, accompagne la seconde, cela fait présumer que la dame est attachée à quelque fournisseur. Les autres n'ont pas d'écuyer, mais on voit non loin d'elles un groupe de cavaliers dont le costume moitié bourgeois moitié militaire annonce des employés de quelque administration; ce sont vraisemblablement les maris ou les amans de ces chevalières.

« Cet attirail de cuisine, ce chargement complet de casseroles, de marmites et de poêlons annoncent un homme de bouche, c'est un restaurateur français, ce tourne-broche m'en donne la certitude; le voilà qui ferme la marche de son petit convoi, monté sur une mule accablée sous le poids de l'énorme chef de cuisine. C'est le fameux Legrand, il était venu s'établir à Séville pour faire fortune, mais les chances de la guerre ne lui en ont pas donné le temps. Son restaurant *à l'instar de Paris* offrait aux gastronomes de quoi satisfaire tous les goûts; on y était servi à la minute quand on avait pris la précaution de commander son dîné la veille. Legrand quitte la capitale de l'Andalousie parcequ'il est Français; il pense d'ailleurs qu'après notre retraite il ferait de petits profits avec des gens qui se contentent de la *holla* et qui réservent le *gaspacho* pour les jours de fête. Il suit le quartier-général avec ses marmites, et quand on s'arrêtera dans un petit village, il nous fera faire grande chère avec beaucoup d'argent. Ce ne sont pas les principes du rival de Maître Jacques, mais Legrand veut gagner ses frais de voyage et faire sa retraite en amateur.

« Quel est cet homme long, maigre, sec, monté sur une haridelle; à son air dolent, on le prendrait volontiers pour le chevalier de la Triste-Figure?

— C'est un juif, ou du moins on assure qu'il est de la famille de Jacob, l'armée le traînait à sa suite, il avait fait à Séville une singulière spéculation. Ce juif, puisque juif on le nomme, achetait les bois dorés des églises supprimées, pour en extraire le métal précieux qui les recouvrait. Les colonnes, les statues, les gloires, les autels étaient entassés dans ses magasins; après avoir fait racler et laver ces bois à grands frais, après avoir travaillé long-temps, la nouvelle mine qu'il exploitait ne lui a donné qu'une once d'or pour tout résultat. Vous savez que le couvent de l'*Encarnacion* a été démoli pour faire une belle place publique, toute la boiserie dorée et la magnifique gloire de son église a passé dans le creuset de cet alchimiste qui n'a pourtant pas trouvé la pierre philosophale et n'en est pas plus riche. Il fait bien de déguerpir, le peuple n'aurait pas attendu que l'Inquisition eût instruit son procès, il en aurait fait justice prompte et rigoureuse, *arrastrado*. Maintenant il va continuer son commerce avec l'armée, à défaut de saints et de colonnes il fondra des galons et de vieilles épaulettes, et si l'on pille il fera des offres à la vente du butin. C'est un vautour, un corbeau qui suit pour dévorer ce que les malheurs de la guerre lui permettront de saisir avec ses griffes.

« Des fourgons, encore des fourgons, mais j'aperçois une carriole, une cantinière la conduit ; diable ! il paraît qu'elle a fait d'excellentes affaires. Quand nous étions à Valladolid avec l'armée du général Dupont, elle allait à pied, portant son petit baril suspendu derrière l'épaule comme cette jeune fille que vous voyez là-bas. Prisonnière à Baylen on la conduisit à la *Isla de Leon* et de là sur *l'Argonaute* avec son mari ; le pauvre diable fut coupé en deux par un boulet, elle se sauva. Je la rencontrai dernièrement à Séville et je fus frappé de son accoutrement singulier. Une robe de velours noir superbe parait madame la cantinière, cinq ou six tours d'une chaîne d'or suspendaient à son cou la montre du même métal, un mouchoir de couleur à la tête, des bas sales, des bottines crottées complétaient sa toilette. Son air délibéré, son maintien de corps-de-garde, n'étaient pas dépourvus d'un certain charme. Il faut qu'elle se soit accrochée à quelque bon vivant qui lui aura fait faire du chemin, ces femmes sont connaisseuses elles s'attachent à des hommes solides, quelquefois à des ferrailleurs dont elles sollicitent la protection.

—« Mais voyez dans cette voiture ce garde-magasin gros et gras, il est en compagnie d'une

dame. Quelle physionomie renversée! Comme il est soucieux! N'aurait-il pas assez gagné? car ces messieurs appellent gagner ce que d'autres diraient voler. — Vous n'y êtes pas, il a gagné prodigieusement, mais il a mal employé ses bénéfices. Croyant peut-être que nous resterions éternellement à Séville, il avait acheté des immeubles parmi lesquels se trouvait le palais de l'Inquisition, il est à présumer qu'il n'a pas pu le revendre. La retraite l'a tout à fait désappointé; cet édifice est d'un transport un peu trop difficile, c'est dommage car ce fournisseur disait volontiers à son cocher : « Allons fouette mes chevaux, et qu'ils
« ramènent à l'instant ma voiture dans mon pa-
« lais. » Ce commissaire des guerres, qui marche après lui, dans un *calecin*, tient encore ce langage; je l'ai vu conduire des bœufs lors de notre entrée en Espagne, et je ne sais quel chemin il a pris pour arriver au poste qu'il occupe.

« Cet homme sec et pâle que vous voyez à pied chercher sa route entre les berlines et les chariots est un avocat. — Et que viennent faire les avocats à l'armée! s'écria le chanoine. — Tenter la fortune comme tant d'autres : un nouveau gouvernement allait s'établir, on aurait eu des places à donner, il se tenait prêt à en accepter une. Nous n'avons pas eu le temps de créer des préfets et des procureurs-généraux, mon avocat s'est contenté du modeste emploi d'aide garde-magasin, afin de ne pas faire la guerre à ses dépens. Mais il a un grand défaut qui nuira toujours à son avancement; il est honnête homme, et ses chefs ont désespéré de lui. Ce jurisconsulte me racontait un jour comment il s'était brouillé avec son garde-magasin. « Je vous demande un peu, me « disait-il naïvement, si je volerais pour les autres, « moi qui ne volerais pas pour moi-même ! » Aussi va-t-il à pied seul avec ses scrupules, tandis que ses confrères ont des quadruples et des voitures, des maîtresses et des chevaux.

—« Voici des fourgons encore, mais pourquoi tant de fourgons ?—Ils sont nécessaires pour porter les bagages et les objets indispensables du service des différens corps et des administrations. Cependant s'il était possible de voir au travers de leur couverture on se convaincrait qu'ils contiennent toute sorte de choses excepté celles qui devraient s'y trouver. Mais le hasard nous en amène un qui est découvert, c'est un fourgon d'ambulance, destiné à porter de la charpie, des compresses, des bandes, des caisses d'instrumens de chirurgie ou de médicamens, des brancards pour le transport des blessés. Qu'y voyez-vous? — Une femme étendue sur des matelas, des paniers de comestibles, des cantines de thon mariné, de bœuf à la mode, des pots de confitures, la cafetière à la Dubelloy, la chocolatière, une outre de vin de Val de Peñas. — *Ab uno disce omnes*, les autres sont meublés dans le même goût.

« Convenez que nous sommes bien aimables, voyez cette armée de femmes qui marche à notre suite, depuis la marquise jusqu'à la gitana toutes s'empressent de venir avec nous.—Cela ne prouve qu'un grand désordre causé par la guerre, d'ailleurs beaucoup de ces dames doivent être mariées. — Sans doute et leurs maris ont soin de le faire connaître, ils donnent à leur compagne légitime le nom d'épouse, les autres se contentent de dire ma femme et c'est ainsi que cette distinction essentielle s'établit. — Mais pourquoi ne fait-on pas marcher toutes ces femmes ensemble? — C'est qu'il faut qu'elles suivent leur ordre de bataille en restant auprès de la section dont leurs maris ou leurs amans font partie.— Et que deviendront-elles?—Ce qu'elles pourront; en campagne il ne faut pas songer à l'avenir, et c'est le moindre de leurs soucis, il est pourtant facile de le prévoir.

Celles qui sont mariées partageront la bonne ou la mauvaise fortune de leurs époux, les autres resteront avec leurs amans ou bien en changeront. Ainsi la maîtresse d'un général deviendra celle d'un capitaine pour être plus tard la compagne d'un sergent; il est bien rare que ces dames avancent en grade. Un même sort les attend à notre retour en France, toutes seront abandonnées. Ce qu'il y a de singulier parmi ces femmes qui n'ont rien à se reprocher, c'est que chacune prend la dose de fierté qu'elle croit devoir appartenir au rang de son protecteur, et le ricochet de mépris se prolonge depuis la maîtresse du maréchal jusqu'à la maîtresse du simple soldat. Ces mêmes personnes qui se dédaignent réciproquement finiront par se rencontrer dans les corridors du théâtre de Bordeaux ou bien sous les galeries du Palais-Royal, et la Salpêtrière sera leur dernier refuge. Alors plus de distinctions, le niveau de l'égalité fait taire l'orgueil et la présomption.

« Voilà des Espagnols, je vois au centre de leur troupe le quincaillier de la rue *Francos* qui s'était fait nommer commissaire de police et qui croyait exceller dans la rédaction des procès-verbaux. — Quel nom donnez-vous à ces gens en redingotte bleue, ornée de boutons à l'aigle et qui portent un chapeau d'officier?— Ce sont des employés des administrations. — Mais ils devraient avoir aussi leur uniforme?—Ils ne veulent pas être reconnus, en s'habillant de cette manière on peut les prendre pour des officiers et leur accorder une considération que l'on refuse à leur emploi. Plusieurs usurpent même les boutons à numéro, les marrons d'or à demi-torsade figurent aux coins de leur chapeau, le factionnaire trompé leur porte les armes comme à un officier, et vous pouvez penser que c'est pour ces messieurs une jouissance à nulle autre seconde! Ils relèvent un peu le chapeau avec une nonchalance affectée et tâchent de se donner un air important. Les conscrits seuls mordent à l'hameçon; les vieux troupiers sont plus malins, de soixante pas ils flairent un employé, malgré ses boutons et ses torsades les honneurs du port d'armes lui seront déniés, et le fat passera sans qu'on daigne le regarder.

« Vous avez vu ces trois hommes vêtus d'un habit marron brodé en argent, l'un commande les transports militaires, c'est le chef des rouliers menant charrettes à la malbrouck, l'autre dirige les mulets de bât, le troisième commande une brigade de bourriques.

> Un ânier, son sceptre à la main,
> Menait en empereur romain
> Ses coursiers aux longues oreilles.

« Cet ânier s'estime autant que ses deux compagnons, le muletier croit être fort au-dessus de ce confrère conducteur de bourriques, et le chef des charretiers regarde les deux autres du haut de sa grandeur. Cependant ces trois individus ne sont rien, ils rentrent dans le néant devant un officier du train des équipages, lequel doit céder le pas à l'officier du train d'artillerie. Tous ces hommes pourtant ne commandent qu'à des quadrupèdes ou bien aux rustres qui les conduisent. Cette différence des rangs est établie par le plus ou moins de danger que chacun de ces chefs doit courir. Cet amour-propre militaire, cet esprit de corps qui fait que chacun s'estime plus qu'il ne vaut, est la source d'une infinité de duels, mais il inspire de grandes choses. Le soldat du train d'artillerie méprise celui des équipages, lequel dédaigne à son tour le muletier et l'ânier, et se trouve à son tour méprisé par le fantassin de la ligne, qui s'imagine que l'homme qui sait tirer un coup de fusil mérite seul d'être considéré.

«— Des femmes, encore des femmes sur des charrettes, sur des ânes, à cheval, à pied; dans quelque endroit qu'elle s'arrête, votre armée pourra former une colonie. Ah! voici un régiment qui défile, d'où vient que les grenadiers marchent les derniers? — C'est que nous battons en retraite et que l'ennemi doit nous attaquer par derrière; ils seraient en avant si nous le poursuivions, les grenadiers sont toujours au poste d'honneur, aux lieux où le péril est le plus grand. Ce principe établi l'on ne doit pas être surpris que les employés des administrations soient si peu considérés. Les soldats leur donnent une infinité d'épithètes dérisoires; ils appelleront les employés des vivres: *riz, pain, sel; céléri*, sel et riz; *ripaille*, riz paille, etc. triste consolation pour de pauvres diables qui bravent sans cesse la faim, la soif, la misère, la fatigue, le froid, le chaud, sont toujours prêts à se faire échiner, et dont la part de gloire se trouve renfermée collectivement dans un ordre du jour ou dans une colonne du Moniteur. Lorsque ces gens-là rentrent dans leurs foyers, les rôles changent. Le soldat reprend la pioche, le rabot ou la truelle, l'officier obtient quelquefois une pension modique et mesure sa dépense sur ses petits moyens. L'employé se retire dans le château qu'il vient d'acheter à grands frais, il joue le seigneur, affecte de ne savoir plus parler le patois de son village, trouve que dans son pays on ne sait pas vivre, et cite pour exemple à ces concitoyens la manière d'agir des grands seigneurs de Paris, de Madrid, de Vienne, de Berlin qui recherchaient sa société. Une belle fortune, fruit de quinze ans de vols audacieux ou d'adroites filouteries, fait acquérir enfin à l'employé cette considération que l'armée lui refusa toujours, et la compensation s'établit. »

L'armée avait défilé, nous vîmes arriver alors une foule de traînards, forcés de continuer leur route à pied après avoir laissé leurs voitures et leurs bagages au milieu de la route. Ces malheureux, n'ayant pas assez de moyens de transports, avaient trop chargé leurs charrettes ou leurs mules; les essieux se cassaient, les chevaux ne pouvaient avancer, les mules succombaient sous le poids, et bien des familles ont été ruinées pour avoir voulu emporter trop de choses. Les Espagnoles que le sort condamnait à faire la route à pied supportaient avec un courage stoïque les privations et les fatigues; la chaleur était extrême, elles ne s'en plaignaient pas; toujours vives et gaies, elles mettaient de l'amour-propre a paraître moins fatiguées que nous.

Nous n'arrivâmes à Marchena qu'à dix heures de la nuit, le 27 on coucha à Ossuna, le 28 à Antequerra; nous en sommes partis le 29 pour arriver à Loxa le 30 au matin. Le même jour à quatre heures du soir, nous avons quitté Loxa et nous sommes entrés à Grenade le 31 à midi. Nos journées étaient si fortes qu'un plaisant dit que nous marchions trente heures par jour. Nous traversâmes les belles plaines de l'Andalousie, si fertiles et si mal cultivées. Les routes sont bordées en plusieurs endroits de haies formidables d'agavés et de figuiers d'Inde : les feuilles de ce figuier, qui en Provence ont à peine la largeur de la main, sont énormes en Andalousie; elles peuvent être comparées à de petits matelas. Les guérillas se retranchaient derrière ce rempart végétal et nous fusillaient; quand on ne pouvait pas tourner ces haies on avait soin de les détruire. On ne trouve ni ruisseaux, ni fontaines dans cette contrée : le voyageur brûlant de soif ne peut se désaltérer qu'à des puits que l'on rencontre, à de grandes distances, sur le bord des routes; ces puits sont de larges trous ronds, entourés d'un petit mur, dans lesquels l'eau de la pluie se ramasse; comme il pleut très rarement pendant l'été, cette eau qui ne se renouvelle pas est toujours chaude et croupissante. Pour ajouter encore à son insalubrité les Espagnols avaient jeté de la morue pourrie dans tous ces puits, il était impossible de boire une eau de la sorte infectée.

CHAPITRE XXXVIII.

Grenade. — Beauté du pays. — Antiquités mauresques. — L'Alhambra. — Magnificence des califes. — La ville d'amour. — Le mur d'argent. — Cabinet de toilette des sultanes. — Salle de spectacle. — Je rencontre un prisonnier espagnol de ma connaissance.

De toutes les villes d'Espagne que je connais, Grenade est celle que j'aime le mieux; sa position est superbe, c'est un séjour enchanteur. Des campagnes fertiles et riantes, un climat dont l'ardeur est tempérée par l'air frais qui descend des montagnes voisines toujours couvertes de neige, rendent cette ville préférable aux autres cités de l'Andalousie. Grenade occupe une place éminente dans l'histoire, elle fut entièrement construite par les Maures dans le dixième siècle, et devint la capitale d'un nouvel empire et le boulevart le plus redoutable des Africains en Espagne. Quand les rois catholiques s'en emparèrent en 1492, après un siége de plus d'un an, cette ville avait trois lieues de circonférence; mille trente tours défendaient ses remparts, elle renfermait dans son enceinte quatre cent mille habitans. L'*Albayzin* et l'*Alhambra*, forteresses qui la protégeaient, étaient assez vastes l'une et l'autre pour contenir quarante mille hommes chacune.

Grenade est bâtie en amphitéâtre sur deux collines au pied d'une montagne de laquelle découlent une infinité de ruisseaux limpides et d'une grande fraîcheur; distribués avec art ces ruisseaux alimentent les nombreuses fontaines de la ville et les jets-d'eau qu'on trouve dans presque toutes les maisons particulières. L'eau, si commune à Grenade, si rare dans les autres parties de la brûlante Andalousie, fertilise les environs de la cité favorite des Maures, et fait produire à la terre les meilleurs légumes et les fruits les plus succulens. La ville domine les belles campagnes qui l'avoisinent à dix lieues à la ronde, elle est dominée à son tour par l'*Albayzin* et l'*Alhambra* qui couvrent le sommet de l'une et l'autre colline; cette position est ravissante. La plaine est un peu inclinée, elle est bornée au nord par la *Sierra Nevada*, par les montagnes d'*Elvira*, et terminée sur les autres côtés par des amphithéâtres successifs et variés plantés de vignes, d'oliviers, de mûriers, de citronniers, de palmiers, d'orangers. Cinq rivières, divers canaux, des fontaines multipliées de tous côtés, l'arrosent; elle est couverte de prairies, de forêts de chênes ou d'orangers, de vergers de cannes à sucre, de cotonniers, de blé, de lin, enfin de toutes sortes de fruits et de légumes.

Cette superbe capitale a bien dégénéré; elle est grande encore, mais mal bâtie et très irrégulière, on y admire toujours l'*Alhambra*, c'était le séjour des rois. L'*Albayzin* n'est plus qu'un faubourg séparé de la ville par un mur de fortification. On retrouve à Grenade des restes superbes de la magnificence des rois maures, de leur luxe, du bon goût, de l'élégance recherchée et de l'habileté de leurs artistes; l'*Alhambra* seul en réunit un grand nombre qui sont aussi précieux les uns que les autres. Une partie de ce monument a été démolie pour faire place à un nouveau palais que Charles Ier voulut y construire.

« On y va par une belle promenade qui monte en tournant, elle forme une allée longue, plantée d'ormeaux; coupée par plusieurs ruisseaux, elle est ornée d'une belle fontaine de marbre jaspé, d'où l'eau s'élève plus haut que le sommet des arbres. On trouve d'abord le palais bâti par Charles Ier, il est situé sur une grande place. C'est un superbe corps-de-logis, isolé, carré et construit en pierres de taille; chacune de ses façades a un portail diversement décoré, les bandeaux des fenêtres sont en marbre noir, et les dessus couverts de têtes d'aigles et de mufles de lions qui tiennent de grosses boucles de bronze. On trouve dans l'intérieur une grande tour ronde, autour de laquelle sont deux rangs de beaux portiques, l'un sur l'autre, soutenus par trente-deux colonnes de marbre jaspé, chacune d'un seul morceau. Les pièces de l'intérieur sont richement ornées; ce palais est fort négligé, on prétend même qu'il l'était déjà avant d'être fini; on le laisse tomber en ruines.

« On aperçoit ensuite ce qui reste du palais des rois maures. Avant d'y arriver, on rencontre une espèce de ravelin, où l'on voit les statues de Ferdinand et d'Isabelle. Ce palais n'a extérieurement que l'apparence d'un vieux château; bâti en grosses pierres de taille carrées, il est environné de fortes murailles flanquées de grosses tours et de bastions. On y entre par une porte pratiquée dans une grosse tour carrée, qui fut appelée autrefois *porte du Jugement*; celle-ci se termine en pointe surmontée d'une clef sculptée sur le marbre et plus haut d'une main. C'est un hiéroglyphe qui, dans le sens des Maures, signifiait que les ennemis prendraient le palais, lorsque cette main prendrait la clef.

« La première cour est un carré long, pavé en marbre blanc, entouré d'un portique dont les arcs sont soutenus par des colonnes de marbre. Les murs et les voûtes de ce portique sont couverts d'ornemens en mosaïque, de festons, d'arabesques peints, dorés, ciselés en stuc, d'un travail très délicat. Les cartouches y sont multipliés, ils sont remplis par des inscriptions qui, presque toutes, sont des passages du coran. Au milieu de la cour est un long bassin, rempli d'eau courante et assez profonde pour y nager, il est bordé, de chaque côté, de plates-bandes de fleurs et d'allées d'orangers; il servait de bain à l'usage des personnes attachées au service du palais des rois maures.

« *La cour des Lions* forme aussi un carré long de cent pieds sur cinquante ; elle est entourée d'une galerie soutenue par des colonnes de marbre blanc, accouplées deux à deux et trois à trois; fort minces et très déliées, d'un goût singulier, mais élancées avec une légèreté, une grace merveilleuses. Les murs sont revêtus d'ornemens arabesques en stuc, en peintures, en dorures, exécutés avec délicatesse. Deux coupoles fort élégantes, de quinze à seize pieds en tous sens, s'avancent en saillie dans l'intérieur aux deux extrémités du carré; des jets-d'eau s'élèvent au-dessus. Un vaste bassin (1) occupe le milieu de la cour; une superbe coupole d'albâtre, de six pieds de diamètre, est placée au centre du bassin. On prétend qu'elle fut faite sur le modèle de la mer de bronze du temple de Salomon, elle est portée par douze lions de marbre et surmontée d'une coupe plus petite. Une grande gerbe d'eau s'élançait du centre de cette dernière, elle retombait d'une cuve dans l'autre pour arriver ensuite dans le grand bassin, formant ainsi plusieurs cascades dont la dernière était grossie par des flots d'eau limpide que les mufles des lions jetaient cesse.

(1) C'est auprès de ce bassin que Boabdil, dernier roi de Grenade, fit décapiter trente-six guerriers de la tribu des Abencérages. Amenés par trahison et sur une invitation du roi, on les introduit un à un dans la cour des Lions. Dès qu'ils paraissent, ils sont saisis, traînés vers la cuve d'albâtre. Là, sans daigner leur parler du crime dont les Zégris, leurs ennemis, les accusent, sans répondre à leurs demandes, sans leur annoncer la mort, leur tête vole et va rougir les eaux de cette fontaine devenue célèbre par leur trépas. Cette horrible exécution se faisait pendant la nuit; un jeune enfant attaché à l'une des victimes en fut témoin et sortit précipitamment pour aller avertir le reste de la nombreuse tribu qu'un même sort attendait.

« Les pièces de l'intérieur sont très multipliées. On y voit les salles d'audience ou de justice; les chambres de la famille royale; les bains du roi, ceux de la reine, ceux de leurs enfans; un salon de musique, le cabinet de toilette de la reine. Les chambres ont toutes des alcôves rafraîchies par des fontaines, près desquelles les lits étaient placés sur des estrades de faïence. Le salon de musique a quatre tribunes et un bassin d'albâtre. On voit dans le cabinet de la reine une dalle de marbre percée d'une infinité de petites ouvertures destinées à laisser exhaler les parfums qu'on y brûlait sans cesse (1).

« La plupart de ces pièces sont voûtées, et leurs voûtes sont souvent découpées à jour avec une

(1) J'emprunte ces détails à M. Alexandre de Laborde, ils sont d'une grande exactitude ; cependant ce qu'il dit du cabinet des parfums a besoin d'explication. Un autre cabinet est placé au-dessus de celui dont M. de Laborde fait mention et c'est ce dernier qui était le véritable cabinet de toilette de la reine; il est fort étroit et ses fenêtres s'ouvrent du côté de la ville. Le cabinet décrit par ce voyageur est celui dans lequel on brûlait les parfums dont la vapeur s'exhalait par les trous du plafond et venait aromatiser, *intùs et extrà*, la reine qui se promenait ou restait assise dans le cabinet supérieur. M. de Laborde ne dit point si la dalle de marbre percée fait partie du plafond ou du parquet, cette distinction essentielle pourrait seule faire connaître s'il parle de l'un ou de l'autre cabinet, et si les trous qu'il désigne étaient destinés pour renvoyer ou bien pour introduire la vapeur odorante.

hardiesse, une délicatesse infinies. Les voûtes, les plafonds, les poutres, les lambris, sont peints ou dorés; dans beaucoup de pièces ils sont incrustés en marbre, en jaspe, en porphyre ; ils sont presque partout couverts d'inscriptions, d'hiéroglyphes et de divers ornemens en mosaïque.

« Une maison de plaisance des rois maures existe encore au-dessus de ce palais; elle porte le nom de *Xénéralife*, maison d'amour. C'est un séjour délicieux, la situation en est ravissante; l'air y est doux et pur, les jardins, les bosquets, les vergers s'y succèdent et s'y multiplient ; les fontaines y sont variées à l'infini : il y en a une dont le jet est plus gros que le bras et s'élève au-dessus du faîte de l'édifice. Une ancienne mosquée est placée au sommet de la montagne, c'est aujourd'hui une église dédiée à Sainte-Hélène.

« Grenade conserve encore des vestiges de l'attention des Maures à se procurer les agrémens dont la quantité des eaux de source et de rivière du voisinage leur facilitaient les moyens. On retrouve, dans beaucoup de maisons, des restes de bains qu'une eau pure remplissait à volonté. La plupart des maisons sont encore embellies par des fontaines, qui ont le double avantage de fournir l'eau nécessaire aux habitans et de tempérer par leur fraîcheur les ardeurs d'un climat brûlant en été. Beaucoup de ces fontaines sont dans les cours des maisons; les unes tombent dans des cuves, les autres jaillissent dans les airs, y forment une douce rosée; d'autres, par des jets moins élevés, mais plus gros, retombent dans des bassins en nappes, en cascades. Les Grenadins, à l'imitation des Maures, couvrent les cours de leurs maisons d'une tente, ils les mettent ainsi à l'abri des ardeurs du soleil. C'est dans ces cours qu'ils se tiennent en été, c'est là leur salle à manger et leur salon de compagnie, ils n'en sortent point, et trouvent avec raison ce lieu aussi commode qu'agréable.

« Le *Soto de Roma* est un bois d'ormeaux, de peupliers blancs, de frênes qui a plus d'une lieue de longueur, sur moitié de largeur, aux extrémités duquel on trouve quelques métairies entourées de terres cultivées; il occupe presque le centre de la belle plaine de Grenade. C'était un lieu de plaisance des rois maures qui y avaient un palais, les rois catholiques en prirent possession après la conquête de cette ville. »

Deux ruisseaux que les Espagnols décorent du nom de rivières descendent des montagnes voisines, le Daro traverse une partie de Grenade le Xénil baigne ses murailles extérieures du côté du midi. Le Daro passe au pied de la colline sur laquelle s'élève le palais de l'Alhambra, il reçoit les eaux qui s'écoulent des jardins de ce palais et des fontaines de la ville; ses rives d'ailleurs sont si escarpées, son cours irrégulier et rapide est parsemé de tant de petits écueils, que jamais personne n'a eu l'idée de confier la plus petite nacelle à ses flots vagabonds. Ainsi les faiseurs de romans et de mélodrames sont un peu plus absurdes qu'à l'ordinaire quand ils amènent des navires sous les fenêtres de l'Alhambra, pour favoriser la fuite d'une princesse infortunée et sensible que son ravisseur affranchit des jalouses fureurs d'un roi maure.

Les dames devaient se plaire dans la société de ces Africains, ils n'étaient pas si barbares qu'on voudrait le faire croire; ils s'égorgeaient entre eux, j'en conviens, et leur domination en Espagne offre une longue suite d'assassinats, d'empoisonnemens, d'incendies. Mais leur galanterie, leur magnificence, surpassaient de beaucoup tous les objets de comparaison que nous avons sous les yeux et même les descriptions fantastiques des poètes. Les récits des historiens de cette nation ressemblent à des contes orientaux, et pourtant les faits qu'ils renferment ont été lus, comparés, confirmés par des savans de notre siècle tels que Cardonne, Swinburne, Chénier. Les monumens, le faste, la pompe des Maures, leur excessive recherche de tout ce qui peut contribuer aux plaisirs des sens, aux commodités de la vie, ne ressemblent à rien de ce que nous connaissons.

Une des esclaves favorites d'Abdérame II, calife de Cordoue, osa se brouiller avec son maître; cette belle se retira dans son appartement, et jura d'en voir murer la porte plutôt que de l'ouvrir à son royal amant. Le chef des eunuques, épouvanté de ce discours, crut entendre des blasphèmes que la mort la plus prompte et la plus cruelle devait punir. Il courut se prosterner devant le chef des croyans, et lui rendit le propos de l'esclave rebelle. Abdérame, en souriant, lui commanda de faire élever devant la porte de la favorite une muraille de pièces d'argent, et promit de ne franchir cette barrière que quand l'esclave aurait bien voulu la démolir pour s'en emparer. L'histoire ajoute que, dès le soir même le calife entra librement chez la favorite apaisée.

Abdérame III, sans cesse occupé de combats ou de politique, fut amoureux toute sa vie de la séduisante Zehra. Il fonda pour elle une ville près de Cordoue et lui donna le nom de sa maîtresse. Les maisons de la nouvelle cité, bâties sur un même modèle, surmontées de plates-formes, ornées avec autant de goût que d'élégance, étaient accompagnées de jardins délicieux, de fontaines jaillissantes, de bosquets d'orangers. La statue de la belle Zehra se distinguait sur la principale porte de cette ville de l'amour. Toutes ces beautés étaient effacées par le palais de la favorite, on y admirait un salon dont les murs étaient couverts d'ornemens d'or. Plusieurs animaux du même métal jetaient de l'eau dans un bassin d'albâtre, au-dessus duquel était suspendue la fameuse perle que l'empereur de Constantinople, Léon, avait donnée au calife comme un trésor inestimable. Les historiens disent que, dans le pavillon où Zehra passait la soirée avec Abdérame, le plafond, revêtu d'or et d'acier, était incrusté de pierres précieuses, et qu'au milieu de l'éclat des lumières réfléchies par cent lustres de cristal, une gerbe de vif-argent jaillissait dans une conque de marbre vert. La ville de Zehra n'existe plus.

En supposant qu'une princesse se fût décidée à quitter le séjour enchanté de l'Alhambra, comme nos romanciers ne craignent pas de l'affirmer, je ne vois point où la belle fugitive aurait trouvé des cabinets de toilette, des murs de sequins, des pavillons comme ceux dont je viens de parler ; à moins qu'on ne lui eût promis de la mener à la cour d'Armide, ou dans le palais d'Aladin. Nos fioles de lait virginal, les eaux de Cologne et de mousseline, les gants gras de Venise, la farine de noisette, les pommades de concombre et de colimaçons, tout l'attirail enfin des parfumeurs de la rue de Richelieu, ne sont rien et ne doivent rien être en comparaison d'un boudoir galant dont le parquet de marbre est percé de petites ouvertures qui permettent à la vapeur aromatique de s'élever sous les pieds d'une jolie femme pour embaumer l'atmosphère qu'elle respire, après avoir parcouru, caressé, parfumé ses appas les plus mystérieux. Les Maures méritaient d'être distingués par les belles, on assure même qu'ils avaient des qualités qui leur assuraient la tendresse de ces dames. Témoin la reine de France Eléonore de Guyenne ; elle partit pour la Terre Sainte et suivit les étendards de la foi ; tandis que son époux cherchait la victoire et ne la trouvait pas toujours, cette reine charmante subjuguait les Sarrasins d'une autre manière et s'applaudissait de l'agrément que lui procuraient ses conquêtes sur les infidèles. Des chroniqueurs malins poussent l'impertinence jusqu'à affirmer qu'Eléonore avait triomphé d'un Turc qui valait à lui seul tout un empire. C'était un rude champion; il aurait donné quinze points et la main à tous les paladins qui se disputaient le prix devant la cour d'amour. Si les croisés s'éloignèrent à regret de la rive africaine, la tendre Eléonore éprouva toutes les angoisses du désespoir. Elle y laissait son Turc, et quel Turc! Elle y laissait l'objet d'une ardeur naïve et délicate, d'un amour constant et fidèle, d'une passion angélique et sentimentale, et par conséquent conforme aux mœurs simples et *pures* du *bon vieux temps*.

Après avoir parlé de l'Alhambra et des antiquités mauresques de Grenade, je ne passerai point sous silence un monument qui, pour être nouveau, n'est pas moins digne de l'attention du voyageur. C'est un joli théâtre bâti dans le goût de nos nouvelles salles de spectacle: les Grenadins en sont redevables au général Sébastiani qui l'a fait construire. Dans les siècles à venir, deux monumens rappelleront deux époques où la ville de Grenade a été embellie par les vainqueurs libéraux et courtois qui l'ont subjuguée.

L'Espagne est restée, pendant des siècles et à diverses époques, sous la domination des étrangers : à Sagonte, Murviedro, l'on voit encore des fortifications faites par les Carthaginois, les Romains, les Goths, les Maures, qui tour-à-tour ont fait la conquête de l'Ibérie; les Français ont mis la main à l'œuvre et continué les travaux de leurs devanciers.

J'allai visiter le grand hôpital de Grenade, en traversant la cour je m'entends appeler par mon nom en espagnol. J'aperçois un malheureux derrière une fenêtre grillée, le scapulaire et le chapelet pendaient à son cou. Je m'avance vers lui et je reconnais Santiago Samper le frère de la belle Mariquita, celui que Lavigne avait institué son héritier par fidéi-commis, et qui s'empara du dépôt testamentaire. Je cherchai l'escalier de sa prison et j'entrai chez ce captif infortuné qui se traînait sur le plancher pour venir à ma rencontre. Sa triste situation me toucha vivement, elle me rappelait trop bien les misères de ma captivité; voilà comme j'étais dans les prisons de Frejenal et de Santa-Olalla. Prisonnier et blessé Santiago avait besoin de consolations et de secours, l'expérience m'avait appris à les administrer et je pouvais avec raison m'appliquer le fameux vers de Virgile que tant d'auteurs ont choisi pour épigraphe,

Non ignara mali, miseris succurrere disco.

Après les premiers épanchemens de l'amitié je voulus connaître les événemens qui avaient conduit Santiago dans les prisons de Grenade. « Vous étiez encore à Madrid, me dit ce guerrier malheureux, quand je fus désigné pour faire partie du second régiment des volontaires de cette ville, que nous appelions les volontaires forcés. Je pris cependant mon parti en brave et partageai bientôt le noble enthousiasme de mes compagnons d'armes, qui croyaient arriver à Paris sans que rien ne pût les arrêter en chemin. La victoire de Baylen avait exalté les esprits à un tel point que ce mouvement d'orgueil était bien pardonnable. Nos camarades avaient triomphé des vainqueurs d'Austerlitz, nous devions par conséquent être invincibles. Ce sentiment exagéré de nos forces dura jusqu'à la première bataille où mon régiment se trouva. Notre gloire de Baylen et nos palmes futures s'évanouirent en un instant; refoulés, terrassés par les Français, nous apprîmes à nos dépens quelle est la différence qui existe entre une troupe aguerrie et disciplinée, et de jeunes soldats sans expérience. Chargé par la cavalerie, notre régiment se débanda, je jetai mes armes et me sauvai en courant.

« Cette première épreuve refroidit mon ardeur belliqueuse et me fit prendre la résolution de renoncer à la carrière militaire. Je revins à Madrid sans m'arrêter, et ne trouvai plus personne chez moi, les nouveaux locataires qui occupaient nos appartemens m'apprirent que mon père était mort et que ma mère et ma sœur avaient disparu sans faire connaître le lieu de leur retraite. Sans parens, sans ressources et sans asile, ne sachant que faire et que devenir, je m'engageai de nouveau dans un régiment qui se formait à Madrid. Ce corps fut enveloppé, pris en totalité, ou du moins peu s'en faut, à la journée d'Occaña; j'étais du nombre des prisonniers. Le roi Joseph nous faisait solliciter pour entrer dans sa garde, j'acceptai ses propositions et retournai à Madrid où je passai deux ans à servir ce bonhomme de roi; je jouissais du sort le plus tranquille lorsqu'il me prit fantaisie de changer encore une fois de maître. Je désertai avec neuf de mes camarades emportant armes et bagages, notre petite troupe se dispersa pour échapper plus facilement à la surveillance des troupes françaises. J'arrivai seul dans l'Estrémadoure où je rencontrai la guérilla de l'Empecinado et je m'enrôlai sous ce nouveau chef. Après avoir fait la guerre en partisan dans l'Estrémadoure et le royaume de Léon je quittai l'Empecinado pour aller joindre l'armée que le général Ballesteros commandait; à la dernière affaire qui vient d'avoir lieu près de Malaga, atteint par une balle qui m'a fracassé la jambe, je suis tombé, les Français m'ont ramassé, et me voilà dans la prison de l'hôpital. »

Blessé et prisonnier Santiago n'en était pas plus affligé pour cela, il supportait les rigueurs de son sort avec philosophie, et n'avait rien perdu de sa gaîté naturelle et de la fierté castillane. Quand il eut fini de parler, je lui donnai des nouvelles de sa mère doña Ilena et de sa sœur Mariquita, et je lui racontai comment je les avais trouvées à Séville. Il me demanda ce qu'elles y faisaient, je ne répondis pas, Santiago devina la cause de mon silence et dit à part quelques *carajo* avec colère. Je le recommandai aux chirurgiens de l'hôpital et lui promis de revenir le voir.

CHAPITRE XXXIX.

Je trouve un aimable *tocayo*. — On me prend pour un Espagnol. — La comédie improvisée. — Le revenant. — Frère Serapio. — Thahison des Sévillans.

On me logea à Grenade chez D. Sébastian Larrosabal; quand je me présentai chez lui, je trouvai madame Larrosabal doña Irena qui peignait sa servante. Assise près de la fenêtre, elle faisait la guerre aux insectes qui trottaient dans la chevelure de sa camériste, celle-ci était accroupie, les mains et la tête appuyées sur les genoux de sa maîtresse. Cela ne m'étonna point, les dames espagnoles vivent très familièrement avec leurs servantes, et les services de ce genre sont réciproques entre elles. Je saluai doña Irena qui me rendit ma révérence avec un sourire très gracieux, se leva pour me montrer l'appartement qu'elle me destinait, et vint reprendre ensuite la toilette de sa servante qui l'attendait patiemment sans avoir changé de posture.

Le patron rentre un instant après, c'était un homme fort aimable; il me reçoit à merveille et commence l'entretien en me demandant mon nom *cómo se llama usted?* C'est la première question que vous adresse un Espagnol.— Comment vous nommez-vous?— Sébastian.— Ah, ah, nous sommes *tocayos*, je m'appelle aussi Sébastian.— Il me prit la main, me la serra avec affection et me combla de témoignages d'amitié.— Soyez le bien-venu, D. Sébastian; ma femme je te présente mon *tocayo*, fais-nous apporter du vin de Xérès et des biscuits.—Après avoir fumé le cigarito, il me conduit à la *botilleria*, espèce de café de peu d'apparence, où l'on ne prend cependant que des glaces et des sorbets.

Je savais depuis long-temps que cette conformité de prénoms produit un effet magique sur les Espagnols, je ne m'attendais pas pourtant à un accueil aussi fraternel. A la vérité, D. Sébastian Larrosabal était un homme loyal et plein de franchise, il aimait les Français; nos officiers qu'il avait logés s'étaient toujours bien conduits à son égard, et la qualité de *tocayo* me fit faire des progrès rapides dans son amitié, les braves gens s'entendent facilement, et nous fûmes bientôt les meilleurs amis du monde.

Je parlais bien le castillan, et pendant un séjour de trois ans à Séville j'avais pris le grasseyement doucereux des Andalous, ce qu'on appelle dans les pays *hablar gangozo*. Larrosabal s'en étonnait, sa femme croyait que j'étais Espagnol, et l'un et l'autre riaient aux éclats lorsqu'ils m'entendaient contrefaire la manière de parler de leurs compatriotes, des gens du peuple surtout qui, à Grenade comme à Paris, est différente de celle de la bonne compagnie. D. Sébastian avait l'habitude de passer ses soirées dans une *tertulia*, société; il restait chez lui pour ne pas être incivil en me laissant seul. Deux jours après il me proposa de me présenter dans cette société.— Venez-y en habit bourgeois, dit-il, j'annoncerai que vous êtes un cousin qui m'est arrivé des environs de Séville; on vous prendra pour un Andalou, et nous nous amuserons.— En effet, je remplis assez bien mon rôle d'Espagnol : quatre officiers français, dont deux étaient logés dans la maison où se tenait la *tertulia*, m'adressaient quelquefois la parole en français, j'appelais alors D. Sébastian à mon secours afin qu'il me servît de truchement. Ces officiers ne me connaissaient pas, et D. Sébastian riait comme un fou. On avait pris des glaces et des sorbets, les officiers offrirent du punch, je feignis d'ignorer absolument ce que c'était que cette liqueur. Les militaires me l'expliquèrent, mon interprète me le répéta en espagnol, et je répondis qu'un semblable mélange devait être détestable. Nouvelle explication, argumens persuasifs, nouvelle conférence avec mon interprète, les militaires prennent à cœur de civiliser le villageois andalou que je représentais; ils réitèrent leurs instances en me présentant un verre de punch, je l'accepte, après bien des lazzis je surmonte enfin ma répugnance affectée, je l'avale d'un trait, et sans dire un mot je prouve que je l'ai trouvé bon, en approchant mon verre de celui qui faisait la distribution. On me le remplit, je le vide à l'instant, pour le tendre encore avec un flegme imperturbable, je continuai ce jeu tant qu'il y eût du punch dans le bol. Les officiers, qui d'abord s'étaient applaudis du succès de leurs sollicitations, trouvèrent ensuite que je suivais l'ordonnance avec trop d'exactitude et d'activité; leurs réflexions devinrent si plaisantes que je faillis rire moi-même avec D. Sébastian dont la gaîté devenait trop bruyante pour un compère.

On passait la soirée dans cette *tertulia*, comme dans les sociétés de Séville, en jouant à des jeux innocens. Les Andalouses aiment beaucoup les jeux de société, leur esprit subtil saisit à la volée tout ce qui peut être présenté d'une manière gracieuse et piquante, les calembours, les coqs-à-l'âne les mots à double sens, leur fournissaient à l'instant l'occasion de déployer le charme délicieux de leur conversation. Nous dansions, nous chantions au son de la guitare, on fumait le cigarito en buvant de temps en temps des verres d'eau où s'humectait le classique *panale*. Mon tour vint de chanter, et j'exécutai *yo que soy contrabandista* avec tout le *salero* andalou. Toutes les guitares m'accompagnèrent à l'instant et mes auditeurs marquaient le rhythme en faisant claquer leurs doigts comme des castagnettes. Je continuai mon rôle d'Espagnol jusqu'à la fin de la soirée, je pris congé de la société en lui adressant mes remercîmens en français. La scène improvisée par mon compère Larrosabal amusa beaucoup l'assemblée et surtout les *señoritas Mariquita, Encarnacion, Concepcion, Amparo, Milagros, Rosario,* qui étaient toutes fort gentilles. La petite Conception que l'on appelait par abréviation *Concha* ou *Conchita* était une espiègle pleine d'esprit et d'amabilité ; les jeunes gens se groupaient autour d'elle, et sa nombreuse cour était un objet de jalousie pour les autres demoiselles, qui pour la molester lui disaient de temps en temps : « *Conchita ! cuidado con el duende !* Conception ! prends garde au revenant ! »

Je continuai d'aller dans cette *tertulia*, D. Sébastian m'y ramena le lendemain et me présenta comme son ami et son *tocayo*. Ce jour-là je croyais arriver au bal masqué : les jeunes gens et les dames étaient déguisés comme en carnaval ; une autre fois je les trouvai en costume de théâtre et l'on improvisa une comédie dont on avait distribué les rôles et donné le sujet la veille. Plusieurs acteurs se distinguèrent et se firent remarquer autant par leur manière ingénieuse de créer à l'instant les scènes que par leur exécution. La petite Conchita, chargée du rôle de *graciosa*, avait le physique et l'esprit de son emploi ; son triomphe proclamé par des applaudissemens continuels vint exciter encore l'envie de ses compagnes qui pour se venger lui disaient à l'oreille: *prends garde au revenant !* Conchita se mordait les lèvres et ne disait mot. Ce propos, souvent répété, piquait ma curiosité ; je voulus savoir à mon tour ce qu'il signifiait. — Est-ce que l'aimable Conchita serait assez timide pour avoir peur des revenans ? —Cette question que je lui adressai, fut très mal reçue ; Conchita me tourna le dos avec un mouvement d'impatience. Je compris alors que la recommandation des señoritas renfermait un mystère et que j'étais un curieux impertinent. Je me retirai dans un coin avec mon *tocayo* Larrosabal, et le priai de me mettre au fait. D. Sébastian ne demandait pas mieux, et me raconta sur-le-champ l'aventure du spectre qui faisait l'objet des apartés de la société.

« Un officier français aimait éperdument la jolie Conchita, il en était aimé. L'active surveillance des parens de la señorita contrariait sans cesse les deux amans: recevoir et donner des lettres, se voir à l'église, à la promenade, était sans doute un agrément; mais une Andalouse veut des réalités, elle ne saurait se contenter des douceurs de l'amour platonique. Conchita, désirant voir son amant de plus près, imagina d'épouvanter ses parens afin de les éloigner des lieux où le dénoûment de l'intrigue amoureuse devait se passer. D'accord avec sa servante qui avait aussi quelqu'un à introduire dans la maison, elles évoquèrent un spectre qui vint favoriser leurs projets galans. A minuit, vous savez que c'est l'heure ordinaire des apparitions, un grand fantôme blanc parcourait lentement les corridors et traînait des chaînes dont le bruit portait au loin la terreur. Le père et la mère de Conchita sont des gens très simples et très superstitieux : tremblans de peur, ils se blottissaient dans leur lit la tête sous les couvertures afin de ne pas entendre le bruit du spectre, et se gardaient bien de bouger de là, s'estimant très heureux que leur asile fût respecté. Conchita prenait alors ses ébats avec l'officier, et quand celui-ci faisait retraite, le sergent de la servante se présentait, et la jeune maîtresse protégeait à son tour le tête-à-tête de la camériste qui lui cédait les chaînes et le linceul fantastiques. Cette manœuvre nocturne était trop bien organisée pour ne pas produire d'heureux résultats.

« D. Antonio, le père de Conchita, s'aguerrit peu à peu ; une nuit il poussa la témérité jusqu'à se lever de son lit ; une autre fois il entr'ouvrit la porte de sa chambre et vit passer le revenant. Mais la frayeur du bon Antonio fut telle qu'il se trouva mal : les réflexions qu'il fit en rentrant dans son lit vinrent ajouter encore à son effroi. Pour mettre fin à ces angoisses horribles, il eut recours au frère *Serapio*, celui que vous voyez assis, non loin de nous, aux genoux de la señorita Amparo, et lui raconta ce qu'il avait vu et entendu. Au lieu de rassurer Antonio, le frère Serapio l'effraya encore plus, en lui disant qu'il ne fallait pas douter que ce ne fût un esprit; mais qu'avec des prières il se chargeait de le chasser et que ce n'était pas la première fois qu'il avait mis un terme à de semblables apparitions. D. Antonio s'empressa de donner de l'argent au moine, lequel promit de faire des prières, et cependant le spectre allait toujours son train. Nouvelles terreurs et par conséquent nouveaux dons au *frayle*, qui spéculait sur la peur de D. Antonio et se gardait bien de la dissiper.

« Ce commerce de ruse et d'amour, d'argent et de prières durait depuis trois mois, lorsqu'un autre officier français se présenta chez D. Antonio avec un billet de logement. Celui-ci crut se débarrasser de son hôte en lui disant que la maison était fréquentée par des revenans, et qu'il ne voudrait pas l'exposer à faire un voyage au sabbat. L'officier se moqua de la crédulité d'Antonio, s'installa chez lui en dépit des spectres et des fantômes. La première nuit, et même la seconde, le revenant ne paraît point, mais il ne pouvait garder plus long-temps le repos; à la troisième nuit, la promenade et le vacarme avaient recommencé. L'officier dédaignant d'autres armes, prend sa cravache, atteint le spectre dans l'escalier et le fustige vigoureusement. L'esprit sent alors qu'il a un corps; il se jette aux pieds de son correcteur, demande grace, révèle tout, réclame le secret; l'officier le promit, je ne sais trop à quelles conditions. Il paraît qu'il ne fut pas fidèle à sa parole, car l'aventure du revenant s'ébruita quelques jours après. D. Antonio, qui parlait sans cesse de son spectre et des terreurs qu'il inspirait à toute sa maison, devint la risée de la ville; il en était si confus qu'il n'osait plus se montrer nulle part. Il exhala sa colère contre la servante qui fut renvoyée; il fallut se borner à cette petite satisfaction; les piastres et les doublons qu'il avait versés dans le *cepillo* du frère Serapio n'en sortirent point. Les prières avaient été faites, et rien n'est mieux acquis que ce que l'on nous donne. »

Pendant ce récit, frère Serapio, qui avait entendu que l'on prononçait son nom et que mes regards se tournaient de son côté, s'approcha de nous pour demander quel était le sujet de notre conversation. « Nous parlions du revenant, lui dit Larrosabal.—Ah! ah! qu'en dites-vous seigneur chevalier? La petite Conchita n'est pas maladroite.—Ni vous non plus, frère Serapio, lui dis-je. Or ça, croyez-vous sérieusement aux revenans? » Serapio hésitait. « Point d'escobarderie, une réponse franche et catégorique ; y croyez-vous ou non ? » Serapio gardait le silence. « Votre hésitation est une réponse ; elle me fait penser que si vous partagiez à cet égard l'opinion du vulgaire, vous auriez répondu tout de suite affirmativement. Or, puisqu'il m'est démontré que vous n'y croyez point, pourquoi donc avez-vous accepté l'argent que le bon-homme Antonio vous donnait pour exorciser un spectre qui n'existait pas. Ne valait-il pas mieux rassurer ce poltron ? Vous lui auriez persuadé sans peine que les morts ne reviennent pas. Pourquoi donc avez-vous augmenté sa peur et pris ses doublons--?C'est, me dit-il après un moment de réflexion, c'est qu'il est bon d'entretenir de saintes superstitions. —Saintes superstitions ! voilà deux mots qui doivent être surpris de se trouver ensemble. Saintes superstitions est excellent, qu'en dites-vous cher *tocayo ?* Voilà de la franchise, et plus encore que je n'en attendais d'un moine espagnol. Saintes superstitions ! je me souviendrai long-temps de ce mot-là. »

Frère Serapio s'était enferré ; il s'aperçut à l'instant de la faute qu'il avait faite en prononçant cette phrase hétérodoxe, anti-monacale; il voulut dissimuler sa honte, cacher son impatience, et m'adressant la parole d'un ton courroucé, il me dit : « Croyez-vous, messieurs les Français, qu'il vous soit permis de nous tourner en ridicule ? Vous êtes sans doute exempts de superstitions ; la France n'est peuplée que de philosophes et d'esprits forts !—Vous sortez de la question, frère Serapio, ne vous fâchez pas, raisonnons sans humeur. Je ne prétends pas vous prouver que la superstition n'existe pas chez nous, et sur ce point notre siècle de lumières n'a pas encore achevé ses conquêtes. En voulez-vous la preuve ? la voici : pendant notre révolution, dans le temps où nos régénérateurs démolissaient les temples pour agrandir les places publiques, brisaient les cloches pour faire de gros sous, fondaient les jeux d'orgues pour les arrondir en balles de calibre, dans ce temps affreux où il était défendu de croire en Dieu, temps que l'on appelait improprement le règne de la liberté ; sur nos vaisseaux de guerre, on donnait le fouet aux mousses pour obtenir un vent favorable, ou pour faire cesser la bourrasque. Comment trouvez-vous cette superstition, frère Serapio ? Les poulets sacrés des anciens Romains étaient-ils plus ridicules ? avaient-ils plus d'influence sur les variations de l'atmosphère ? Vous voyez bien que je ne veux point vous cacher nos faiblesses. Je ne me moque pas de D. Antonio ni de tant d'autres honnêtes Espagnols aussi crédules que lui; mais je suis indigné que des personnes, que leurs connaissances et leur état placent dans la société pour instruire le peuple, emploient leurs soins et leur politique à l'abrutir afin d'exploiter son ignorance avec autant d'avantage que de facilité. »

Frère Serapio ne pouvait plus contenir sa colère, Larrosabal cherchait à le calmer, bientôt l'assemblée entière voulut prendre part à notre colloque animé. La petite Conchita trépignait d'impatience; elle savait que nous parlions du trop fameux revenant et s'empressa d'attirer l'attention des curieux sur un autre objet. Un paquet de *pajillas* avec grace distribué, une plaisanterie jetée avec adresse à travers la conversation fit abandonner le sujet qui lui déplaisait, et tout le monde se mit à fumer et à boire de grands verres d'eau dans lesquels on trempait l'*azucarillo*. Un étranger ne saurait voir sans surprise une nombreuse assemblée composée de papas et de mamans, de fashionables et de prêtres, de señoritas et de moines, fumer le cigarito. C'est un agrément particulier à l'Espagne et que les Parisiens ne connaissent point encore;

ils peuvent s'en faire une idée assez juste en respirant pendant quelques minutes l'atmosphère d'un estaminet.

Professes dans l'art d'aimer, les Andalouses mettent de la coquetterie dans la manière de fumer leur cigarito : une jolie femme prête des charmes à ce qu'elle fait comme à ce qu'elle dit, ses défauts mêmes ont un certain agrément. Les Andalouses savent tirer parti de tous les moyens de séduction ; c'est une faveur qu'elles vous accordent en permettant d'allumer votre cigarito à celui qu'elles tiennent ; c'est une faveur plus grande encore quand elles vous demandent du feu. Ces cigaritos à l'usage des dames s'appellent *pajillas* et sont fort courts, ce qui oblige les deux fumeurs à s'approcher de très près : ils aspirent la même fumée, ils se la poussent dans le nez, et ces petites faveurs multipliées en amènent de plus grandes à leur suite ; il faut un commencement à tout, et l'on sait qu'une étincelle suffit pour produire un incendie. Les Andalouses ne fument point habituellement, mais seulement par fantaisie et quand l'occasion s'en présente ; il est juste de dire à la louange des Espagnoles qu'elles ne prennent point de tabac par le nez, ce défaut, je devrais dire cette infirmité dégoûtante chez une femme est sans exemple en Espagne. La fumée du tabac, poussée dans la bouche, est un excellent remède pour soulager les personnes qui ont des attaques nerveuses ; de fréquentes expériences m'ont prouvé l'efficacité de cet antidote.

J'étais à Grenade depuis quatre jours lorsque mes camarades sortis de Séville avec l'arrière-garde arrivèrent. J'ai déjà dit que le 26 août, jour de notre départ on n'entendait que des soupirs et des gémissemens dans les rues de Séville, chacun embrassait ses amis et recevait leurs adieux. La scène changea le lendemain, des liaisons d'amitié qu'un long séjour avait cimentées donnèrent aux Français une confiance funeste. Chacun de nous croyait avoir autant d'amis que de connaissances et se reposait aveuglément sur la loyauté des Espagnols. A l'instant où notre arrière-garde quitta Séville, la garde civique armée par nous pour maintenir le bon ordre, trahissant les sermens qu'elle avait si souvent et si solennellement prononcés, se déclara contre nous et tira sur tous les Français qui étaient encore dans la ville. Personne ne s'attendait à cette infame trahison, chacun se croyait en sûreté chez son hôte, et prolongeait ses adieux pour passer encore une heure auprès des personnes qui lui étaient chères. Dès que le signal fut donné, tout le monde suivit l'exemple de la garde civique, et tous les habitans s'empressèrent de montrer des sentimens patriotiques en assommant nos camarades. Les tuiles, les pierres, les meubles, les pots de fleurs tombaient dans les rues comme la grêle. Et, ce qu'il y a de plus affreux, plusieurs Français sortant de leurs logemens ont été assassinés, lapidés par les mêmes personnes qui venaient de les embrasser en pleurant, et de leur dire avec l'expression de l'amitié la plus tendre : « *Vaya usted con Dios, lleve usted feliz viage!* Allez avec Dieu, faites un heureux voyage! »

CHAPITRE XL.

Départ de Grenade. — Châteaux en Espagne. — Chinchilla, prise du fort de cette ville. — Retour à Aranjuez, changemens que j'y trouve. — Madrid. — La veuve inconsolable. — Salamanque. — Je retrouve la vierge des premières amours. — Elle est grosse de huit mois. — Je rends une nièce à sa tante. — Je fais encore un nouveau métier.

Après quinze jours de repos nous partîmes de Grenade pour aller coucher à Imalos, le 16 septembre au bivac près de Guadix où nous restâmes trois jours dans un vallon délicieux planté de vignes et d'arbres couverts de fruits excellens. Le 19 l'armée bivaqua sur la route de Basa, le 20 à Basa, séjour; le 22 à Culla, le 23 à Huescar, séjour. Le 27 on coucha au bivac à une lieue de Caravaca, le 28 à Seguin, séjour; le 30 à Calaspara, séjour et bivac. Le 1er octobre au bivac à un quart de lieue de Calaspara; c'est là que j'ai vu des rizières pour la première fois, le riz était en épis. Cette plante a le port du blé, sa tige est plus haute et sa feuille est très rude, l'épi est disposé comme celui du millet et porte environ soixante grains, chaque plante produit sept à huit tiges, quelquefois treize ou quatorze. On cultive le riz dans des terrains marécageux ; et cette plante qui se plaît dans l'eau ne se laisse point submerger par les inondations. Le riz s'élève constamment au-dessus de leur niveau, et, dans la saison des pluies où surviennent des crues rapides, on le voit monter dans un seul jour de sept à huit pouces.

Le 2 octobre nous sommes arrivés à Yecla après avoir passé devant Jumilla et d'autres villages où la fièvre jaune exerçait ses ravages ; les ordres les plus sévères en défendaient l'approche. Malgré ces précautions, l'appât du pillage y attira quelques soldats qui moururent dans des tourmens affreux et communiquèrent cette horrible maladie à la quatrième division. Cependant comme la saison était déjà un peu avancée, et que nos troupes étaient toujours au bivac, la contagion s'éteignit sans faire beaucoup de mal. Il ne périt que trente personnes environ parmi lesquelles se trouvait d'Astugne mon intime ami. Je l'avais connu au ponton *la Vieille-Castille* ; il était sous-lieutenant à la 5ᵉ légion quand je m'enrôlai dans ce corps en prenant d'emblée le grade d'officier. D'Astugne était allé avec quelques camarades dans le village pestiféré ; il en rapporta du pain, du vin et d'autres provisions dont il m'offrit une partie. Je refusai ce dangereux présent. Il se vantait d'avoir bravé la contagion ; « les coups de la fièvre jaune, lui dis-je, sont moins effrayans que ceux du canon, ils frappent sans bruit, mais il portent plus loin. Je désire vivement que vous n'ayez pas à vous repentir de cette imprudence qui peut vous faire mourir à vingt lieues d'ici d'une maladie que vous emportez peut-être avec vous. » Hélas ! je ne me trompais pas.

Nous nous promenions de bivacs en bivacs, mais non pas de châteaux en châteaux comme les anciens paladins. Lorsqu'une personne fait des projets dont l'exécution est très difficile, on dit qu'elle fait des châteaux en Espagne. C'est sans doute parce qu'en Espagne il n'existe point de châteaux que cette expression est devenue proverbiale. J'ai parcouru ce pays dans toute sa longueur, et dans une partie de sa largeur de Bayonne à Cadix, de Séville à Salamanque, à Tolède, sans rencontrer une seule maison des champs habitable. J'ai cherché vainement aux entours de Séville ce château d'*Aguas frescas*, que Beaumarchais a rendu si fameux, et ne l'ai retrouvé que derrière le rideau du Théâtre-Français. On ne voit dans les campagnes de la Péninsule que des *cortijos* placés à de très grandes distances les uns des autres. Un *cortijo* est une espèce de ferme dans le genre des *mas* de Provence, ces *mas* sont des palais en comparaison des *cortijos*. Une chaumière renfermant l'écurie, surmontée du grenier à paille (il n'y a pas de foin en Espagne), forme la majeure partie du *cortijo*; vient ensuite un réduit enfumé que l'on nomme cuisine où se réunissent les fermiers. On allume le feu au milieu de ce réduit, et la fumée, après avoir circulé dans la cuisine, s'échappe par un trou pratiqué au toit en déplaçant une tuile. Des bancs de pierre placés le long des murs de ce réduit servent tour-à-tour de siéges et de lits, c'est là que se couchent les paysans enveloppés dans des couvertures de laine.

Le mot *castillo*, château, n'est employé que pour désigner une citadelle, un fort, une redoute et non pas une maison de campagne agréable et somptueuse où les riches propriétaires vont passer la belle saison. Je n'ai vu en Espagne que des maisons royales et de misérables chaumières, pas un seul château isolé, une habitation considérable, une ferme ornée où l'on puisse supposer que réside le seigneur du pays. Et pourtant nos romanciers, nos faiseurs de comédies, de mélodrames et de livrets d'opéras dont l'action se passe en Espagne, ne manquent jamais de placer leurs héros dans des châteaux magnifiques. Les prétendus châteaux que l'on rencontre bien rarement dans les campagnes sont de vieux donjons, tels que *el Castillo di piedra buena*, dont les ruines attestent également la gloire de leurs anciens maîtres et la négligence des nouveaux.

Les couvens remplacent les châteaux, encore y a-t-il bien peu de monastères dans les champs et les villages, ils sont presque tous réunis dans l'enceinte des grandes villes. Les moines y trouvent un sol plus riche à exploiter : ils y sont au milieu des richesses et des plaisirs, la recette du *cepillo* est plus abondante, et ceux qui ont fait vœu d'humilité et de pauvreté arrivent plus facilement aux honneurs et à la fortune, et se moquent de ces pauvres diables d'anachorètes qui ne songent qu'aux félicités de l'autre vie.

Les Espagnols n'aiment pas le séjour de la campagne : s'ils avaient des châteaux, ils ne pourraient les habiter en sûreté, à cause des brigands, miquelets ou contrebandiers qui infestent le pays et sont en si grand nombre qu'ils résistent à la force armée. Les passages de la Sierra Morena, même en temps de paix ne sont jamais sûrs, et pour aller de Séville à Madrid les voyageurs sont obligés de se réunir en caravanes, pour en imposer aux voleurs. Ces brigands de profession forment de petites guérillas permanentes qui détroussent les voyageurs, elles sont organisées comme les bandes de Terracine et de la Calabre. Ces gens-là sont armés d'une *escopeta*, fusil de chasse, ou d'un *trabuco*, tromblon; chaussés avec des *espadrillas*, sandales de cordes, ils gravissent les rochers avec autant de rapidité que le chevreuil. Ils portent une culotte courte fort large, les jambes nues, point de veste le plus souvent, une couverture de laine jetée sur l'épaule leur sert tour-à-tour de manteau et de lit. Leur chemise ouverte sur la poitrine laisse voir le chapelet et le scapulaire, un couteau très pointu repose non loin de ces signes de dévotion. Il est facile de concevoir qu'avec une semblable société qui parcourt les campagnes dans tous les sens, on ne saurait habiter un château isolé, et que de nombreux domestiques bien armés ne pourraient pas veiller à la sûreté de leur maître et le défendre contre l'invasion des barbares.

Le 4 octobre l'armée arriva à Almanza où l'on s'arrêta pendant quelques jours, le 12 nous étions à Chinchilla petite ville dominée par un fort. Il fallait s'en emparer afin d'assurer le passage de l'armée, on fit le siége de ce fort que l'ennemi nous abandonna dès le second jour; il ne pouvait résister plus long-temps, mais une circonstance singulière vint hâter la capitulation. Le temps était à l'orage, des nuages noirs couvraient l'horizon, des éclairs éblouissans les sillonnaient, le tonnerre gronde ensuite et la pluie tombe par torrens. On attaque le fort, et pendant le combat la foudre éclate, frappe sur une tour, mais ne fait de mal à personne. Les Espagnols, effrayés par l'explosion de ce météore que l'orage avait dirigé sur eux, crurent que le ciel se déclarait pour les Français; que ce signe de la faveur divine était trop éclatant pour s'obstiner à combattre des ennemis protégés par un auxiliaire aussi puissant; sur-le-champ la garnison met bas les armes pour ne pas s'opposer plus long-temps aux volontés de Dieu. En entrant dans le fort, nos grenadiers disaient « ce n'est pas nous qui l'avons pris c'est le bon Dieu. » Voilà pourtant les fruits de l'ignorance et de la superstition! Périclès jeta son manteau sur la tête d'un soldat pour lui prouver qu'une éclipse était une chose toute naturelle et ne pouvait exercer aucune influence sur les résultats d'une expédition militaire. Les moines espagnols se garderaient bien d'imiter la conduite du général athénien, une éclipse, une comète, un coup de foudre, sont des phénomènes dont ils exagèrent sans cesse les conséquences; le peuple en est épouvanté, la superstition le gouverne, il obéit aux présages, et le roi d'Espagne perd ses places fortes par la seule raison que le temps est à la pluie. Mais les moines s'occupent de leur affaire et non des intérêts du roi. Verrait-on pareille chose en France? Nos soldats sont d'assez mauvais physiciens, Franklin ne les a point initiés aux mystères de l'électricité, et pourtant ils ne rendraient pas une place dont le tonnerre aurait ouvert la brèche à l'ennemi.

Le 15 octobre nous étions à Albacete, et le 29 à Aranjuez où l'armée arriva en passant à Laroda, San Clemente, Belmonte, Villa Mayor, Santa Cruz de la Sarsa, Ocaña.

J'allai descendre chez D. Ramon Morillejos l'honnête bourgeois d'Aranjuez chez lequel j'avais logé en 1808. Je ne trouvai que sa veuve, elle fondit en larmes en me voyant, je lui rappelais des souvenirs bien chers. Elle était heureuse alors! Quel changement affreux s'était opéré dans sa maison depuis que je l'avais quittée. D.

Ramon était mort, doña Teresa déplorait encore la perte de son fils Santiago assassiné par un soldat espagnol et la fuite de sa nièce qu'un officier anglais avait enlevée. La petite Antonia n'était plus dans la maison, et le beau Julian, celui que nous appelions le *majo* à cause de l'élégance et de l'extrême propreté de ses vêtemens, couvert maintenant de la livrée de la misère avait perdu sa gaîté et son amabilité.

Doña Teresa appela ses voisins et ses amis que j'avais connus en 1808, et tous me témoignèrent beaucoup d'intérêt; je retrouvai encore des amis sur cette terre désolée, mais mon amie Dolorès avait décampé. Sa tante me donna tous les détails de cette aventure, « je sais qu'elle vous aimait, ajouta-t-elle, je le soupçonnais, Dolorès m'en fit l'aveu. C'est moi qui l'empêchai de faire une folie en vous suivant alors; j'aimerais bien mieux qu'elle fût avec vous!» Je remerciai doña Teresa de la préférence qu'elle voulait bien m'accorder sur un habitant de la Grande-Bretagne, et lui donnai l'assurance que je n'aurais point approuvé les projets de voyage de sa nièce. Une jeune fille est exposée à trop de dangers en marchant à la suite d'une armée. — «Ah! que je vous estime, D. Sébastian, vous tenez le langage d'un galant homme. Mais que deviendra cette infortunée? — Elle partagera le sort de toutes les femmes qui ont suivi les Anglais et qui s'attachent à nos pas, elle sera abandonnée, si cela n'est pas déjà fait, et alors..... » Doña Teresa versa de nouvelles larmes, je devais bientôt la consoler de ce dernier malheur.

La ville d'Aranjuez et ses environs n'étaient plus reconnaissables : la plupart des maisons démolies ou brûlées, les jardins délicieux où jamais l'explosion d'une arme à feu n'avait effrayé les paisibles animaux qui peuplaient leurs bocages, où la cognée du bûcheron avait respecté pendant des siècles le chêne et l'acacia, offraient partout la triste image de la dévastation, et le silence funèbre du désert; partout la guerre avait porté le ravage et la destruction. Nous quittâmes Aranjuez le 1er novembre, et le 2 nous étions rendus à Madrid.

Je ne rentrai pas dans cette capitale sans éprouver une vive émotion : c'est là que j'avais été livré sans défense à la rage du peuple espagnol, c'est là que j'avais été accablé de vexations outrageantes et que cent fois la mort s'était offerte à mes yeux. Comme tout était changé depuis lors! Les brillans équipages avaient disparu, les grands de la cour et les gens riches s'étaient éloignés, en laissant les plus belles maisons désertes; des troupes de mendians parcouraient les rues et les places publiques en demandant du pain, et la ville entière retentissait des cris de ces malheureux. Ce douloureux tableau des misères humaines m'affligea moins que si j'étais arrivé à Madrid en temps de paix et par une route fréquentée. Mais nous venions de parcourir un espace de cent lieues sans rencontrer un habitant, ils fuyaient à notre approche pour aller se cacher dans les montagnes. Partout nous avions trouvé des maisons abandonnées, et ces antécédens me rendirent moins sensible aux malheurs qui affligeaient la capitale de l'Espagne. Tout fuit devant une armée victorieuse, il est plus prudent encore d'éviter la rencontre d'une armée en retraite.

En arrivant à Madrid, je courus chez D. Domingo Alonzo; que l'on a de plaisir à revoir ses amis, après une longue absence, après de longues infortunes! Je me présentai chez Alonzo avec cette délicieuse agitation que l'on éprouve en rentrant sous le toit paternel. Je ne doutais point du plaisir que lui ferait ma visite, et je me réjouissais d'avance de l'agréable surprise que j'allais lui causer. Il faisait nuit, et les lampes n'étaient point allumées encore; malgré l'obscurité, tout le monde me reconnut, même la grande et belle Jumecinda qui n'était qu'une enfant quand j'avais quitté Madrid. On me reçut comme on aurait fait le fils de la maison, qui servait alors dans l'armée espagnole en qualité d'officier. Je demande à voir mon ami Alonzo, la tristesse que j'aperçois sur tous les visages m'inspire de funestes soupçons. Il n'était pas mort, mais hélas! il touchait à son heure dernière. On ne voulut pas me permettre d'entrer dans sa chambre, attendu qu'il s'était mis au lit pendant l'absence des Français éloignés de Madrid depuis quelque temps, et l'on craignait avec raison que ma présence ne lui fît une sensation fâcheuse en lui annonçant leur retour. Le lendemain je retournai chez Alonzo, comme on se disposait à m'introduire auprès de lui, je dis à sa femme: « il sait donc que les Français sont à Madrid? Non, me répondit-elle, mais il a perdu tout-à-fait l'usage de ses sens, il ne saurait vous reconnaître. » En effet je retrouvai cet ami sincère pour le voir expirer, il était dans les angoisses de la mort. Toute sa famille fondait en larmes, sa femme surtout était inconsolable; dans l'accès de son désespoir elle s'arrachait les cheveux, se traînait à terre, appelait son époux à grands cris et voulait le suivre dans la tombe. Tout le monde était effrayé de la violence de sa douleur, on craignait pour sa vie, et je dis en la quittant: « Voilà une malheureuse qui va mourir de chagrin. »

J'aurais bien voulu prendre un peu de repos après un voyage si pénible, l'ennemi nous avait poursuivis long-temps, nous prenions notre revanche en le pourchassant à notre tour; il fallut partir le 4 novembre pour aller à Guadarama, le 5 à Labajos, le 6 à Arrevalo, séjour, le 9 à Peñaranda. Le 10 nous couchâmes au bivac à une lieue de Alba de Tormès où l'on resta trois jours, le 13 au bivac dans un bois de chênes sur la gauche. Nous manquions absolument de tout, nous étions fort heureusement dans une forêt, et comme l'Enfant Prodigue je mangeai des glands. Le 15 nous bivaquâmes à deux lieues de Salamanque avec un peu moins d'agrément: il pleuvait, il neigeait, le temps était plus froid et la boue effroyable. Le 16 mon estomac tressaillit à l'aspect des clochers de cette ville, je me nourrissais de glands depuis cinq jours et j'espérais trouver au moins du pain à Salamanque; je me trompais. Le premier jour il n'y eut de comestibles d'aucune espèce, le second on pouvait acheter des glands à trente sous la livre, le troisième jour enfin il fut possible de se procurer un pain de munition au prix de vingt francs si l'on était assez heureux pour avoir des amis puissans. Les Anglais en se retirant avaient emporté tous les moyens de subsistance.

Salamanque est une jolie ville : la grande place est magnifique, on ne saurait mieux la comparer qu'à la cour d'un immense palais. Les magasins du Palais-Royal de Paris sont plus riches sans doute, mais l'ensemble et les détails de cet édifice sont inférieurs à la place de Salamanque : elle est moderne, grande, carrée, et d'une architecture élégante ; un portique de quatre-vingt-dix arcades, au rez de chaussée, règne tout autour. Les maisons ont trois étages, ornés chacun d'un superbe balcon continué sans interruption. Des balustres couronnent l'édifice, sur le haut des façades on voit des médaillons qui contiennent les portraits des rois de Castille et de Léon jusqu'à Charles III, et ceux des guerriers les plus fameux de l'Espagne. L'université de Salamanque établie en 1239 jouissait autrefois d'une grande renommée. Le bâtiment qui la contient est immense, on y a vu jusqu'à quinze mille étudians, dont sept mille n'appartenaient point à l'Espagne. On pense bien que les étrangers ne vont plus à Salamanque pour y chercher l'instruction.

« Depuis long-temps le nombre des étudians est réduit à trois ou quatre mille. Un grand nombre étaient des fils d'artisans, de villageois qui voulaient fuir les pénibles occupations de leurs pères, sans se vouer aux austérités du cloître. Beaucoup marchaient demi-nus sous l'habit noir qui devait les couvrir; n'obtenant aucun secours de leur famille qu'ils avaient épuisée pour acheter leur bonnet carré, ils étaient réduits à recevoir la portion du pauvre sur la porte des couvens, ou à mendier au coin des rues, et quelquefois dans les environs, à main armée; d'autres mettaient leurs services aux gages des habitans, et quittaient la livrée pour venir dans les salles étudier une dialectique barbare. Au premier abord on croit apercevoir quelque chose d'estimable dans ce concours d'une jeunesse se pressant, en dépit de la misère, vers les sources du savoir. Mais combien était-il de ces élèves qui dussent honorer un jour la médecine, la chaire, le barreau, la magistrature, les conseils du prince? Ils traînaient dans les tavernes, sur les carrefours, aux pieds des sanctuaires où la piété ne les appelait pas, une existence dépravée. Ce qu'ils venaient chercher, c'était un titre de bachelier, de licencié peut-être, qui leur acquît le droit de professer un souverain mépris pour les travaux paternels, et de vivre aux dépens de la portion laborieuse de leur famille, comme les membres parasites du clergé séculier, les soixante-quinze mille moines, les puînés des grandes maisons, avec leurs bénéfices ruineux, vivent aux dépens de la portion laborieuse de l'empire. Pauvre Espagne ! qu'il est petit le nombre de tes fils qui nourrissent tous les autres ! La mendicité est chez toi bien ingénieuse : elle a pris tous les manteaux (1). »

J'allais un jour chez un garde-magasin des vivres pour solliciter sa protection afin d'obtenir une ration de pain. J'aperçus dans son appartement une jeune fille que je pris pour la servante de la maison, elle me regardait avec attention pendant que je parlais au garde-magasin. Je n'étais occupé que de ma requête, et je fesais peu d'attention à cette fille qui me reconnut et m'appela par mon nom. Cela me surprit d'autant plus que je n'étais jamais venu à Salamanque ; je m'approche d'elle et la reconnais à mon tour :

(1) *Don Alonzo*, ou l'Espagne, par N. A. de Salvandy.

c'était Dolorès d'Aranjuez, la nièce de D. Ramon Morillejos, elle versa des larmes en me voyant, ma présence semblait lui reprocher sa faute. « Je sais tout, lui dis-je, j'ai passé par Aranjuez; malheureuse qu'avez-vous fait? — Hélas! je ne chercherai point à m'excuser, il ne m'est plus possible de cacher mon état, il dépose assez contre moi. — Alors en relevant la tête elle aperçut un coin du scapulaire que je portais encore sur ma poitrine. — Que vois-je, dit-elle? quoi, vous avez conservé ce faible gage d'un amour que j'étais indigne de partager? — Depuis mon départ d'Aranjuez il ne m'a point quitté, je puis même vous montrer l'image de la Sainte-Vierge que vous m'aviez donnée aussi. » C'était effectivement la même. « Malheureuse, je ne connaissais pas encore jusqu'à quel point j'étais coupable! laissez-moi fuir, je n'ose plus me montrer devant vous. — Rassurez-vous, Dolorès, j'ai plaidé votre cause auprès de votre tante, séchez vos larmes, croyez que, malgré vos égaremens, cette bonne parente vous recevra; elle vous a déjà pardonné. Je lui ai même promis de vous ramener auprès d'elle si j'étais assez heureux pour vous rencontrer. Venez avec moi, et je vous conduirai à Aranjuez du moment que la situation de l'armée me le permettra. — Cette offre généreuse me comblerait de joie dans toute autre circonstance, elle augmente aujourd'hui mon désespoir; oserais-je me présenter chez ma tante dans l'état où je suis, aurais-je même la force de vous suivre? » En effet cette pauvre fille portait dans son sein le fruit de son amour, ou pour mieux dire de sa faiblesse. Alors elle me raconta avec les plus grands détails tout ce qui s'était passé dans sa famille depuis mon départ d'Aranjuez en 1808; j'abrégerai son discours : Prise et reprise plusieurs fois par les Français, les Anglais ou les guérillas, cette ville avait été constamment le théâtre de la guerre, et tous les partis y signalèrent leur entrée par la levée de nouvelles contributions ruineuses pour les habitans. D. Ramon Morillejos qui jouissait d'une honnête aisance avait tout perdu; privé des moyens d'entretenir sa nombreuse famille, il signifia à chacun de s'industrier pour échapper aux horreurs de la misère. Ma sœur Antonia fut placée comme domestique dans les environs. Et moi.... vous voyez ce que je suis devenue! Je suivis un officier anglais qui m'avait fait de belles promesses, je cours le monde avec lui depuis deux ans. Nous étions enfin à Salamanque; il m'a laissée ici, dans son logement, la veille de la bataille, en me promettant de revenir me chercher.... est-il mort, est-il vivant? Je l'ignore, et dans cette dernière supposition, reviendra-t-il auprès de moi? Je n'ose l'espérer. Je suis seule ici depuis quelques jours, les maîtres de la maison paraissent s'intéresser à moi, je cherche à me rendre utile, mais je crains que leur bonté ne se lasse, et que l'on ne finisse par me mettre à la porte. Vous savez que les Espagnols n'aiment pas les femmes qui suivent l'armée. » J'adressai des consolations à cette pauvre fille, et j'engageai le garde-magasin à se joindre à moi pour la recommander à la maîtresse de la maison. « Soins inutiles, me dit-il, il vaut mieux n'en rien faire ; ce que nous pourrions dire tournerait peut-être au désavantage de notre protégée. » Je consultai Dolorès sur ce point, elle nous pressa vivement de parler à son hôtesse, disant que la recommandation des gens de bien ne pouvait nuire à personne.

La maîtresse de la maison arriva dans ce moment et fut très surprise de nous trouver auprès de la malheureuse Dolorès qui pleurait en nous contant ses peines. Cette circonstance provoqua une explication à la suite de laquelle nous demandâmes à la señora qu'elle voulût bien accorder sa protection à cette infortunée. Je dis que je connaissais sa famille, qu'elle appartenait à des parens respectables, je n'omis rien de ce qui pouvait augmenter l'intérêt qu'elle avait d'abord inspiré; et je finis en disant excusez-la, Dolorès est plus à plaindre qu'à blâmer. « Eh, comment ne l'excuserais-je pas, répondit cette vertueuse dame? Si l'on doit pardonner une erreur, dans des temps heureux, quand une jeune fille surveillée par sa mère n'a aucun prétexte qui puisse motiver en quelque sorte sa faiblesse; pourquoi se montrerait-on moins indulgent lorsque la guerre a rompu tous nos liens sociaux, et que dans les désordres qu'elle entraîne avec elle chacun se croit autorisé à suivre ses penchans, à satisfaire ses passions? Si l'exemple des grands pouvait diminuer la gravité des torts des personnes dont la condition est moins élevée, je vous ferais connaître les nombreuses fugitives qui suivent l'armée française, elles appartiennent la plupart aux premières familles de Madrid, de Séville, de Grenade. Et, dans ce moment même, n'avons-nous pas ici la nièce de l'archevêque de Tolède qui partage la bonne ou mauvaise fortune d'un sous-lieutenant français?

« Rassurez-vous ma chère enfant, en vous voyant

j'avais pensé que vous étiez encore une victime ; jamais je ne vous aurais dit de sortir de chez moi, et si, jusqu'à ce jour, j'ai gardé le silence à votre égard, c'est par discrétion et pour respecter des malheurs que j'avais devinés. Restez chez moi tant que vous voudrez, et quand votre état vous le permettra, je vous donnerai les moyens de retourner auprès de vos parens. » Ces paroles consolantes répandirent un baume salutaire dans le cœur de la triste Dolorès, ses pleurs cessèrent de couler, et son visage reprit sa sérénité. Je sortis un instant après lui avoir promis de revenir la voir et d'écrire à sa tante doña Teresa. Nous engageâmes la dame espagnole à se charger de cette commission délicate et d'unir ses démarches aux miennes.

J'étais déjà loin de la maison du garde-magasin, quand je me souvins que j'étais venu chez lui pour avoir du pain, et que je n'avais pas pensé à lui en demander. Je revins sur mes pas, il apostilla mes bons, et me fit délivrer une double ration. Le garde-magasin était encore touché de la scène qui venait de se passer devant lui: quand le cœur est ému, que la sensibilité est excitée par une cause louable, on est mieux disposé à rendre service.

Nous partîmes de Salamanque le 20 novembre 1812, on coucha à Canilla, le 21 à San Pedro Rosado, le 22 à Matos, le 23 à Berujar; jusque-là nous nous étions nourris de glands. Depuis une semaine je manquais de pain, et je n'avais pas l'espérance d'en avoir de long-temps. Un hasard heureux me fit rencontrer ce jour-là deux soldats portant chacun un sac de farine qu'ils venaient de voler. Deux officiers de l'armée de Portugal m'avaient donné l'hospitalité, et j'avais déjà fait l'observation qu'il y avait un four dans la maison qu'ils habitaient. Les soldats étaient fort embarrassés de leur farine, et ne savaient comment faire pour avoir du pain. Je leur proposai de la leur convertir en pains beaux et bons, à condition que j'aurais pour ma part la moitié de la fournée. Le marché proposé fut à l'instant accepté avec plaisir, et me voilà mitron préparant le four et le pétrin. En Provence on fait le pain chez soi : cent fois, mille fois j'avais pris des leçons de Rose notre fidèle cuisinière, en la voyant poser le levain, le délayer, pétrir et faire le pain; je ne me doutais pas qu'un jour elles me seraient utiles. Mes deux officiers mettent habit bas : l'un va chercher du bois, l'autre fait chauffer l'eau, je vais prendre du levain chez un boulanger de l'armée et je pétris. Je fais une fournée, un de mes camarades fait l'autre, et pour prix de nos soins et de notre labeur nous obtenons quarante-cinq pains excellens, vingt-deux pour les soldats, vingt-deux pour nous, le quarante-cinquième pain appartenait au maître boulanger pour son droit, et je me l'appropriai. Voilà encore un métier que l'Espagne m'a fait exercer, il ne faut pas être fier quand on n'a pas de pain à manger. *Sine Cerere et Baccho, friget Venus*: est un vieux mot des anciens; comme Basile j'ai arrangé quelques proverbes en variations, et je disais alors : *Sine Cerere, silent organa.*

Nous quittâmes *Berujar* le 24 pour aller coucher *al Guijo de Avila*, le 25 *al Villar del Cornejo*, le 26 à *Piedrahita*, séjour. Le 30 à *Muguana*, le 1er décembre à *Avila*, séjour; le 4 à *Tremblo*, le 5 à *Cadalso*, couché à *Fenicientos*, le 6 à *Escalona*, couché à *Portillo*, le 7 à Tolède.

Les Anglais n'ayant pas voulu accepter la bataille du côté de Salamanque, nous vînmes prendre des cantonnemens sur les bords du Tage, et nous restâmes trois mois et demi à Tolède dans un état de paix et de tranquillité parfaites.

CHAPITRE XLI.

Tolède. — Le moine défroqué. — La religieuse. — Curiosités, antiquités. — Étymologies. — Cristoval et Cornelia. — *Colegio de las Doncellas*. — Richesse du clergé. — Cathédrale de Tolède. — Le maréchal duc de Dalmatie est appelé à Paris. — Départ de Tolède. — Désespoir de Mauricia. — Scène tragi-comique.

Nous devions passer l'hiver à Tolède, je donnai tous mes soins au choix d'un bon logement; après en avoir changé plusieurs fois, selon ma coutume, je m'arrêtai chez D. Basilio Moralès, *calle del Nuncio Nuevo*, c'est-à-dire, rue de l'hôpital des fous. Cet hospice était vis-à-vis de la maison de D. Basilio; mais les insensés enfermés dans leurs cellules ne paraissaient point aux fenêtres ouvertes sur la voie publique, et de notre terrasse intérieure nous pouvions contempler à notre aise un essaim de jeunes personnes, la fleur du beau sexe de Madrid, de Tolède et des villes voisines qui étaient pensionnaires du *Colegio de las Doncellas* placé derrière notre habitation.

La famille Moralès, quoique peu nombreuse, formait deux ménages, celui de Basilio ne comptait que le maître de la maison, sa femme et un jeune enfant. D. Manuel Moralès, sa femme, un enfant de six mois, Antonia nièce de D. Manuel, Mauricia sa pupille, composaient le second ménage. Le père et le fils étaient en assez bonne intelligence, mais la belle-mère et sa bru se détestaient réciproquement. Je voyais tour-à-tour les deux ménages, chacun m'exposait ses griefs et ses raisons, et je connus bientôt le sujet de la brouillerie qui divisait ces honnêtes gens.

D. Manuel Moralès était un de ces bons bourgeois comme on en voit tant en Espagne, qui n'ayant que de très petits revenus s'imposent toute sorte de privations afin de pouvoir vivre sans rien faire, avantage que chacun ambitionne en Espagne. Tous les revenus de D. Manuel consistaient en *capellanias*, chapellenies, et dépendaient par conséquent de l'église. C'était l'héritage qu'un de ses oncles, moine, avait laissé à Moralès sous la condition expresse qu'un des enfans de ce dernier embrasserait l'état ecclésiastique pour desservir les chapellenies dont le produit était de cette manière acquis à la famille. Pour conserver ces rentes, il fallait nécessairement qu'un des membres de cette famille entrât dans les ordres, ou qu'il y fût destiné par ses parens, et ne fît rien qui pût démentir l'intention qu'il avait manifestée d'y entrer.

D. Manuel n'avait qu'un fils, il l'envoya à l'université de Salamanque pour faire ses études en attendant qu'il eût atteint l'âge requis par les canons. Basilio devait être prêtre, il apprit ce qu'on enseigne dans les colléges espagnols : lire, écrire, un peu de latin, et ce qu'on peut appeler *philosophie* dans un pays où l'Inquisition brûle les philosophes et leurs livres. Mais Basilio aimait sa cousine Pepita, Basilio savait que les moyens d'existence de sa famille dépendaient de l'église et qu'il fallait du moins laisser croire qu'il se proposait de remplir les conditions qu'elle lui imposait. D. Manuel ne se doutait pas de l'amour violent que Pepita avait inspiré au jeune novice. Lorsque Basilio venait passer le temps des vacances dans la maison paternelle, tous les moyens étaient employés pour réchauffer son zèle et maintenir les heureuses dispositions qu'on lui supposait. Un regard de l'aimable cousine détruisait l'effet des sermons de D. Manuel; Amour est un grand maître, il est plus habile que tous les professeurs de Salamanque.

Cependant le moment approchait où Basilio devait prendre l'engagement qui le séparait à jamais de son amie. Il ne voulait pas désobéir à son père, il avait juré fidélité à Pepita, l'embarras de sa position augmentait chaque jour. Toutes les fois que son père lui parlait du bonheur qui l'attendait et des avantages de la vie cléricale, Basilio gardait un profond silence que le bon-homme Manuel interprétait à sa manière, et les pleurs du dépit et de la douleur étaient considérés par lui comme des larmes d'attendrissement et de componction. Toujours tendre, toujours aimante, Pepita craignait qu'un moment de faiblesse ne lui enlevât son cher Basilio et ne fît un diacre de son fiancé. Elle le pressa vivement de s'expliquer et de tout dévoiler à D. Manuel; Basilio n'osait pas, et d'ailleurs il ne voulait point que son père fût prévenu trop à l'avance afin qu'il n'eût pas le temps de s'opposer à ses desseins d'une manière puissante et bien concertée. Mais, pour rassurer entièrement son amie sur la fidélité qu'il lui avait jurée, il lui remit une promesse de mariage écrite et signée de sa main. Pepita fit la même chose, et les deux époux échangèrent ce gage sacré de leur hymen. Ces actes de mariage, sous seing-privé, sont encore respectés en Espagne.

Basilio partit de nouveau pour Salamanque avec la ferme résolution de ne point y rester jusqu'à la fin de l'année. Au moment du départ son père lui fit encore une belle exhortation et lui vanta de nouveau les charmes de la vie monastique. Basilio ne répondit rien, baissa les yeux et répandit quelques larmes. Touché de cette extrême sensibilité, signe *certain* d'une vocation angélique, D. Manuel témoigne à son fils toute sa tendresse et sa reconnaissance, et dans les transports de ses pieux embrassemens il découvre un énorme chapelet, un scapulaire élégant, qui se croisaient sur la poitrine de Basilio et que celui-ci voulait cacher. Plus de doute, voilà les insignes de l'état que son fils a définitivement choisi ; ou plutôt des gages d'amour et de fidélité qu'il tenait des mains de Pepita, talisman précieux qui devait le préserver des séductions des moines. Basilio reprit le cours de ses études à l'université de Salamanque, avec son assiduité accoutumée, c'est-à-dire, avec tout le flegme et la nonchalance d'un Espagnol, et d'un Espagnol amoureux. Le jour fatal arriva, le novice toujours résolu dans ses projets de mariage, n'avait pourtant pas encore songé aux moyens de les exécuter. Pris au dépourvu, trop faible, trop timide pour s'expliquer franchement avec ses supérieurs, il ne voit de salut que dans la fuite. Il s'échappe du séminaire, part de Salamanque pendant la nuit et à pied, prend des chemins de traverse, il craignait d'être poursuivi, revient à Tolède chez son père, et lui montre l'acte du mariage qu'il avait contracté.

Ce fut un coup de foudre pour D. Manuel, il se voyait déjà ruiné, dépossédé. Furieux, il menaça Basilio de la colère céleste et du courroux paternel.... Inutiles menaces, vaines fureurs; le grand mot était lâché, Basilio avait donné sa foi, le novice venait à Tolède pour s'engager avec sa cousine. Un prêtre les bénit en secret, et le mariage des deux amans ne laissait plus à D. Manuel que la faculté de pardonner. Mais cet hymen lui enlevait tous ses revenus, perte irréparable pour un homme sans talens et sans industrie, et qui était accoutumé à vivre dans l'aisance. Les Espagnols dévots ne pardonnent pas, ils sont aussi rancuneux que les moines. D. Manuel ne voulait plus voir son fils, cependant l'intérêt particulier d'un père justement irrité fit naître un moyen de conciliation. Après avoir recommandé à Basilio de garder le plus profond secret sur l'union qu'il venait de contracter, Manuel, veuf depuis peu de temps, se hâta d'épouser une femme avec laquelle il avait des liaisons, et qui par hasard se trouvait enceinte. Dès le lendemain de ce second mariage, l'enfant que cette femme portait dans son sein fut destiné à l'état ecclésiastique. D. Manuel éprouva des craintes mortelles jusqu'au jour de l'accouchement, et fort heureusement pour lui sa fortune se trouva dûment hypothéquée,

La signora mit au monde *un garçon*.

D. Manuel était un de ces bons Espagnols, tels qu'il les faut aux moines de ce pays : ignorant, crédule, poltron, superstitieux à un point extrême. Il avait été deux fois à Sarragosse voir *la Vírgen del Pilar*, il en était à son troisième pèlerinage à *Santiago de Compostela*, et toutes les années il allait au moins une fois à *Guadalupe*, le jour de la fête principale. Il me contait de la meilleure foi du monde les nombreux miracles qui s'étaient opérés sous ses yeux; les moines de Guadalupe sont experts dans cette partie. D. Manuel les considérait comme des saints et rapportait à chaque voyage des morceaux de la robe des pères qui lui inspiraient le plus de vénération; toutes ces reliques étiquetées avec soin étaient conservées religieusement dans une armoire dont il portait la clef pendue à sa ceinture.

Tolède est bâtie sur un monticule, toutes les

rues de cette ville ont une pente plus ou moins rapide. Nous descendîmes un jour avec D. Basilio la rue *del Nuncio Nuevo* pour aller sortir par la porte de Madrid. Nous suivîmes le chemin qui sert de promenade d'été et qui conduit, après plusieurs détours, à une grande plaine appelée *la Vega*. A droite de ce chemin, non loin de la ville, est un couvent de religieuses; elles y étaient encore presque toutes, nous en aperçûmes plusieurs aux fenêtres, elles paraissaient jeunes, et la plupart étaient fort jolies. « Qu'elles sont à plaindre! dis-je à Basilio; si elles vont en paradis, elles l'auront bien gagné, la vie du couvent est un purgatoire anticipé. — Dites donc un enfer. — Enfer est un peu trop fort; parce que vous avez manqué d'être moine vous êtes irrité contre les couvens, c'est bien assez que je vous accorde que ce soit un purgatoire; d'ailleurs elles sont toujours à temps d'aller en enfer. Je suis persuadé que ces infortunées regrettent le monde, bien qu'elles aient renoncé volontairement à ses pompes, à ses œuvres. Je pense qu'il en est ici comme en France; lorsqu'une famille destine un enfant à l'état monastique, on fait entendre à toutes les personnes qui fréquentent la maison qu'une véritable vocation l'entraîne vers le couvent, tandis que le pauvre enfant n'y pense pas du tout. — En Espagne, on ne prend pas même cette peine, on mène une fille au couvent et on l'y laisse. » Notre promenade nous avait rapprochés des fenêtres du monastère, et nos yeux se portaient de temps en temps sur les recluses qui étaient aux fenêtres, je fis remarquer à Basilio qu'elles nous regardaient. « Pourquoi pas, répliqua mon compagnon, les moines de Salamanque regardaient bien les femmes. » Nous nous arrêtâmes quelque temps au même endroit, les religieuses disparurent l'une après l'autre ; une seule resta, elle semblait nous regarder avec une attention particulière. Nous lui fîmes des signes, elle y répondit ; je m'aperçus qu'elle voulait nous dire quelque chose, mais nous étions trop loin pour l'entendre. Je lui montrai une lettre, aussi-tôt elle rentre en nous priant de ne pas nous éloigner. Un moment après la religieuse reparaît à la fenêtre avec un billet qu'elle nous jeta. Le papier tomba dans une espèce de petit jardin entouré de murs, qui se trouvait entre le couvent et le lieu où nous étions. Comment faire pour l'avoir ? Nous allâmes chercher un petit garçon qui franchit la muraille et nous apporta le billet. En voici la traduction :

« Qui que vous soyez, Espagnols ou Français, si vous avez un cœur sensible, secourez une infortunée, victime de l'ambition de son frère et de l'indifférence de ses parens, et comptez sur l'éternelle reconnaissance de Maria Alao. »

« Eh bien, Basilio, que dites-vous de ce billet? —Rien; les plaintes de la religieuse ne m'étonnent pas du tout. Que d'infortunées gémissent dans ces asiles sacrés, si improprement appelés séjour de paix et de bonheur ! Quelles sont heureuses ces saintes filles ! vous dira mon père. — Il faut convenir que leur bonheur, si toutefois c'en est un, est d'une espèce particulière qui diffère des autres félicités; je ne l'ai entendu vanter que par les personnes qui ne l'ont point éprouvé ; celles qui le connaissent n'en sont point enchantées. Les religieuses sorties du couvent se gardent bien d'y retourner, c'est apparemment afin de n'avoir pas trop de bonheur en ce monde. Mais revenons à notre billet ; que pouvons-nous faire pour la pauvre recluse, Maria Alao ?— Pas grand chose; quand même nous parviendrions à la tirer de là, qu'en ferions-nous ? que deviendrait-elle ?—Malheureuse fille ! à qui vous êtes-vous adressée ? Que ne suis-je assez riche pour vous rendre au bonheur ! »

Tout en devisant sur cette aventure, nous continuâmes notre promenade du côté de *la Vega*, vers les ruines d'un cirque jadis construit par les Romains. Tout près de ces ruines, on voit un massif en maçonnerie de trois mètres carrés environ, et de deux mètres d'élévation. C'était là-dessus que s'élevaient les bûchers de l'Inquisition; c'était là, sur cette *hoguera*, que se faisaient les *auto da fé*. Les autorités religieuses et civiles de Tolède, les habitans de cette ville et des environs, venaient se ranger dans cette vaste plaine, autour du fourneau, et pouvaient jouir à l'aise du spectacle divertissant de la brûlure d'un juif ou d'un sorcier. Je montai sur cet échafaud permanent, j'y trouvai des ossemens humains calcinés, j'observai que la terre qui le couvre en certains endroits, est onctueuse et grasse. L'herbe y croît en abondance et témoigne que depuis quelque temps on n'a brûlé personne. Nous allâmes ensuite à la manufacture d'armes blanches ; elle est située à une demi-lieue de la ville, sur les bords du Tage ; mais les travaux étaient suspendus, et nous ne vîmes pas l'intérieur de cet établissement. Les sabres et les épées de Tolède sont très estimés en Europe.

Nous rentrâmes dans la ville par une autre

porte : un édifice carré, d'une grande hauteur, s'offrit à nos yeux; d'énormes chaînes de fer, suspendues depuis le faîte de l'édifice jusqu'au premier étage, en garnissaient les murs. « Quel est ce monument ? dis-je à Basilio ?—C'est le seul couvent qui mérite d'être conservé ; les saints religieux qui l'habitent consacrent leur vie à la délivrance des captifs chrétiens qui gémissent dans les bagnes d'Afrique. Toutes les offrandes que les pères reçoivent sont employées à payer la rançon des chrétiens prisonniers; ces religieux vont les chercher sur les côtes de Barbarie, et s'exposent souvent à partager leur sort. Les captifs délivrés viennent ensuite à Tolède remercier Dieu et déposer leurs chaînes au pied de l'autel ; on les suspend ensuite aux murs du couvent (1). Voilà un ordre réellement utile et qui mérite la reconnaissance de tous les amis de l'humanité. »

Nous passâmes ensuite au marché que l'on appelait autrefois *zoco*, et qui maintenant porte un autre nom. La reine d'Espagne, se trouvant à Tolède, vint se promener au marché le matin, et le voyant bien approvisionné, s'écria : « *Hoy es el zoco de ver* ; aujourd'hui le *zoco* est beau à voir », et

(1) On y voit aussi les fers que portaient les chrétiens esclaves à Grenade, lorsqu'on fit la conquête de cette ville

depuis lors le marché fut appelé *zocodever*, et puis, pour abréger, *zocover*. Les Estrémègnes paysans de l'Estrémadoure, vêtus de cuir et portant de grandes liasses de saucisses, abondent au *zocover*. Rabelais nous a dit comment il advint que la capitale de la France reçut le nom de *Paris*, et comment la province qui l'avoisine fut appelée *Beauce*; je me crois dispensé de le rappeler ici. Ceux qui l'ignorent peuvent s'en instruire en lisant l'histoire intéressante de Gargantua, les faits et gestes de son illustre fils Pantagruel, qui montra de bonne heure la fertilité de son génie inventif. Les noms des rues et des places publiques, et même des rivières, ont quelquefois des étymologies bien singulières et qui doivent certainement dérouter les personnes qui ne connaissent pas les traditions du pays. En voici une de ce genre. A Brignoles, ville de Provence, dont les prunes ont acquis une haute réputation, deux virtuoses italiens, la femme et le mari, se promenaient sur les bords de la rivière qui baigne ses murs, lorsque la dame fait un faux pas et tombe dans les flots qui l'emportent du côté de la ville. L'époux désespéré, s'arrache les cheveux, pousse des cris horribles, mais il se garde bien de se jeter à l'eau pour en tirer sa moitié. Il suit sa femme sur le bord, en criant sans cesse : *cara mia! cara mia!* d'une voix de ténor vigoureuse et sonore. L'histoire ne dit point si sa compagne fut sauvée par un batelier diligent, mais la rivière prit aussitôt le nom de *Caramia*, qui s'est changé ensuite en celui de *Carami*. Le temps qui ronge les palais de marbre et les statues de bronze, ronge aussi les mots ; ils perdent toujours quelques lettres ou quelques syllabes en traversant l'océan des âges. Une rue de Paris portait le nom de *Sainte-Marie l'Égyptienne*, on l'appelle maintenant rue de la *Jussienne*. Demandez à un savant ce que c'est qu'une Jussienne ? il ne sera pas embarrassé de vous le dire ; il va trouver sur-le-champ la signification de ce mot d'origine grecque, celtique, arabe ou scandinave, *e sempre bene*. L'essentiel est de ne jamais rester court.

Demandez à un académicien ce que c'est que *les Échelles du Levant*, il vous dira que ce sont des places de commerce sur les côtes, dans les mers du Levant. Mais pourquoi leur donne-t-on ce nom singulier d'*échelles ?* c'est que dans ces places on se sert de grands leviers pour charger les navires, et que ces leviers, très apparens au milieu des ports, ont la forme d'une échelle. Il paraît alors tout naturel que l'on ait appelé *échelles*, les ports où l'on voyait des échelles. Cette explication et beaucoup d'autres sont trop absurdes pour qu'on daigne s'en contenter. Voici la véritable étymologie de ce mot ; elle mérite d'être rapportée et c'est en ma double qualité de Provençal et d'Espagnol que je la propose. *Kal* est un mot arabe qui signifie *abri* ; les Espagnols l'ont reçu des Maures, ils en ont fait *cala* ; ce mot a passé ensuite chez les Provençaux, et maintenant dans la France entière, *cale* désigne un endroit abrité, un port. Les Provençaux, en dirigeant leurs vaisseaux vers les côtes d'Afrique ou de la Grèce, disaient par conséquent : « nous allons dans *les cales* (1) du Levant, dans les ports du Levant. » Mais *les cales*, les ports et *l'escale*, l'échelle, ont une même prononciation dans la langue provençale. En voulant traduire un mot qui ne devait pas l'être, les Français du Nord auront appelé *l'échelle* et *les échelles* des lieux qu'ils devaient continuer à désigner par leur nom ordinaire qui n'avait pas besoin de traduction puisqu'il était devenu fran-

(1) « De fait, une heure après se leva le vent nommé nord-nord-west, auquel ils donnèrent pleines voiles, et prindrent la haute mer, et en briefs jours passans par Porto-Santo et par Madère, firent scale ès isles de Canare. De là partans passèrent par Cap Blanco, par Sénège, par Cap Viride, par Gambre, par Sagres, par Melli, par le Cap de Bona Speranza, et firent scale au royaume de Mélinde. » PANTAGRUEL, livre 2, chap. XXIV.

çais, *les cales du Levant*, les ports du Levant. La désignation des villes maritimes du Levant sous le nom d'*échelles*, vient d'une erreur de mots que l'usage a consacrée. Certains Provençaux, fort ignorans sans doute, croient que toutes les expressions de leur langue, les noms propres mêmes, doivent être traduits en français ; et lorsqu'un mot est exactement le même dans les deux idiomes, *cadenas* par exemple, ils le dénaturent pour lui donner une physionomie française. Ils diront un *cédené*, ne pouvant pas imaginer qu'un mot soit à la fois provençal et français : pour eux, le marquis de Roquesante devient en français le marquis de *Rochesainte*, et madame Peyrard, madame *Pierre à fusil*.

Mais revenons à Tolède, et rentrons avec D. Basilio sous le toit hospitalier de son père. Nous trouvâmes toute la famille assemblée, et Basilio dit ce qui nous était arrivé ; il montra le billet de la religieuse, et chacun témoigna les sentimens de pitié que cette infortunée lui inspirait. La señora Pepita, Antonia et Mauricia s'attendrirent sur le sort de la recluse Maria Alao. On raconta des aventures plus ou moins lamentables de religieuses et de couvens ; mon tour vint, et je fis connaître à ces dames l'histoire de la belle Cornélia de Séville. Ses malheurs avaient intéressé toute la société que je fréquentais pendant mon séjour dans cette ville; le fait est récent et s'est passé presque sous mes yeux.

Née à Séville de parens illustres, fille unique et chérie de sa famille, Cornélia réunissait aux attraits de la jeunesse et de la beauté, les grâces de l'esprit et l'agrément des talens. Elle chantait et s'accompagnait de la guitare en musicienne, *por música*, dansait parfaitement le boléro en jouant des castagnettes, et ce qui est plus rare en Espagne, elle touchait fort bien le piano. Son entrée dans le monde fit époque dans les *tertulias* de Séville; ses talens, son esprit généralement admirés, n'étaient pas ses moyens de séduction les plus puissans; elle avait un caractère plein de bonté, un charme particulier qu'on ne saurait définir, qui rangeait tous les cœurs sous sa loi et faisait pardonner sa vivacité et même son étourderie. C'était la fleur du beau sexe de Séville, l'ame de toutes les sociétés; parmi les nombreux adorateurs qui se pressaient autour de la séduisante Cornélia, D. Alonzo, jeune cavalier d'un rang distingué, avait obtenu la préférence, mais on ignorait encore que le cœur de Cornélia eût fait un choix.

Un soir, elle arrive de bonne heure dans une *tertulia*, le cercle n'était pas nombreux ; il se forme aussitôt autour de la beauté favorite afin de l'admirer de plus près et de jouir de l'agrément de sa conversation. Moins l'assemblée est grande, et plus il y règne d'intimité ; on rit, on jase, on plaisante, et selon l'usage du pays une dame demande à Cornélia quel est son *querido*, son ami : elle répond en riant qu'elle n'en a point, c'est la règle ; une jeune fille ne fait pas de semblables aveux. On lui dit, toujours sur le même ton, qu'il ne convient pas qu'une personne aussi aimable qu'elle n'ait point d'amant, et qu'il faut qu'elle en choisisse un. Dans ce moment quelqu'un frappe à la porte, et Cornélia vive et légère s'écrie : « Celui qui va entrer sera mon mari. » On ouvre, c'était D. Cristoval, un sot, un imbécile, un rustre, la risée de la *tertulia* et de la ville entière. La plaisanterie continue, et l'arrivée de Cristoval, la bizarrerie du choix de Cornélia que le hasard a si mal servie, rendent la scène plus piquante. On fait connaître à Cristoval le sujet du badinage qui occupe la société ; il s'applaudit de son bonheur en riant comme un *bobo*, trouve la chose fort amusante, appelle Cornélia sa femme, et, pendant toute la soirée, Cornélia lui donne le nom de son époux.

Toute la compagnie s'était rassemblée, lorsqu'un jeune prêtre se présente dans le salon; après avoir fait les salutations d'usage, il s'approche de Cornélia : c'était toujours auprès d'elle que se formaient les groupes, c'est auprès d'elle que la joie et le plaisir se manifestaient ; on riait aux éclats. Il demande à savoir de quoi il s'agit, Cornélia le lui dit, le prêtre s'en amuse comme les autres, et la fiancée ajoute en folâtrant : « Mon mariage avec D. Cristoval est définitivement arrêté; il y a consentement de part et d'autre, voilà de nombreux témoins, vous devriez nous donner la bénédiction nuptiale. — Très volontiers, je n'ai aucune raison pour vous la refuser. » Les deux conjoints se mettent à genoux devant le prêtre, qui, tout en plaisantant, fait la cérémonie de la consécration des époux et prononce sur eux *ego vos conjungo, crescite et multiplicate*, avec les lazzis d'un véritable pasquin. D. Alonzo, présent à cette burlesque cérémonie, se moquait de son rival ridicule, riait comme un fou, battait des mains pour applaudir, et trouvait la mystification excellente ; il semblait que D. Cristoval venait d'être reçu mamouchi.

Cette scène comique se prolongea long-temps encore ; mon mari, ma femme, tels étaient les titres que Cornélia et Cristoval se donnèrent pendant toute la soirée en prenant part aux jeux de la *tertulia*. Cornélia avait cru faire une plaisanterie, le prêtre le pensait aussi, toute la société de même en était persuadée; mais Cristoval, tout rustre qu'il était, prit la chose sérieusement et voulut profiter des avantages de la situation dans laquelle l'étourderie de Cornélia, l'imprudence extrême du ministre du culte, l'avaient placé. Quand l'heure de se retirer arriva, le malicieux Cristoval prend Cornélia sous son bras et veut absolument la conduire chez lui et prendre possession de son épouse légitime. Cette incartade mit un terme au badinage; la scène changea de face, et Cornélia protesta vivement contre les entreprises de Cristoval; elle déclara que ce n'était qu'une plaisanterie digne de blâme sans doute, mais qui ne devait avoir aucune conséquence; le prêtre manifesta la même opinion, et toute la société prit fait et cause pour Cornélia. Alonzo menaça, provoqua son rival, poussa l'injure jusqu'à l'outrage; la scène fut animée, furieuse, déchirante. Le brutal ne voulut pas céder, rien ne put vaincre son opiniâtreté. « Je suis marié, dit-il, et réellement marié avec madame; le consentement des parties et des parens, la présence

des témoins, la bénédiction du prêtre, rien ne manque à mon mariage. Toutes les conditions voulues ont été remplies, et si bien remplies dans les formes, que le prêtre qui nous a bénis est précisément un des vicaires de la paroisse de Cornélia. Avant de faire valoir mes droits j'ai pu les examiner, ils sont inattaquables; madame pleure en ce moment, sa douleur se calmera bientôt; demain peut-être; je suis digne en tout de prétendre à sa main, et la meilleure preuve que je pouvais l'obtenir, c'est qu'on me l'a accordée sans que j'aie pris la peine de la demander. Quant à vous, seigneur Alonzo, je verrai si je dois répondre ou non à l'offense que vous m'avez faite, nous y penserons plus tard; en attendant je suis sous la protection de la loi, personne ici, j'espère, n'osera s'opposer à la légitimité de mes prétentions. »
On pense bien qu'après une levée de bouclier si violente et si bien calculée, il fut impossible de faire entendre raison à Cristoval; c'était un parti pris, et tous les argumens échouèrent contre son opiniâtre résistance. On obtint cependant, et ce ne fut qu'avec la plus grande peine, que l'infortunée Cornélia rentrerait avec sa famille sous le toit paternel, pour cette nuit seulement; il voulut bien lui accorder ce délai de vingt-quatre heures

pour consulter les docteurs et l'autorité ecclésiastique sur la validité du mariage.

Le lendemain Cristoval court chez l'archevêque et réclame son appui ; ce prélat fait appeler à l'instant Cornélia, sa famille, le prêtre et toutes les personnes qui avaient pris part à ce badinage inconvenant. Après avoir écouté bien attentivement ce que chacun avait à dire, l'archevêque adressa une vigoureuse admonestation au jeune vicaire, l'interdit pour un an de ses fonctions, lui imposa une longue retraite ; et se tournant ensuite vers les parties intéressées, il déclara solennellement que le mariage était bon et qu'il devait être confirmé. Cette décision fut un arrêt de mort pour la belle Cornélia, elle tomba sans connaissance entre les bras de sa mère. Lorsqu'elle eut repris ses sens Cristoval s'approcha d'elle, il fut repoussé avec horreur ; et s'adressant à son amant, Cornélia lui dit : « Cher Alonzo, si je ne puis te
« consacrer ma vie, je saurai du moins me sous-
« traire aux poursuites, à l'odieuse tendresse d'un
« monstre tel que Cristoval. »

En sortant du palais de l'archevêque, Cornélia se fit conduire au couvent des Ursulines, elle y resta long-temps sans prononcer de vœux : Cristoval pouvait mourir et lui rendre sa liberté.

Mais quand elle apprit que D. Alonzo s'était marié, sa résolution fut prise à l'instant même, elle s'engagea pour la vie. Cornélia, jeune encore, est toujours au couvent, et les personnes de Séville, qui ne l'avaient pas connue avant son funeste mariage, se rendent au monastère pour voir l'héroïne d'une aventure qui pendant long-temps fut l'objet de toutes les conversations. Cornélia n'a point cessé d'être belle; depuis six ans elle était religieuse lorsque je l'ai vue au parloir des Ursulines de Séville, où D. Cayetano me présenta comme son ami.

J'avais à peine fini mon récit, quand Basilio nous avertit qu'il était plus de onze heures, et que le 24 décembre on allait à la messe de minuit. Nous partîmes un instant après avec ces dames, et je jugeai bientôt que cette cérémonie ne se faisait pas avec plus de décence à Tolède qu'à Séville. Il y avait de plus à Tolède un chœur de *capones* que les Italiens désignent sous le nom plus honnête de *soprani*; ils chantaient en bâillant les hymnes joyeuses *del santísimo natale*.

Le premier janvier 1813, on tira *los años*, les ans, chez D. Basilio. Mon nom sortit avec celui de l'espiègle Mauricia qui me remit les deux billets élégamment pliés avec un ruban rose formant lacs d'amour, elle y joignit un quatrain pris chez le confiseur, et me les récita comme un écolier dit un compliment. Mauricia me présenta le petit paquet avec toute la grace castillane, qui cependant est encore bien loin du *salero* andalou. Le jour des Rois *los estrechos* succédèrent à *los años*, et le nom de Mauricia vit encore la lumière en même temps que le mien. Mais comment se fit-il que le hasard amena deux fois de suite ces deux noms? La chose n'était pas impossible, sans doute, en calculant les chances de la probabilité...... Ce n'est point ainsi qu'il faut expliquer ce jeu du sort. Il est aussi facile de faire sortir ensemble les deux noms que l'on veut accoupler, qu'il était aisé à un préfet de faire tirer les bons numéros aux conscrits assez riches pour payer cette ruse, qu'il est facile aux moines de Guadalupe d'opérer des miracles à volonté, etc. Que de choses faciles!

D. Manuel était bavard et me racontait les histoires les plus extravagantes avec un sérieux risible. Si j'avais l'air de ne point ajouter foi à ses contes ridicules, il allait aussitôt chercher son recueil d'anecdotes, et me faisait quelquefois l'honneur de me prêter le vieux bouquin en me recommandant de le lire avec attention et d'en avoir le plus grand soin. On y trouvait les aventures merveilleuses de Rodrigue lorsqu'il descendit dans la caverne d'Hercule ; une statue de bronze vint l'arrêter, et ses menaces le forcèrent de rétrograder ; il avait pourtant fait la moitié du chemin, et la caverne a trois lieues de longueur. D'autres chevaliers plus téméraires que Rodrigue voulurent tenter le même voyage, ils bravèrent les menaces de la statue, et les atteintes de l'épée flamboyante qu'elle brandissait contre eux ; mais un torrent épouvantable les attendait plus loin, ils s'arrêtèrent alors et plusieurs moururent de peur, d'autres revinrent très malades. Je voulais visiter à mon tour le terrible souterrain, D. Manuel s'offrit pour m'y conduire, son courage me surprit d'abord ; mon étonnement cessa bientôt, ce guide me fit entrer dans l'église de San Ginez, non pour m'accompagner dans la caverne, mais pour m'en faire voir la porte qui depuis long-temps était murée. Au retour, nous parlions beaucoup du souterrain et des prodiges qui lui sont attribués par les Tolédans. Basilio me dit à l'oreille : « Vous a-t-on montré ce qu'il y a de plus curieux dans l'église de San Ginez ? — Qu'est-ce que c'est ? — Une ame qui n'a pas pu trouver de place au paradis ni au purgatoire, et que l'on conserve dans une boîte de fer-blanc, en attendant que les prières des fidèles l'aient délivrée. »

D. Manuel possédait encore un livre, on devine que c'est le fameux roman espagnol *Don Quichotte de la Manche:* cet ouvrage se multiplie dans ce pays ; on le trouve dans toutes les maisons, et quelquefois à chaque étage. *Don Quichotte* et des patenôtres, telle est la bibliothèque ordinaire de la plupart des Espagnols. D. Manuel lisait si souvent l'un et l'autre que l'empreinte de ses lunettes, dans la crasse tracée, s'y montrait à chaque page. Quand il avait fini le dernier volume, il reprenait bravement le premier, et toujours avec un nouveau plaisir; si je l'interrompais dans ses jouissances, il posait son livre et s'écriait avec l'enthousiasme d'un imbécile et la confiance d'un ignorant: « Voilà le chef-d'œuvre de la littérature!.... — Espagnole, répliquais-je. — Non, de tous les pays; vous autres Français vous ne savez pas, vous ne pouvez pas l'apprécier. — Nous estimons sans doute les belles choses qu'il contient, mais fort heureusement nous n'avons pas, comme vous, des inquisiteurs qui, en condamnant au feu tous les livres qui auraient à peu près le sens commun, nous forcent d'admirer des fadaises. — Des fadaises, seigneur chevalier? — Oui, des fadaises. Qu'est-ce que c'est que votre chevalier errant, monté sur une rosse pour courir les aventures, faisant la guerre à des troupeaux de moutons, à des moulins à vent? Vous me direz que c'est un fou, d'accord, mais du moment que sa folie est connue, rien n'étonne plus, tout l'intérêt du roman s'évanouit, et les extravagances du héros n'inspirent que la pitié. D. Manuel, vous êtes le meilleur homme du monde, mais vous ressemblez à la plupart de vos compatriotes, les moines se sont emparés de votre esprit et vous ont jeté un voile épais sur les yeux. Ils vous permettent de lire *Don Quichotte* parcequ'ils pensent que les aventures du vainqueur des marionnettes, ses amours avec Dulcinée du Toboso, les raisonnemens de Sancho Pança, n'ont rien de dangereux pour la politique monacale. Certes, si les jésuites reviennent un jour, ils trouveront l'Espagne au même point où ils l'ont laissée, ces bons pères n'auront pas la peine de vous faire rétrograder afin de rendre ce pays essentiellement religieux et monarchique.

« — Ah, je vous en prie, ne parlez pas contre les moines; ce sont des hommes vertueux et dignes de nos respects, notre prospérité passée est leur ouvrage, et nous leur devrons sans doute notre délivrance et notre bonheur à venir. Vous êtes prévenus contre eux, messieurs les Français, et les moines feraient des miracles que vous n'y croiriez pas.— C'est que nous savons comment ils les font, leurs procédés sont connus. Les moines ont-ils conquis le Mexique? je ne crois pas que vous entendiez autre chose en parlant de votre prospérité passée. Je ne suis point prévenu contre eux et n'affirme que ce que j'ai vu. On m'avait dit que quand un moine se présentait dans une maison tout le monde se prosternait devant lui pour baiser sa main, cela est vrai. Mais on m'avait assuré que quand il désirait d'entretenir madame en particulier, il s'enfermait avec elle, et que les sandales laissées à la porte avertissaient monsieur qu'il devait s'abstenir d'entrer et de troubler le pieux tête à tête; je n'ai pas vu cela, je ne le crois point. Il est vrai qu'à Séville je surpris un moine avec ma patronne, mais il n'avait pas laissé ses sandales à la porte. — Ils sont de chair et d'os comme nous, et par conséquent sujets aux mêmes faiblesses; cela n'empêche pas qu'ils ne soient très utiles à la nation. Mais brisons là, seigneur chevalier, nous ne saurions nous accorder sur ce point. »

Le maréchal duc de Dalmatie donna des soirées

magnifiques pendant le carnaval, toutes les dames de Tolède y furent invitées, et particulièrement les pensionnaires *del Colegio de las Doncellas.* Ces demoiselles y venaient simplement vêtues de leur modeste robe de laine grise et blanche, et n'avaient d'autre parure que les graces de la jeunesse et la candeur de l'innocence; qu'elles étaient belles!

Les demoiselles que l'on élève dans ce *colegio* appartiennent à des familles nobles et pauvres, le gouvernement fait les frais de leur éducation, mais ne leur donne point de dot; il faut qu'elles s'industrient pour attraper un mari, si elles ne veulent pas rester au collége toute leur vie. Bien que cet établissement soit dirigé par des religieuses, l'accès en est facile, et les hommes peuvent le visiter intérieurement; quand je m'y présentai avec d'autres Français, soixante jeunes beautés vinrent se grouper autour de nous, chacune faisant valoir ses moyens de plaire. On assure qu'elles sont d'une sagesse irréprochable, elles veulent absolument faire la conquête d'un mari. J'en ai vu, cependant, plusieurs qui voyageaient à la suite de l'armée française, et qui n'avaient encore trouvé que des amis.

Le clergé d'Espagne est très riche; les archevêchés et certains évêchés ont des revenus immenses : celui de l'archevêché de Tolède s'élève à trois millions de francs ; l'archevêché de Sarragosse est un des moins dotés, et rend six cent mille francs ; l'évêché de Murcie cinq cent mille francs ; les canonicats de Tolède sont d'un revenu de vingt-cinq mille francs, ceux de Valence de quinze mille francs, certains couvens ont six et sept cent mille francs de rente. Madrid est du diocèse de Tolède, et n'a par conséquent pas de siége épiscopal ; l'archevêque de Tolède est primat de l'Espagne. La cathédrale de cette ville possède un trésor dont la valeur ne peut s'apprécier en millions ; la quantité d'argent, d'or, de diamans, de pierres précieuses qu'il renferme tient du prodige. La plus grande part de ces objets avait été cachée, et comme Tolède n'a été le théâtre d'aucun combat pendant les campagnes de 1808 à 1813, qu'il n'y a pas eu même une émeute populaire qui pût fournir un prétexte de dévastation et de pillage, toutes ces richesses sont restées parfaitement intactes. Les Anglais mêmes, les plus grands déprédateurs de l'Espagne, les ont respectées. Je n'ai pu voir que les objets que l'on avait laissés à leur place, tels que la statue de la Sainte-Vierge. Elle est dans une chapelle obscure qui, les jours ordinaires, n'est éclairée que par une seule lampe ; une grille en fer, dont les énormes barreaux se prolongent jusqu'à la voûte, en défend l'entrée à la cupidité sacrilége. Cette grille s'ouvre les jours de solennité, la chapelle est illuminée alors par des milliers de flambeaux supportés par des chandeliers d'argent, de vermeil, d'or ; la statue est d'argent, l'enfant Jésus d'or massif, il a près de trois pieds de hauteur. Toutes les richesses du Nouveau-Monde sont réunies sur la robe dont la Sainte-Vierge est revêtue ces jours-là : sa couronne est de diamans superbes, le chapelet qu'elle tient à la main est de diamans mêlés avec des perles. Le reste de l'église est décoré avec la même magnificence, les fenêtres sont en vitraux coloriés d'une rare beauté. Dans un lieu obscur et contre l'un des piliers on aperçoit une conque en marbre, on la prendrait pour un bénitier, mais elle est garnie d'un petit matelas, c'est là que l'on dépose les enfans trouvés.

Quand l'armée française arriva pour la première fois à Tolède en 1808, l'archevêque y était encore, je le vis officier alors ; ce prélat est l'oncle du roi Ferdinand. Il est seigneur d'une infinité de villes, bourgs et villages ; les chanoines sont aussi de petits seigneurs, presque toutes les maisons de Tolède leur appartiennent. Le pape et le roi d'Espagne sont chanoines honoraires de cette métropole, c'est un beau titre sans doute, mais un roi pourrait fort bien s'en passer. Le palais archiépiscopal est près de la cathédrale, il est magnifique; le maréchal Soult l'occupait.

Quoique le climat de la Castille soit beaucoup moins chaud que celui de l'Andalousie et que l'hiver s'y montre quelquefois très rigoureux, les moyens pour se garantir du froid sont les mêmes que l'on emploie à Séville, où l'hiver, n'est qu'un printemps. Il n'y a point de cheminées dans les appartemens, on se chauffe autour d'un *brasero*, cela n'est pas commode et ne peut être agréable que dans certaines circonstances dont les Espagnoles savent tirer parti.

Tolède a plusieurs belles promenades, en hiver on recherche le soleil. Un jour du mois de février, c'était un dimanche si j'ai bonne mémoire, j'accompagnais Basilio, sa femme et la petite Mauricia au rendez-vous des promeneurs, et nous aperçûmes de loin un groupe d'officiers français qui se pressaient autour d'un aide-de-camp du duc de Dalmatie. Cet aide-de-camp arrivait de Madrid et nous apprit les désastres de l'armée de Russie. Cette nouvelle se répandit à l'instant parmi les Français et les Espagnols; il est facile de se faire une idée des effets divers qu'elle produisit sur les uns et les autres. Les gens du monde, qui ne savent pas ce que c'est que la vie militaire, penseront sans doute que les officiers français de l'armée d'Espagne, au récit de cette horrible catastrophe, s'estimèrent heureux de ce que la fortune les avait retenus dans un climat tempéré, et s'applaudirent en secret de n'avoir pas fait partie d'une expédition dont les succès et les revers avaient été si près les uns des autres. Point du tout, il n'est aucun de nos officiers d'Espagne qui, dans ce moment, n'eût voulu se trouver à l'armée de Russie. Ils ne regrettaient pas d'avoir manqué l'occasion de s'ensevelir sous les neiges de Krasnoë, ou de se noyer dans la Bérésina; mais ils portaient envie à la gloire immortelle de leurs frères d'armes, aux récompenses que les restes de cette malheureuse armée avaient si bien méritées et si chèrement payées. On n'entendait pas nos officiers d'Espagne s'écrier : « Que nos camarades de Russie doivent avoir souffert ! quels dangers n'ont-ils pas courus ! quelle infortune ! quels désastres ! » Mais au lieu de ces exclamations multipliées, on n'en entendait qu'une seule. « Que d'avancement dans cette armée!!! » Chacun se transportait en idée à l'armée de Russie et s'imaginait être du petit nombre des survivans. Voilà ce qui fait les bons soldats, les héros intrépides. Dans toutes les entreprises, ils ne considèrent que la gloire, jamais le danger.

L'empereur était à Paris; on levait trois cent mille hommes en France, et Napoléon voulant rassembler ses plus habiles généraux rappela le maréchal duc de Dalmatie, qu'il se plaisait à nommer le *premier manœuvrier*, titre non moins flatteur que celui de *brave des braves* dont il honorait le maréchal Ney. Le duc de Dalmatie partit de Tolède et laissa le commandement de son corps d'armée au général de division comte Gazan. Tous ceux qui avaient conservé quelque espoir de retourner en Andalousie furent forcés d'y renoncer. Les désastres de la grande armée qu'il fallait réparer promptement, les hordes du Nord qui menaçaient nos frontières appelaient nos troupes sur d'autres points, et l'on ne pouvait plus attendre les renforts dont nous avions un si pressant besoin. La retraite devenait pour nous inévitable, et les moins clairvoyans avaient déjà présumé que toutes nos forces d'Espagne allaient se réunir sur le Duero. A l'armée tout le monde se mêle de raisonner, les officiers et les soldats, les employés et les commis s'occupent des opérations militaires et censurent les généraux; de même que les commères raisonnent sur la médecine et jugent les docteurs, et que les dévotes raisonnent sur la religion et jugent le pape et les jésuites.

La petite Mauricia était *mi año*, et *mi estrecho*, deux titres, dont chacun en particulier vaut mieux encore que celui de *tocayo*. J'avais pour cette aimable Castillane toutes les petites attentions obligées que la galanterie espagnole prescrit aux jeunes gens envers leur *año* et leur *estrecho*. Je m'étais pourtant bien gardé de rien dire qui pût faire croire à cette señorita que je devais l'emmener avec moi lorsque nous partirions. Elle fit part de mon prétendu projet à Basilio, à sa femme et même à D. Manuel son tuteur. Celui-ci, tout dévot qu'il était, l'aurait laissée partir sans opposition et sans lui faire la moindre remontrance, dans l'espérance de jouir des biens de sa pupille quand elle aurait décampé.

A mesure que le moment du départ approchait, Mauricia devenait plus pressante: elle parlait de mon projet à Basilio comme d'une chose certaine, elle somma D. Manuel de lui faire un trousseau convenable; des habits d'homme pour le voyage et des robes de femme pour les villes où l'on séjournerait. Son tuteur y consentit de grand cœur, et lui dit seulement qu'il désirait se concerter avec moi pour cet objet essentiel. Mauricia vint aussitôt dans ma chambre, sa figure rayonnait de joie, elle m'invita à passer chez D. Manuel qui avait quelque chose à me communiquer. « Si D. Manuel veut me parler, qu'il vienne, je l'attends, lui dis-je. » Mauricia sortit, je vis arriver D. Manuel un instant après. Je lui demandai ce qu'il me voulait, il avait l'air fort embarrassé, ne savait par où commencer sa harangue, enfin il entra en matière en ces termes.

« La señorita Mauricia m'a fait part de ses projets, je sais qu'elle doit partir avec vous, et je viens m'entendre avec votre seigneurie afin de.... — L'en empêcher, lui dis-je en l'interrompant. — Non, afin de l'habiller d'une manière convenable et selon votre goût. — Eh quoi! c'est D. Manuel Moralès qui me tient ce langage ? C'est un dévot dont toutes les poches sont pleines de reliques ! le grand admirateur des moines de Guadalupe, de Santiago de Compostela et d'autres lieux ! enfin le tuteur de Mauricia ! » Après une altercation assez vive dans laquelle je fis apercevoir à D. Manuel toute la gravité de ses torts, il fut décidé que sa pupille resterait à Tolède. La petite espiègle écoutait à la porte; quand elle eut entendu dans quel sens je parlais à son tuteur, elle courut s'enfermer, s'abandonna au plus violent désespoir, et se jeta dans la bouche une poignée d'aiguilles.

La jeune Antonia qui l'entendit gémir, entra pour voir ce qui lui était arrivé. Antonia appelle tout le monde à son secours, et chacun s'empresse d'extraire les aiguilles qui s'étaient fixées dans la bouche de Mauricia en piquant la langue, le palais, les gencives. Elle s'opposait aux soins qu'on voulait lui donner, fermait la bouche afin de faire croire qu'elle voulait mourir absolument. Nous parvînmes cependant sans beaucoup de peine à lui enlever les aiguilles; aucune n'avait pénétré plus avant. Toute la maison était en alarmes; j'étais moi-même au désespoir de ce qui venait de se passer, et je ne pouvais me consoler d'avoir été la cause d'un accident qui aurait pu devenir un grand malheur. Le caustique Basilio se moqua de moi. « Vous êtes bien bon de vous inquiéter, me dit-il, si vous connaissiez la rusée vous seriez un peu plus tranquille sur son compte. Pour mettre en repos votre conscience, je vous dirai que l'année dernière elle avait pour amant un de vos compatriotes nommé Déglan, qu'elle suivit à Madrid; ses parens allèrent la chercher et la ramenèrent ici. Maintenant, elle veut partir avec vous dans l'espoir de rejoindre son ancien, et je suis persuadé qu'elle vous planterait là quand elle l'aurait trouvé. — Voilà pourquoi M. votre père la laissait partir en liberté, il est facile de concevoir qu'il ne serait pas fâché de s'en débarrasser. Mon cher Basilio, je vous remercie de l'avertissement que vous me donnez, j'en ferai mon profit. »

CHAPITRE XLII.

Retour à Madrid. — La veuve consolée. — Burgos, tombeau du Cid. — Bataille de Vittoria. — Je retrouve le chanoine. — Rentrée en France.

Partis de Tolède le 26 mars, nous fûmes rendus à Madrid le 27; le lendemain je me présentai chez D. Domingo Alonzo. Je l'avais laissé mourant le 3 novembre, je le croyais défunt et cependant je ne voyais aucune marque de deuil qui me l'annonçât. Ces apparences me firent penser qu'il pouvait être revenu de sa maladie, et je demandai de ses nouvelles. « Il est mort, me répondit gaîment sa belle mère ; si nous ne sommes point en deuil c'est que ma fille est remariée depuis un mois. — Quoi, sitôt ? — Oui, seigneur chevalier, qu'y a-t-il d'extraordinaire dans ma conduite, dit la veuve de Domingo ? — Oh ! rien, veuillez me pardonner, les usages du pays ne me sont pas bien connus, je croyais qu'ici comme en France une veuve ne se remariait point avant dix mois comptés du jour du décès de son époux. Mon ami Domingo n'est mort que depuis quatre mois, vous êtes remariée depuis un mois, je craignais que le public n'eût trouvé cette diligence un peu singulière. — Señor, répondit-elle, avec toute la grace d'une Castillane et la naïveté maligne d'une Andalouse, si, pour le public, mon mari n'est mort que depuis trois mois, il l'était pour moi depuis sept ans. » Je ne pus m'empêcher de rire : « Quoi ! D. Alonzo ?.... Je le croyais le modèle des maris. — *Si señor*, il était le plus honnête homme du monde, mais..... — Mais ?.... — *Ya era viejo*, il était déjà vieux, dit-elle, en se pinçant les lèvres pour ne pas rire trop fort. » Et moi qui croyais qu'elle allait mourir de chagrin et suivre Alonzo dans la tombe !

Le 10 avril je partis de Madrid pour me rendre à Arrevalo, je restai dans cette ville ou dans ses environs jusqu'au 18 mai. Le 20 j'étais à Toro où l'on me logea chez un prêtre de l'espèce du moine Tadeo qui poignardait nos camarades du ponton. J'allais dans la *tertulia* de la marquise de Tordesillas à qui j'aurais volontiers conseillé de faire emplette d'une perruque pour cacher des cheveux blancs qui ne s'accordaient pas avec ses prétentions et sa coquetterie. Elle avait pour camériste une Gitana de dix-huit ans charmante; les dames de Paris se montrent plus avisées.

En arrivant à Burgos, le 11 juin, je fus très surpris en voyant au milieu de la promenade de l'*Espolon* un monument tout neuf qui n'existait point lorsque je passai dans cette ville pour la première fois en 1808. C'était un tombeau assez mesquin sur lequel on lisait l'inscription suivante, en gros caractères :

Le général Thiébault, gouverneur des deux Castilles, a fait transporter ici les restes du Cid et de Chimène, avec les débris de leur tombeau.

Ce tombeau était auparavant dans l'église de la Chartreuse de Burgos ; était-ce pour ajouter à la gloire de D. Rodrigue que le général français s'empressa de produire les restes du héros castillan au grand jour ? Craignait-il que l'Espagne reconnaissante ne perdît le souvenir d'un brave qui l'avait sauvée ? Ou bien voulait-il que le nom de Thiébault, que beaucoup de gens ignoraient sans doute, parvînt à la postérité sous le patronage du vainqueur des Maures et de l'amant de Chimène ? Je laisse à mes lecteurs à décider la question, peut-être seront-ils assez malins pour appliquer au général français deux vers que Damis récite dans *la Métromanie* ; je ne prendrai point une telle licence. Je voudrais bien savoir si les Espagnols fanatiques du curé Mérino, les Espagnols constitutionnels de Mina, ou bien les Espagnols royalistes de Ferdinand ont porté le respect qu'ils devaient à leur ancien gouverneur Thiébault jusqu'à conserver le monument de moderne fabrication et surtout l'inscription qui le décorait.

Un maire de Cavaillon, ma ville natale, après avoir fait planter, redresser, embellir la promenade aux frais et dépens de la commune qu'il administrait, a poussé la bouffonnerie jusqu'à faire graver sur un pilier : « Ce cours a été restauré par la *munificence* de messire Senchon de Bournissac. » Ce qui doit paraître plus étonnant encore, c'est que les habitans aient été assez bons enfans pour laisser subsister l'inscription fastueusement impertinente de leur singulier rémunérateur.

Nos forces étaient encore trop divisées pour en venir à une action décisive contre l'armée anglo-espagnole. Le maréchal Suchet occupait la Catalogne; un de ses lieutenans, le général Robert, commandait à Tortose qu'il défendit en héros jusqu'à la dernière extrémité. Le duc de Feltre, en Biscaye et en Navarre, faisait poursuivre des guérillas que l'on aurait dû mépriser; nous n'avions donc à opposer à l'ennemi que le corps d'armée qui s'était réuni en Andalousie. Le général Clausel, qui avait sous ses ordres les troupes que le général Marmont commandait en Navarre aurait été d'un puissant secours pour notre armée. Les Anglais nous menaçaient, et il fallut attendre que l'ordre de marcher vers nous fût demandé à Paris, et partît de cette ville pour que ce mouvement si essentiel s'opérât. Le général Clausel reçut enfin cet ordre et ne put nous joindre à temps, notre sort était déjà décidé. Un matériel immense d'artillerie et de munitions provenant des évacuations successives des villes que nous abandonnions avait été accumulé à Vittoria; tout ce matériel aurait dû être dirigé sur Bayonne, on l'avait imprudemment laissé à Vittoria; peut-être les moyens de transport manquaient-ils ?

Pendant que nous perdions du temps à attendre des ordres que l'on expédiait de si loin, le général anglais, n'ayant plus rien à craindre sur ses derrières depuis la reddition d'Astorga et l'évacuation du royaume de Léon, suivit le revers des montagnes dans la direction de la route de France. Une division espagnole qui venait de la Galice se joignit à son armée qui marchait sur notre flanc de manière à nous couper la communication de Bayonne en débouchant sur Briviesca, Miranda ou Vittoria, selon ce que la fortune lui offrirait de plus avantageux à faire. Lorsqu'on fut informé de ce mouvement, il était déjà trop tard pour rallier tout notre monde, le général anglais avait l'avantage de ne dépendre de personne. Nous nous retirâmes du Douro sur Burgos, puis sur l'Ebre, enfin sur Vittoria où l'on devait se réunir aux corps qui se dirigeaient sur ce point. Mais l'armée anglaise fut plus diligente et déboucha sur la droite de la nôtre qui combattit en avant de Vittoria, faisant face à l'ouest. L'action s'engagea sur toute la ligne, nos soldats et même leurs chefs étaient persuadés que la grande supériorité du nombre des ennemis présentait une lutte trop inégale. Ils se battaient pourtant avec leur valeur accoutumée et soutenaient l'attaque sans désavantage, lorsqu'un régiment de cavalerie arriva par la gauche de l'armée anglaise, se porta sur la route de Vittoria à Bayonne et poussa jusqu'à notre parc d'artillerie où se trouvaient les voitures des réfugiés qui nous suivaient. Ce mouvement jeta le désordre dans nos rangs; l'armée française avait fait des prodiges de bravoure, et pendant cette journée mémorable et décisive elle disputa long-temps le terrain, mais enfin le nombre l'emporta sur le courage et l'expérience. Vers quatre heures du soir la victoire se déclara pour les Anglo-Espagnols, et l'ennemi s'empara de la grande route. Depuis midi les équipages étaient rangés en avant de Vittoria, en attendant l'ordre du départ; dès que l'on s'aperçut que la retraite était coupée, la peur s'empara de ceux qui devaient diriger ces convois. Les voitures changèrent de route et s'engagèrent dans un petit chemin rural; le plus grand nombre se mit en marche à travers les champs de manière qu'au premier ruisseau que l'on rencontra tout fut arrêté.

On se figure aisément la confusion, l'embarras des fourgons, des caissons, des voitures, des mulets se pressant sur un petit pont, ou renversés les uns sur les autres dans le fossé. La cavalerie anglaise, poursuivant son attaque, fondit sur nous au galop et s'empara d'un parc de cent cinquante pièces de canon, de plus de deux mille voitures y compris les caissons et les carrosses. De tout ce qui roulait sur un essieu l'on ne sauva qu'une seule pièce de canon, une partie des équipages portés à dos de mulet tomba même au pouvoir des ennemis. Les soldats du train coupèrent les traits de leurs chevaux, abandonnèrent l'artillerie et les caissons pour se sauver. Beaucoup de ces caissons étaient remplis d'or et d'argent; les Français les ouvrirent et s'occupaient à les vider quand les Anglais arrivèrent. On se battit autour de ces trésors, et comme il y avait assez d'argent pour contenter les deux partis, et que les soldats trouvaient plus de profit à prendre des rouleaux qu'à donner des coups de sabre, on vit des Anglais et des Français puiser en même temps à la même source.

Je galopais au milieu de cette tourbe de fuyards dont la plupart avaient jeté leurs armes pour s'alléger, leur condition était la même : il était démontré qu'ils s'éloignaient de l'ennemi parce qu'ils ne voulaient pas se mesurer avec lui, cependant ils s'injuriaient réciproquement, s'appelaient lâches, poltrons et se battaient quelquefois entre eux. Les voitures de luxe étaient occupées par des familles espagnoles qui abandonnaient leur patrie pour se soustraire aux persécutions qui les menaçaient. A l'approche du danger ces familles laissèrent leurs carrosses et leur fortune et prirent la fuite; mais les personnes qui ne furent pas assez diligentes ou qui se trouvaient trop en arrière restèrent entre les mains des Espagnols qui les égorgèrent dans leurs voitures. Qu'on se représente l'état d'une jeune femme courant à travers les champs pour se dérober à la fureur de l'ennemi, obligée de franchir les haies et les fossés, de gravir les montagnes en petits souliers de satin, en robe de mousseline. L'état d'une mère appesantie par l'âge, soutenue par sa fille qui porte elle-même son jeune enfant dans ses bras. C'est ce que l'on voyait à chaque instant; ces images déchirantes n'inspiraient qu'une pitié stérile, chacun était assez embarrassé de sa personne et ne pouvait aider les autres dans leur malheur.

Au milieu de cette mêlée je rencontrai plusieurs de mes anciennes connaissances, un mot jeté en courant, un signe de la main ou de la tête, « au revoir si Dieu le veut, » telle était la conversation laconique, improvisée et terminée au même instant. Le hasard me plaça pendant quelques minutes à côté d'un inspecteur des services réunis, mon compatriote, qui avait acheté le palais de l'Inquisition à Séville. Le pauvre homme pleurait comme un veau; se lamentait en me faisant l'énumération de ses pertes; quand il en vint à son palais, je lui dis en riant qu'il aurait bien fait de le placer sur des roulettes pour l'amener en France et le colloquer à Paris sur le boulevart Italien. « Vous souvient-il de l'apologue « de la belette ?

« Vous êtes maigre entrée, il faut maigre sortir. »

Mon compagnon trouva que l'affabulation était de mauvais goût, l'à-propos déplacé; cette pensée philosophique vint aigrir sa douleur au lieu de la charmer et fit sur lui l'effet d'une escouade anglaise, il piqua des deux pour s'éloigner au plus vite du méchant plaisant qui sans intention aucune venait de le molester. On m'avait toujours dit que dans les grandes infortunes il faut avoir recours à la philosophie, il paraît que cette règle n'est pas sans exceptions.

Le fournisseur désappointé m'avait à peine quitté lorsque j'aperçus D. Cayetano sur sa mule, je le joignis à l'instant. « Eh bien, cher ami, que dites-vous de la journée du 21 juin? — Je dis qu'elle nous sera funeste. » Il était presque nuit, l'ennemi, retenu par le riche pillage de nos caissons et de nos voitures, avait cessé de nous poursuivre; nous étions au milieu d'un bois à une demi-lieue de Salvatierra, et pour comble d'infortune les chênes sous lesquels nous reposions ne pouvaient nous fournir des glands dans cette saison. Nous cherchâmes un endroit pour bivaquer, et je partageai avec le chanoine de la cathédrale de Séville un morceau de pain de munition qu'un soldat m'avait donné.

Le lendemain, à la pointe du jour, nous nous

mîmes en route, nous étions entraînés par le torrent des fuyards qui pêle-mêle allaient à l'aventure. D. Cayetano était silencieux et triste ; je lui parlais, il ne répondait pas, je respectai sa douleur, j'en connaissais la cause et je marchai à son côté en observant le même silence. Hélas, le malheureux avait embrassé trop ouvertement notre parti, il pensait comme le plus grand nombre de ses compatriotes que l'Espagne devait être heureuse sous la domination française. Les événemens avaient détruit ses plus chères espérances ; les désastres de l'armée de Russie rendaient désormais impossible toute nouvelle tentative, et D. Cayetano devait s'exiler de sa patrie que les Français abandonnaient. Il souffrait encore des maux dont elle était menacée, la destruction des couvens était un des bienfaits de l'armée française; tous les vrais Espagnols savaient l'apprécier et regrettent encore que notre entreprise n'ait pas eu assez de succès pour assurer l'affranchissement de ce beau pays.

« Vous souvenez-vous, dis-je au chanoine, des observations que nous faisions au sortir de Séville, en passant en revue l'armée française et les personnes qui la suivaient ? Il serait plaisant de les continuer ici.—Cela est vrai, nous trouverions de nombreux exemples des vicissitudes humaines et des caprices de la fortune.—Voyez-vous cette malheureuse montée sur un âne? c'est cette belle dame qui partit de Séville dans un superbe équipage, sa voiture est restée embourbée au milieu d'un fossé, ses chevaux sont dans l'écurie de Wellington, elle s'est sauvée à pied, son amant qui a perdu tout ce qu'il possédait l'a abandonnée, et c'est à la pitié d'un soldat qu'elle doit sa misérable monture. » J'allais poursuivre mon examen lorsque j'aperçus un champ de fèves, je m'empressai de le montrer à mon compagnon; nous y courûmes. Après avoir fait un repas abondant avec ce précieux végétal nous eûmes la précaution d'en remplir nos poches, et cette prévoyance nous fut très utile. Nous marchâmes encore deux jours et une nuit avant d'arriver à Pampelune, où nous fîmes notre entrée le 24 à cinq heures du matin. Nous étions abîmés de faim et de fatigue, notre premier soin fut de chercher quelque chose pour manger, et nous nous couchâmes ensuite pour prendre un peu de repos. Nous repartîmes le même jour dans l'après-midi, et nous passâmes la nuit dans la vallée de Roncevaux : l'ombre de Roland semblait voler autour de nous, un vieux refrain injurieux pour les Français me trottait dans la tête et troubla quelque temps mon sommeil.

Je ne puis exprimer la joie que j'éprouvai en revoyant la France : du haut des montagnes de Roncevaux je planais sur de riches campagnes couvertes de troupeaux; des vaches, des chevaux, des poules, des pigeons, se promenaient ou voltigeaient auprès des fermes. Hélas, depuis long-temps on ne pouvait jouir de ce spectacle en Espagne ! lorsque enfin je vis ces mots écrits en grosses lettres sur un mur : *Premier village français*, je n'osais en croire mes yeux, je m'arrêtai un instant pour respirer l'air de la patrie; qu'il était doux et pur ! je le savourais avec volupté, des larmes coulaient de mes yeux, et je saluai la France en répétant avec enthousiasme le fameux vers de Voltaire :

A tous les cœurs bien nés que la patrie est chère!

Après avoir pris possession du sol français, que je revoyais après tant d'infortunes, je tirai Cayetano de sa rêverie. « Allons, mon ami, quittez ce flegme espagnol, nous voici en France, abordez votre nouvelle patrie avec un air riant. — Vous avez raison, me dit-il. » La conversation s'anima, le chanoine avait retrouvé sa gaîté ordinaire, nous doublâmes le pas, et mon compagnon était tout-à-fait en belle humeur quand nous arrivâmes à St-Jean-Pied-de-Port. Avant d'entrer dans cette ville, le chemin est étroit et plus bas que les terres qui le bordent des deux côtés; nous fûmes obligés de nous ranger dans l'angle d'un petit mur pour n'être pas écrasés par les fuyards qui se précipitaient en foule sur la route, et par les chevaux et les mulets qui formaient alors tous les moyens de transport de l'armée; il n'existait plus un seul fourgon ni une seule voiture.

« Mais pourquoi toutes ces malheureuses ne sont-elles pas restées à Vittoria ?— C'est qu'elles ont craint avec raison d'être massacrées par le peuple.— Hélas! que vont-elles devenir?— Je vous l'ai déjà dit. Ceux qui, comme nous, n'emportaient rien, et qui par conséquent n'ont rien perdu, peuvent se permettre de rire de ceux qui se disent ruinés parce qu'ils ont perdu tout ou une bonne partie de ce qu'ils avaient volé. On en rencontre beaucoup de ceux-là: en voilà un qui se trouve dans une position tout-à-fait singulière, c'est un directeur-général de je ne sais quelle administration. Il avait fait toujours d'excellentes affaires, et s'était appliqué à amasser une superbe collection de quadruples. Vous savez qu'à Vittoria, la veille de la bataille, on a payé deux mois de solde à tous les officiers de l'armée afin d'alléger les fourgons du trésor. Les officiers d'infanterie cherchaient de l'or à tout prix; notre directeur-général profita de la circonstance et s'empressa de changer son or contre de l'argent, chaque quadruple lui était payée 100 ou 110 francs au lieu de 80. Rassuré par son fourgon et sa voiture qui devaient porter ses *duros*, il convertit en argent pour cinquante mille francs d'onces d'or. La voiture, le fourgon, sont restés à la bataille, et le directeur-général s'est sauvé à pied; il est sorti d'Espagne comme il y était entré. »

CHAPITRE XLIII.

Réorganisation de l'armée d'Espagne. — Le maréchal Soult la commande. — Je vais à Laonce. — J'y retrouve le brave Salmon quelques heures après sa mort. — Séjour à Campo-Bayta. — J'écris mes Mémoires dans cette ferme. — Départ pour Paris. — Je rencontre en route un employé des administrations de l'armée; c'est encore mon ami le chanoine de Séville. — Il voyage avec une jolie amazone. — Je donne des soins à cette chevalière. — Jalousie du chanoine inquisiteur. — Nous nous séparons à Bordeaux.

Quelques jours après mon arrivée à St-Jean-Pied-de-Port, je fus dirigé sur Orthez où l'on me logea chez M. Lalane, riche propriétaire qui exploitait lui-même ses domaines. Il avait auprès de lui sa sœur, et son frère commandait un régiment de gardes nationales à Bayonne. Les mœurs patriarchales s'étaient conservées avec toute leur pureté dans cette respectable famille. Elle me reçut d'abord avec une politesse pleine de franchise et d'amabilité, me traita bientôt comme un ami de la maison, et peu de temps après comme un frère. Il est impossible d'exercer l'hospitalité avec plus de loyauté, de prévenances et d'affection. Il m'est doux de pouvoir exprimer ici toute ma reconnaissance pour ces dignes compatriotes, pour ces amis précieux, et c'est d'effusion de cœur que je le fais.

En apprenant la défaite de Vittoria, l'empereur écrivit à son frère Joseph qu'il allait lui envoyer une autre armée et un autre général. L'armée promise n'arriva point, et le maréchal Soult revint pour prendre le commandement des troupes françaises qui avaient échappé au désastre de Vittoria et des corps qui évacuaient la Catalogne et la Navarre. Le duc de Dalmatie réorganisa l'armée d'Espagne, et comme le personnel de l'administration était trop nombreux depuis que l'on avait réuni les débris de trois armées, beaucoup d'employés furent envoyés à l'armée du Nord. Dans cette réorganisation, M. Blondel fut remplacé par M. Jacob; celui-ci commença par détruire tout ce que son prédécesseur avait fait, c'est l'usage. Il disait que nous étions des mauvaises têtes, parce que nous avions témoigné à M. Blondel tout l'attachement que ce chef méritait. M. Jacob m'éloigna d'Orthez où je me trouvais fort bien, pour m'attacher à la 7e division commandée par le général Maucune. Je partis pour Bayonne, j'étais depuis quelques jours dans cette ville lorsque j'appris que mon ami Forget était à Laonce; j'allai le visiter. J'avais déjà parcouru plusieurs fois les salles de l'hôpital de Laonce avec Forget; mais comme je m'y présentais en amateur, aucun malade ne m'était connu, je passais et repassais devant les lits sans m'occuper des malheureux que d'autres devaient secourir; le service était d'ailleurs fait avec beaucoup d'exactitude. Un jour, c'était, il m'en souvient, le 24 août 1813, j'entre dans le jardin de l'hôpital, il avait plu le matin, et parmi beaucoup de papiers que l'on avait froissés et jetés dans un coin, je vois un fragment de lettre que la pluie avait collé à terre. Ce papier était en quelque sorte affiché pour se présenter à mes regards : lavés par l'eau de la pluie ses caractères d'une forte proportion n'étaient couverts par aucune saleté; ils frappèrent ma vue, et je lus avec la plus vive émotion : « *à M. Salmon, grenadier au 24ᵉ régi-« ment de ligne, 3ᵉ bataillon, 1ʳᵉ compagnie.* »

Enchanté de cette découverte, je rentre à l'hôpital, je trouve le lit du grenadier, mais hélas ce brave était mort la nuit même des blessures qu'il avait reçues à Vittoria! Ce funeste événement, la fatalité qui privait ce guerrier généreux des secours d'un ami, secours bien précieux dans un hôpital militaire, où le grand nombre des malades empêche que l'on ait pour chacun d'eux tous les soins que leur état réclame, la joie que je venais d'éprouver en retrouvant la trace de cet excellent homme, tout s'unit pour rendre ma douleur plus cruelle.

A St-Jean-de-Luz on me dit que la 7ᵉ division que je cherchais était au camp de la Baïonnette; ce camp est une position dans les Pyrénées où l'on donna la bataille fameuse par l'invention de la baïonnette. Les Basques avaient épuisé leurs cartouches, ne pouvant plus tirer ils attachèrent leurs couteaux au bout des fusils et taillèrent en pièces les Espagnols. Comme cette bataille eut lieu près de Bayonne, la nouvelle arme prit le nom de baïonnette. Il était nuit quand j'arrivai sur ce champ de bataille, j'y cherchai vainement la 7ᵉ division. Errant dans cette solitude je demandais aux échos mon corps d'armée absent, comme l'illustre Chateaubriand demandait aux rochers de Misitra des souvenirs de Léonidas et de ses braves compagnons d'armes. Après avoir interrogé la plaine et les vallons, après avoir parcouru les taillis et tourné jusqu'au moindre buisson, je vis que la troupe ne m'avait point attendu puisqu'elle ne répondait pas à l'appel;

je me couchai au pied d'un arbre, espérant que l'astre du jour éclairerait mieux mes recherches que la lumière incertaine du disque argenté de Diane. Le lendemain je rencontrai un général qui me mit sur la trace de la 7ᵉ division, je descendis la montagne, et trouvai enfin le quartier-général de cette division à Urrugne petit village basque.

On me logea dans une ferme située au pied des Pyrénées, à une demi-lieue d'Urrugne, ayant nom Campo-Bayta ; je ne sais pas si ce nom était celui de la ferme ou du brave homme qui l'habitait. Je n'entendais pas le langage du pays, le basque est inintelligible ; il devrait pourtant avoir des rapports avec l'espagnol et le français, point du tout : cet idiome est aussi étranger à ces deux langues que le malais et le syriaque le sont. Pendant trois mois de séjour à Campo-Bayta, tout ce que j'ai pu apprendre de cet idiome singulier, c'est que *andria* signifie madame et *escacha* mademoiselle. Je laisse aux savans à tirer des conséquences du rapport qui existe entre le mot basque *andria* et le mot grec *andros* qui signifie homme ou monsieur, si l'on veut, et à conclure de là qu'une colonie, partie de l'Attique ou de la Phocide, est venue s'établir sur le penchant des monts qui séparent les Gaules de l'Ibérie.

Les Basques sont braves, agiles, intelligens et fidèles ; à Bayonne, à Pau, à Orthez, tous les domestiques sont basques. Le pays est pauvre, le pain de blé est réservé pour les gens riches; les paysans, le peuple, les domestiques, mangent de la polenta, espèce de gâteau fait avec de la farine de maïs. Les paysans marchent nu-pieds dans toutes les saisons, et ne mettent leurs sabots et leurs souliers que quand ils vont à la ville et au moment d'y entrer. Le soir on fait chauffer de l'eau, et tout le monde se lave les pieds avant de se coucher.

Quoique la ferme de Campo-Bayta fut très peuplée, j'y vivais néanmoins dans un isolement complet ; *sicut passer solitarius in tecto*. Je ne pouvais m'entretenir en aucune manière avec des paysans qui ne me comprenaient pas, et dont j'ignorais le langage ; la lecture m'aurait procuré quelques distractions agréables, mais il n'y avait pas de bibliothèque à Campo-Bayta. Désespérant de trouver des livres, j'imaginai d'en écrire un pour employer les heures qui me restaient à dépenser après mes promenades et les courses que je faisais sur les montagnes pittoresques et fécondes pour un botaniste, qui m'environnaient. C'est là que je burinai avec une méchante plume de dinde les Mémoires que l'on vient de lire ; cette circonstance fera sans doute pardonner les négligences de style que la critique y remarquera sans doute. « Comment voulez-vous que je ne fasse pas des « fautes d'orthographe, j'écris avec une plume « d'auberge, » dit Coco-Danières. Je ne sais pas si j'aurai été plus heureux que lui ; dans tous les cas j'ai recours à la même excuse, elle est sans réplique, et j'espère que mes lecteurs voudront bien l'accepter. Ecrits depuis quinze ans, ces Mémoires n'étaient pas destinés à voir le jour ; ma famille et quelques amis les avaient lus avec intérêt, cela devait être ; je les avais moi-même oubliés, lorsque mon frère le musicien vint me voir l'an passé et me dit qu'on pouvait les lancer dans le tourbillon des livres de ce genre que l'on offre tous les jours au public. Un libraire actif et intelligent dont le nom s'attache aux productions les plus brillantes de notre littérature moderne, M. Ladvocat me proposa de placer mes faibles essais dans une collection de Mémoires contemporains, que les amateurs ont reçue avec empressement ; je me laissai séduire. J'avais bravé l'artillerie anglaise, et je tremblais de m'exposer à celle des journaux ; l'amitié fraternelle a voulu me rassurer encore sur ce point, et me persuader que les traits de la critique sont bien moins redoutables que les boulets et la mitraille des canonnières et des forts de Cadix.

Mais revenons à Campo-Bayta pour le quitter à l'approche de l'ennemi qui nous poussa vers Saint-Jean-de-Luz, et quelques jours après sur Bayonne où je retrouvai mon ami Forget. Le 15 janvier 1814, la 7ᵉ division, commandée alors par le général Villate, reçut l'ordre d'aller joindre la grande armée. Je passai par Orthez, et j'allai directement chez M. Lalane, qui me reçut comme si j'avais été son fils; les soins les plus affectueux me furent prodigués, et l'on voulut à toute force me laver les pieds selon la coutume des anciens patriarches; c'est en vain que je tentai de me dérober à cette cérémonie, il fallut obéir et laisser accomplir le vœu du maître de la maison. Notre division partit d'Orthez sur des charrettes traînées par des bœufs; il semble d'abord que cette manière de voyager ne convenait guère à des troupes que l'on voulait faire arriver en poste. Mais les soldats allaient nuit et jour, n'éprouvaient aucune fatigue, et la continuité de la marche faisait qu'ils avançaient encore avec une certaine rapidité. Les non combattans reçurent des feuilles de route pour aller à leur destination à petites journées. Monté sur mon coursier, je pris le chemin de Bordeaux.

A Langon je logeai à l'auberge des Trois-Rois, près du port. Tandis que je me reposais dans le salon, en attendant le souper, j'entendis un voyageur qui se disputait vivement avec l'hôte. La voix du pélerin ne m'était pas inconnue ; son accent espagnol me l'avait à peu près signalé quand j'entrai dans la cuisine, et je vis mon chanoine de la cathédrale de Séville, le familier du Saint-Office, le señor D. Cayetano qui faisait le tapageur depuis qu'il avait endossé l'habit militaire. Il criait comme un enragé, menaçait de casser les plats et les assiettes si l'on ne s'empressait pas de lui donner à souper ; il redoutait surtout que le lièvre qui tournait devant un feu très ardent, ne se consumât. « Un lièvre trop cuit est « un morceau détestable, autant vaudrait manger « un hareng. » Je le surpris et l'embrassai au moment où il lâchait cet apophthegme canonial, cet axiome gastronomique. Je ne l'avais jamais vu qu'en soutane : le frac aux boutons d'or, le chapeau militaire, le pantalon galonné, les bottes éperonnées et l'épée, avaient métamorphosé le chanoine en officier d'état-major, et ses cheveux courts et sans poudre ne laissaient apercevoir aucune trace de la tonsure et de la frisure en écuelle arrondie. Il était méconnaissable, et je dois dire qu'il avait tout-à-fait bon air; sa tournure même n'annonçait pas un ex-inquisiteur. Chargé par le duc de Dalmatie d'une mission administrative, D. Cayetano allait à Bordeaux et voyageait avec une jeune et jolie dame que les habits d'homme qu'elle portait rendaient encore plus séduisante. C'était, disait-il, la femme d'un colonel espagnol au service du roi Joseph; son mari avait été tué dans les derniers combats et elle s'était mise sous la protection de D. Cayetano qui devait la ramener en Espagne quand les circonstances le permettraient. Dans ce temps-là les dames qui couraient le monde avec des militaires, des employés ou des chanoines, étaient toutes femmes ou veuves d'officiers supérieurs, de colonels surtout. Les unes allaient joindre leurs maris, les autres se retiraient dans leur famille.

Je soupai avec D. Cayetano et sa jolie amazone; le lendemain nous nous embarquâmes sur la Garonne avec cinq autres passagers. Le bateau n'était pas grand; il contenait en outre mon cheval et les montures de trois de nos compagnons. Toutes les fois qu'un quadrupède remuait, le bateau s'enfonçait d'un côté ou de l'autre, et semblait près de chavirer; ce qui nous donna très souvent de vives alarmes. Le hasard, ou peut-être une volonté réciproque fit que je me trouvai assis à côté de la belle Espagnole. Le bateau était découvert et mouillé, j'étendis mon manteau sur le banc afin que la señora fût plus commodément assise, et que l'humidité ne vînt pas altérer une santé si florissante. Elle fut sensible à ma galanterie et poussa la reconnaissance jusqu'à me donner la moitié de sa cape pour me garantir des injures de l'air. Nous voilà donc enveloppés dans le même manteau ; assis devant nous, Cayetano enrageait et ne pouvait déguiser son impatience. La dame ne fut pas la dernière à s'en apercevoir, et soit pour montrer qu'elle n'était pas sous sa dépendance, soit qu'elle voulût s'amuser de la jalousie comique du chanoine, elle se montra d'une gaîté folle et ne cessa de me faire mille agaceries tant que dura notre petite navigation. Cayetano ne pouvait plus contenir sa mauvaise humeur.

Nous arrivâmes à Bordeaux avant la nuit, je suivis un commissionnaire qui me conduisit à l'hôtel de Lot-et-Garonne. Cayetano boudait et ne voulut pas y venir, il s'empara de sa belle Espagnole et se dirigea du côté opposé. Je courus après cet ancien ami, je lui pris la main, « Nous « allons nous séparer, peut-être pour toujours, « lui dis-je, je ne voudrais pas vous quitter de

« cette manière; vous me ferez l'honneur de dî-
« ner demain avec moi? — Je ne sais pas. —
« Mais encore! — Je ne puis rien vous promettre.
« — Au moins nous nous reverrons. — C'est se-
« lon. » Après ces réponses ambiguës il se sauva
bien vite, je ne l'ai plus rencontré, je n'ai même
plus entendu parler de lui. Les Espagnols sont
jaloux, et cette aventure me prouva que les chanoines le sont autant que les maris, et même davantage.

CHAPITRE XLIV.

Prisonniers de guerre espagnols en cantonnement à Angoulême. — Je soupe avec plusieurs de leurs officiers. — Je chante *Yo que soy contrabandista*; effet que produit cet air national. — Réflexions sur les prisonniers de guerre. — Campagne de Paris. — Meaux, Soissons, Bar-le-Duc, Saint-Dizier, Troyes, Sens. — Fontainebleau, dernière revue de Napoléon dans la cour du château. — Six cents grenadiers de la Garde l'accompagnent à l'île d'Elbe. — Je retrouve le brave Montchoisy. — On m'envoie en Normandie. — Évreux, Verneuil; nous sommes licenciés. — Je reviens à Paris; j'y rencontre mon frère l'officier. — Retour au *péïs*.

Je retrouvai mon ami Forget à Bordeaux, il me donna une lettre pour son cousin M. de Béranger; ce chansonnier spirituel n'avait point encore la grande réputation qu'il doit à ses opuscules et aux persécutions dont ils ont été l'objet. En passant à Angoulême nous rencontrâmes des prisonniers espagnols, notre auberge était pleine d'officiers de cette nation. Plusieurs soupèrent avec nous, un plus grand nombre, et les femmes qui étaient avec eux, restèrent auprès de la cheminée. Chacun parlait de son côté, et le bruit était si grand dans la salle qu'on avait beaucoup de peine à se faire entendre de son voisin. Pour ramener la paix dans cette assemblée tumultueuse, j'imaginai de chanter l'air espagnol : *Yo que soy contrabandista*, orné des fioritures et du *salero* andalous. Tout le monde cessa de parler, on forma le cercle autour de moi pour m'écouter avec plus d'attention. J'obtins un succès complet : après les bravos unanimes et les applaudissemens prolongés de l'assemblée, on m'adressa des complimens et ces officiers voulaient absolument que je fusse un véritable Espagnol; malgré mes protestations je ne réussis pas à les persuader que j'étais Français. Il y avait dans cette auberge la femme d'un colonel; elle était de Séville, et je fus assez heureux pour lui donner des nouvelles de sa famille.

Quel contraste se faisait remarquer entre les concerts de louanges et de bénédictions que ces prisonniers adressaient à la France et les cris de douleur et de mort, les hurlemens de désespoir qui s'élevaient des pontons de Cadix! Chez nous les captifs espagnols étaient traités avec la plus grande douceur; nos compatriotes leur témoignaient tout l'intérêt dû au malheur. Libres au milieu des villes, les soldats travaillaient dans nos ateliers, dans nos manufactures, les officiers traduisaient les chefs-d'œuvre de notre littérature pour en enrichir leur patrie alors affranchie du joug de l'Inquisition. Les presses d'Avignon, de Nîmes, d'Alais ont imprimé une infinité d'ouvrages de ce genre, je crois même que le poète espagnol Mélendez figurait parmi ces laborieux traducteurs. Les moines que la guerre avait rejetés en France étaient considérés comme des martyrs par les mères de ceux qu'ils avaient fait égorger à Valence, à Lebrija, à Truxillo.

Rien n'est plus inutile, plus impolitique, je dirai même plus absurde que les cruautés exercées par les gouvernemens sur les prisonniers de guerre. Que dans une émeute populaire la canaille assiége une prison, en brise les portes et massacre les infortunés qui s'y trouvent enfermés, cela se conçoit : la canaille est partout la même, elle est plus nombreuse et plus féroce dans les lieux où la civilisation est moins avancée. Mais, que l'on voie sortir du cabinet d'un souverain ou d'un ministre des ordonnances dont la barbarie froidement calculée n'a d'autre but que la destruction des prisonniers, voilà ce que l'on ne saurait imaginer. Cet infame projet, cette intention machiavélique, infernale, reçoit malheureusement une exécution entière. Ministres insensés! vous faites périr quelques centaines de soldats innocens ; ils seront bientôt remplacés par des milliers de vengeurs qui feront payer bien cher à d'autres malheureux tout aussi peu coupables les tourmens que vous leur aurez fait souffrir.

Exoriare aliquis nostris ex ossibus ultor.

Je sais bien que la politique n'admet pas en considération les souffrances et la mort des personnes qu'elle condamne, mais elle doit au moins prendre garde à un point essentiel : les cruautés qu'elle ordonne tournent à l'avantage de la nation contre laquelle on les a exercées. Dès que le soldat connaît le sort que la captivité lui réserve, il ne se laisse plus prendre, il combat jusqu'au dernier soupir, et son désespoir est funeste à ses adversaires. Bien plus, ces cruautés donnent lieu à d'effroyables représailles : les massacres d'Alba, de Badajoz, la dévastation et l'incendie de plusieurs cités de l'Espagne ont été des sacrifices expiatoires offerts à nos compagnons d'armes tombés sous le fer des assassins, ou condamnés à périr de faim et de misère dans les cavités infectes des pontons, sur les rochers stériles et brûlans de Cabréra.

Gardez-vous bien de penser que ces horribles traitemens qui font frémir la nature ne sont à redouter que dans les pays à demi-sauvages, tels que l'Espagne, le Portugal, la Russie. Les Anglais, nos voisins, nos rivaux en civilisation et en industrie, sont parvenus, sur ce point, à un degré de perfectionnement que les Espagnols n'ont que faiblement imité. Les pontons de Plymouth étaient des lieux de torture, des tombeaux cent fois plus redoutables que les prisons flottantes de Cadix dont j'ai donné la description affreuse mais fidèle. Je croyais avoir touché au dernier degré des misères humaines, mes camarades d'Angleterre étaient bien plus malheureux que moi. Et pourtant des capitaines anglais nous faisaient porter des secours en rade sur les pontons, ils alimentèrent nos malheureux prisonniers que les Espagols laissaient mourir de faim. Peut-être devions-nous ces actes d'humanité aux sentimens généreux des amiraux et des capitaines de vaisseau témoins de nos souffrances; parmi les nations les plus barbares on rencontre des hommes vertueux. Peut-être encore était-ce l'œuvre de la politique insidieuse des Anglais : par cet adroit artifice ils se montraient nos bienfaiteurs sur une terre ennemie, et tout l'odieux des cruautés exercées contre nous retombait ainsi sur les Espagnols.

Si les habitans de la Péninsule ont déposé la haine implacable qu'ils portaient au nom français, nous le devons à la manière dont leurs prisonniers ont été traités dans notre patrie et non pas aux secours que la France a donnés à Ferdinand VII en 1823. Les peuples ne sont point assez attachés à leurs souverains pour se montrer reconnaissans, et même pour tenir compte de semblables sacrifices à une nation voisine. On avait dit aux Espagnols que nous étions des sauvages, des bêtes féroces, des juifs, des hérétiques, des impies; ils ont trouvé la France plus civilisée, plus réellement religieuse que l'Espagne; enfin, ils ont vu le contraire de ce qu'on leur avait affirmé. En rentrant dans leurs foyers, ces prisonniers ont détrompé leurs amis qui eux-mêmes ont combattu l'erreur si fortement accréditée, et c'est ainsi que le peuple entier a pu connaître la vérité et rendre justice à notre nation. Malgré les heureux changemens opérés par le retour des captifs, on remarque encore une différence entre les Espagnols qui ont voyagé en France et ceux qui n'ont jamais quitté Séville, Tolède ou Valladolid, et qui par conséquent nous connaissent moins.

Comme les événemens qui ont précédé la prise de Paris sont très connus, je ne les rappellerai point ici, je vais conclure ces Mémoires en marquant seulement mon itinéraire au milieu des armées qui se croisaient autour de la capitale. Arrivés à Versailles, on nous dirigea sur Corbeil : je quittai mes camarades, je leur laissai mon cheval et ma feuille de route, et j'allai à Paris où je restai quinze jours pour voir cette ville que je ne connaissais pas. J'y rencontrai mon confrère Bar de l'armée d'Espagne, et nous partîmes ensemble sans trop savoir où nous allions. Nous prîmes une diligence qui nous conduisit à Meaux où je logeai chez M. de Corbière ; en sortant de cette ville nous entrions sur le théâtre de la guerre et nous fûmes obligés d'aller à pied ; je mis les choses qui m'étaient les plus nécessaires dans une musette, petit havresac de cuir, et j'abandonnai mon cheval et le reste de mes effets. Nous allâmes jusqu'à Soissons en passant par la Ferté-Milon, nous avions pris la route de Laon ; mais à une lieue de cette ville nous rencontrâmes un aide-de-camp qui nous fit rebrousser chemin, en disant que les Cosaques étaient entre l'armée et nous, et qu'ils pourraient bien enlever notre petite troupe. Cet avertissement nous fit retourner à Soissons, et comme la 7e division n'était pas de ce côté nous revînmes à Meaux où l'on nous dit qu'elle occupait Provins.

Je laissai Bar à Meaux, et me dirigeai sur Provins où je trouvai la 7e division. Je ne parlerai point de toutes les marches et contre-marches que l'on nous fit faire, et qui nous ramenèrent plusieurs fois dans les mêmes villes. A Bar-le-Duc on nous reçut avec des transports d'enthousiasme, c'est la ville natale du maréchal Oudinot qui commandait notre corps d'armée, nous vîmes avec plaisir son buste, couronné de lauriers, placé dans la salle de l'hôtel-de-ville. En sortant de Bar-le-Duc nous revînmes encore sur nos pas à Saint-Dizier, Troyes, Sens et enfin à Fontainebleau. Déjà la trahison avait ouvert les portes de la capitale, il était décidé qu'on ne se battrait plus. J'ai assisté à la dernière revue de l'empereur dans la cour du château, j'étais dans le champ où l'on rassembla la garde impériale pour choisir les six cents braves qui devaient l'accompagner dans son exil. J'ai vu ces vieux grenadiers verser des larmes et se disputer l'honneur de le suivre ; je reconnus parmi leurs officiers plusieurs de mes compagnons du ponton *la Vieille-Castille*, MM. Carmier, Vermondans, Gamot et d'autres encore.

On nous assigna des cantonnemens dans la Normandie. En partant de Fontainebleau, je traverse un bivac de cavalerie ; un cuirassier s'offre à mes yeux, et je lui demande s'il connaît M. de Montchoisy : « C'est mon capitaine », me dit le cavalier. Je suis ses pas, il me conduit vers une cabane, et j'ai le plaisir d'embrasser encore une fois le vaillant Montchoisy, le héros de *l'Argonaute*, le frère d'armes du pharmacien. Dans toutes les villes et dans tous les villages que nous traversions, on voyait les murailles tapissées d'affiches et de placards ; c'étaient des provocations à la désertion. Nos soldats se débandaient par centaines, et nous avions à la suite de la division six charrettes chargées des fusils que les déserteurs avaient abandonnés. Arrivés à Evreux, on nous signifia l'ordre de quitter la cocarde tricolore pour prendre la cocarde blanche, et l'on nous distribua la décoration du lis avec la plus grande libéralité. Quelques jours après je fus envoyé à Verneuil ; c'est là que nous reçûmes nos lettres de licenciement, et je revins à Paris.

Mon frère Elzéar avait fait la dernière campagne de la Péninsule ; il servait dans un corps d'armée que les chances de la guerre tinrent toujours éloigné des contrées que je parcourais. Aide-de-camp du général Rottembourg, il était à Burgos, à Valladolid ou commandait la place de Logroño, lorsque je traversais les royaumes de Grenade et de Léon. Après l'avoir en vain cherché sur le territoire espagnol, je le trouvai dans la rue Vivienne et nous nous préparâmes à regagner nos pénates. J'avais eu ma bonne part des maux de la guerre, on me congédia sans me donner les moyens d'assurer ma retraite jusqu'aux bords de la Durance. J'étais léger d'argent, mais mon frère l'aîné m'avait recommandé à son ami D. Saucède qui m'offrit galamment de me prêter ce dont j'aurais besoin; j'acceptai, et calculai si bien le trajet de la bombe, que je fis ma rentrée à Avignon avec une pièce de quarante sous dans ma poche, elle fut la récompense de l'honnête commissionnaire qui porta ma valise. Après avoir embrassé tendrement père, mère, frères, sœur, oncles, tantes, cousins, cousines, amis, amies, je pris la licence d'affirmer que Sedaine a tort, que son grand cousin dit réellement des bêtises, que la guerre n'est pas une belle chose; et pourtant j'en étais revenu!

FIN DU SECOND ET DERNIER VOLUME.

PETIT AVERTISSEMENT.

Vingt ans se sont écoulés depuis que je professais l'italien à Fréjenal en enseignant le provençal à mon élève. J'aurais pu depuis lors apprendre cette langue, je ne suis pourtant guère plus habile sur ce point. Musicien et chanteur j'ai retenu les phrases sans cesse répétées dans les partitions italiennes et je les ai mêlées à mon récit avant de livrer ces Mémoires au public. J'ai pensé que ce Petit Avertissement n'était point inutile et qu'il préviendrait l'espèce de contradiction qui existe dans mon ouvrage où des citations italiennes sont écrites par une personne qui ne sait point l'italien. J'en ai fait moi-même l'observation en lisant mon premier volume, elle doit naturellement se présenter à l'esprit du lecteur.

FAUTES A CORRIGER.

PREMIER VOLUME.

Page 6, ligne 17; au lieu de *Pamorbo*, lisez : *Pancorvo*.
Page 88, ligne 17; au lieu de *homme brave*, lisez: *brave homme*.
Page 106, ligne 24; au lieu de *le pauvre*, lisez : *l'ouvrier*.

TABLE.

CHAPITRE XXIV. PAGE 1

Salut espagnol. — *Los años; los estrechos.* — Fêtes de Noël — *Veladas.* — Carnaval. — L'escarpolette.

CHAPITRE XXV. 16

Théâtre. — Tragédie, comédie, *saynetes, zarzuelas, autos sacramentales.* — Danses. — Bolero, fandango. — Licence extrême des représentations théâtrales. — Les comédiens espagnols ne sont point excommuniés.

CHAPITRE XXVI. 30

Musique. — École de Cordoue établie par les Maures. — Théoriciens espagnols. — Le chanteur Farinelli, premier ministre sous le roi Philippe V. — Tonadillas, opéras. — Compositeurs espagnols. — Théâtres lyriques. — Chapelles. — Chanteurs. — Manuel Garcia, Mad. Malibran. — Airs nationaux. — Le pianiste et le serin. — Instrumens.

CHAPITRE XXVII. 46

Courses de taureaux.

CHAPITRE XXVIII. 62

Gitanos, Gitanas. — Cuisine espagnole. — Manière ingénieuse de faire rafraichir l'eau.

CHAPITRE XXIX. 70

El garrote. — La potence. — Le fouet, la marque.

CHAPITRE XXX. Page 84

Salutaires réformes introduites par Joseph Napoléon. — Approuvées par la majorité des Espagnols. — Guérillas; leurs atrocités. — Trait d'humanité. — Enrôlemens, embaucheurs. — Officier supérieur espagnol étranglé par un capitaine de cuirassiers français, qui ne songeait point à mal. — Par qui l'Espagne a-t-elle été délivrée?

CHAPITRE XXXI. 106

Je quitte la maison du chanoine pour courir les aventures. — Antonia. — L'eunuque noir. — Réflexions philosophiques sur la galanterie. — Encarnacion. — Les deux cousines. — Le carme au rendez-vous. — Contributions indirectes levées par les moines.

CHAPITRE XXXII. 137

Vingt-quatre heures à Séville. — Le matin.

CHAPITRE XXXIII. 160

Vingt-quatre heures à Séville. — Le soir.

CHAPITRE XXXIV. 174

Quadrille complet. — Départ. — Scène de comédie. — Promenade nocturne. — Expédition du général Godinot contre l'armée de Ballesteros. — Je pars pour Saint-Roch.

CHAPITRE XXXV. 186

Les amans de Bornos. — Je forme le projet de les marier. — Prise de Saint-Roch. — Retraite, orage épouvantable. — Mariage, noces, dot. — Utrera. — La comète. — Retour à Séville. — Mort du général Godinot.

CHAPITRE XXXVI. 217

Siége de Badajoz. — Représailles des échappés du ponton. — Escadron des dévoués. — Classement du personnel d'une armée. — Menaces des guérillas. — Nous allons occuper le fort de la Chartreuse. — Fausse alerte. — Badajoz est repris. — Bataille des Arapiles. — Retraite d'Andalousie. — D. Cayetano se prépare à nous suivre.

CHAPITRE XXXVII.   PAGE 240

Adieux, départ de Séville. — Revue de l'armée et des personnes qui la suivaient. — Route de Séville à Grenade. — Puits empoisonnés.

CHAPITRE XXXVIII.   262

Grenade. — Beauté du pays. — Antiquités mauresques. — L'Alhambra. — Magnificence des califes. — La ville d'amour. — Le mur d'argent. — Cabinet de toilette des sultanes. — Salle de spectacle. — Je rencontre un prisonnier espagnol de ma connaissance.

CHAPITRE XXXIX.   280

Je trouve un aimable *tocayo*. — On me prend pour un Espagnol. — La comédie improvisée. — Le revenant. — Frère Serapio. — Trahison des Sévillans.

CHAPITRE XL.   296

Départ de Grenade. — Châteaux en Espagne. — Chinchilla, prise du fort de cette ville. — Retour à Aranjuez, changemens que j'y trouve. — Madrid. — La veuve inconsolable. — Salamanque. — Je retrouve la vierge des premières amours. — Elle est grosse de huit mois. — Je rends une nièce à sa tante. — Je fais encore un nouveau métier.

CHAPITRE XLI.   319

Tolède. — Le moine défroqué. — La religieuse. — Curiosités, antiquités. Étymologies. — Cristoval et Cornélia. — *Colegio de las Doncellas.* — Richesse du clergé. — Cathédrale de Tolède. — Le maréchal duc de Dalmatie est appelé à Paris. — Départ de Tolède. — Désespoir de Mauricia. — Scène tragi-comique.

CHAPITRE XLII.   357

Retour à Madrid. — La veuve consolée. — Burgos, tombeau du Cid.

— Bataille de Vittoria. — Je retrouve le chanoine. — Rentrée en France.

CHAPITRE XLIII.   Page 372

Réorganisation de l'armée d'Espagne. — La maréchal Soult la commande. — Je vais à Laonce. — J'y retrouve le brave Salmon quelques heures après sa mort. — Séjour à Campo-Bayta. — J'écris mes Mémoires dans cette ferme. — Départ pour Paris. — Je rencontre en route un employé des administrations de l'armée; c'est encore mon ami le chanoine de Séville. — Il voyage avec une jolie amazone. — Je donne des soins à cette chevalière. — Jalousie du chanoine inquisiteur. — Nous nous séparons à Bordeaux.

CHAPITRE XLIV.   384

Prisonniers de guerre espagnols en cantonnement à Angoulême. — Je soupe avec plusieurs de leurs officiers. — Je chante *Yo que soy contrabandista*; effet que produit cet air national. — Réflexions sur les prisonniers de guerre. — Campagne de Paris. — Meaux, Soissons, Bar-le-Duc, Saint-Dizier, Troyes, Sens. — Fontainebleau, dernière revue de Napoléon dans la cour du château. — Six cents grenadiers de la Garde l'accompagnent à l'île d'Elbe. — Je retrouve le brave Montchoisy. — On m'envoie en Normandie. — Évreux, Verneuil; nous sommes licenciés. — Je reviens à Paris; j'y rencontre mon frère l'officier. — Retour au *péïs*.

PETIT AVERTISSEMENT.   395

FIN DE LA TABLE.

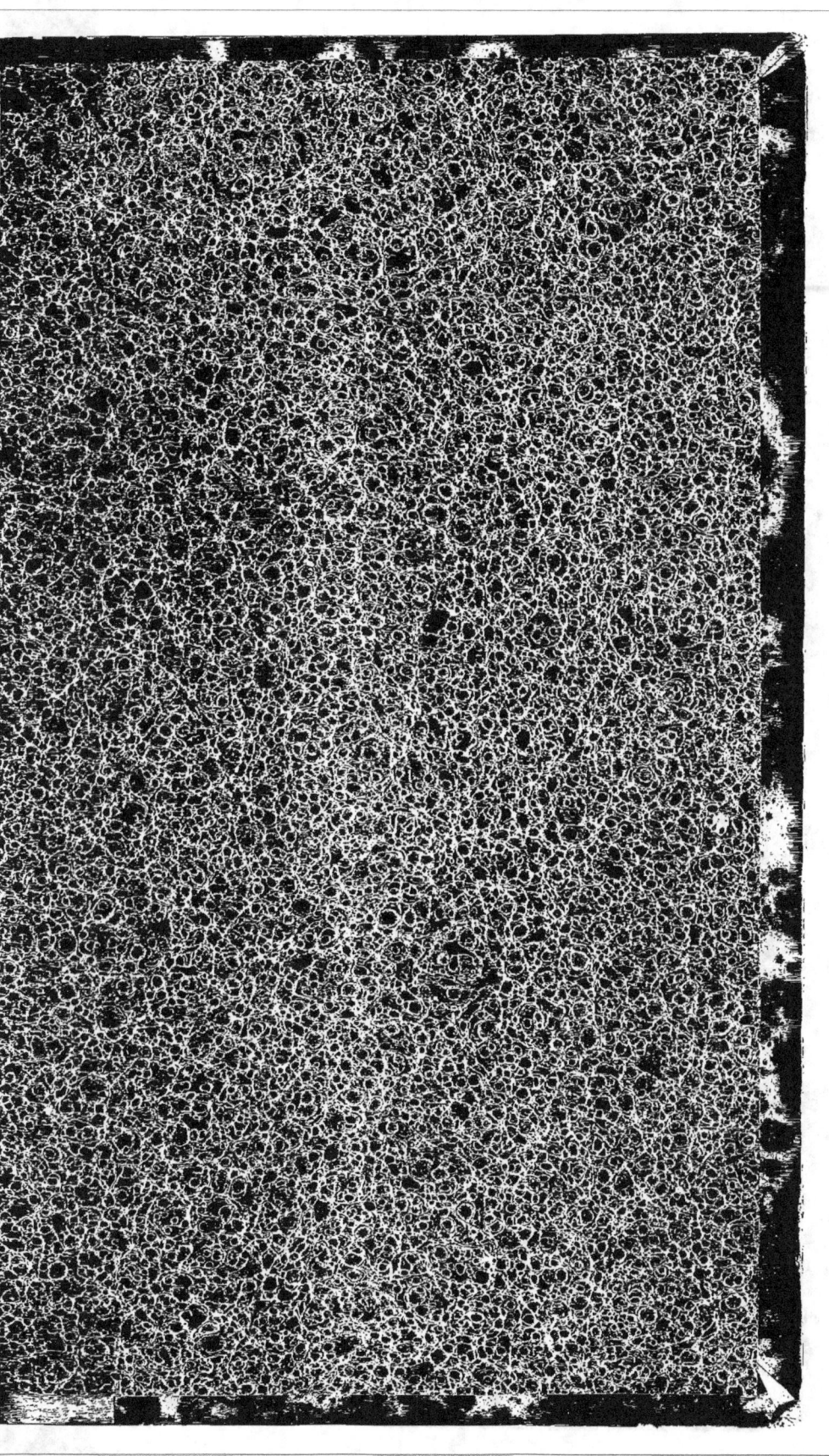

www.ingramcontent.com/pod-product-compliance
Lightning Source LLC
Chambersburg PA
CBHW071856230426
43671CB00010B/1367